권별주삶

아가페

• 주 야 로 묵 상 하 는 삶 •

옥 중 서 신

KB211941

● **주삶**의 **정신 1**

『주삶』은 에티오피아 내시에게
말씀을 해석해 준 빌립 집사의 역할을 하기 원합니다.

말씀을 올바르게 깨닫기 위해서는 빌립과 같은 신령한 조력자가 필요합니다.
이제 『주삶』은 '객관적이고 정확한 절별 해설'을 통해
그리스도인의 매일 말씀묵상을 돕고자 합니다.

● **주삶**의 **정신 2**

'묵상'은 하루 중 가장 방해받지 않는
귀중한 시간에 하는 것입니다.
그리고 깨달은 말씀을 종일 생각하는 것입니다.

진정한 그리스도인이 되기 위해서는 묵상한 말씀을 늘 되새겨야 합니다.
그것이 주야로 묵상하는 삶이며 '주삶의 정신' 입니다.

● **주삶**의 **정신 3**

'오늘 말씀묵상을 하지 않으면 밥을 먹지 않겠다.'
참된 성도는 굳은 결심의 소유자여야 합니다.

매일 말씀묵상을 하지 않으면 영혼이 병들고 성장하지 않기 때문입니다.
일주일에 한두 끼만 먹는 사람이
건강한 삶을 살 수 없는 것과 마찬가지 이치입니다.

Contents

2   「권별주삶」 단체 활용법

3   「권별주삶」 개인 활용법

4   주삶 개인 활용법

6   주삶 단체 활용법

10   에베소서를 묵상하기 전에

12-61   1~16회 묵상

62   빌립보서를 묵상하기 전에

65-109 17~31회 묵상

110   골로새서를 묵상하기 전에

112-145 32~42회 묵상

146   빌레몬서를 묵상하기 전에

148-156 43~45회 묵상

158   주간 그룹성경공부(1-7주)

180   주간 그룹성경공부 해설서(1-7주)

187   메모

188   기도노트

● **해설 집필자 소개**

조호형_ 에베소서

· 총신대학교 신학과(B.A)
· 총신대학교 신학대학원(M.Div)
· 미국 Calvin Theological Seminary(Th.M 신약학:바울신학)
· 미국 Southern Baptist Theological Seminary
  (Ph.D 신약학:바울신학)
· 총신대학교 신학대학원 교수(바울신학)

권호 목사_ 골로새서

· 총신대학교 신학대학원 졸업(신학 B.A, M.Div)
· 미국 Gordon-Conwell Theological Seminary(신학 Th.M)
· Southwestern Baptist Theological Seminary(철학 Ph.D)
· 합동신학대학원대학교 설교학 교수
· 사랑의교회 협동목사

GBS 및 해설서_ 이민욱, 황재욱, 김건일 목사

오대환 목사_ 빌립보서

· 합동신학대학원 졸업(M.Div)
· 총신대학원 졸업(M.Div, Equiv)
· 영국 Trinity College 졸업(Th.M)
· 미국 San Francisco Theological Seminary(D.Min 과정 이수)
· 온마음교회 담임목사

전하석 목사_ 빌레몬서

· 총신대학교 신학대학원(설교학 M.Div) 졸업
· Gordon-Conwell Theological Seminary
  (신약신학 Th.M, 상담학 D.Min) 졸업
· 리네이처 출판사 '손으로 새기는 지혜 시리즈' 집필진
· 성령의 임재 스피릿교회 담임목사

권별주삶

아가페

주삶 20

• 주 야 로 묵 상 하 는 삶 •

에베소서 · 빌립보서
골로새서 · 빌레몬서

AGAPE

(주)아가페출판사

「권별주삶」의 특징

- 「권별주삶」은 가족, 교회 소그룹, 직장 신우회 등 각종 성경공부 모임에 활용하면 좋습니다.

- 「권별주삶」은 날짜에 구애받지 않는 7일 동안의 개인 묵상과 1일의 주간성경공부(GBS)로 구성되어 있습니다.

「권별주삶」의 단체 활용법

► 매일 개인적으로 묵상하고, 1주일에 1회씩 모여 GBS 모임을 가지면 좋습니다.

- 개인묵상 시간을 통해 말씀을 묵상합니다.
- 7일째 주간성경공부 모임에서 한 주 동안 묵상한 말씀을 삶에 적용하고 체험과 깨달음을 서로 공유합니다.

► 「권별주삶」은 각종 성경공부 모임의 계획에 맞춰 차별화된 스케줄 구성이 가능합니다.

아가페 주삶 개인 활용법

「권별주삶」의 특징

• 「권별주삶」은 날짜가 특정되지 않아 순차적으로 깊이 있는 말씀묵상이 가능합니다.

• 「권별주삶」은 개인별 맞춤 스케줄에 따라 시간을 활용함으로써, 하나님의 말씀을 거듭 상고하고 깊이 체험할 수 있게 도와줍니다.

「권별주삶」의 개인 활용법

► 아래 「권별주삶」의 개인 활용법을 따라 꾸준히 묵상하면서 하나님과 동행하세요.

• 먼저 묵상을 시작하는 날짜를 기록합니다. 개인 스케줄에 맞춰 날짜와 관계없이 성경을 이어서 빠짐없이 묵상할 수 있습니다.

• 개인묵상 시간을 통해 말씀을 묵상합니다.

• 7일째 주간성경공부 모임에서 한 주 동안 묵상한 말씀을 삶에 적용하고 체험과 깨달음을 서로 공유합니다.

• 교훈과 묵상한 것을 메모합니다. 묵상과 적용이 「권별주삶」의 깊이 있는 해설과 곁들여져 말씀을 더욱 쉽게 이해하는 나만의 묵상노트가 됩니다.

• 「권별 주삶」 시리즈를 권별로 모아 두세요. 성경의 문맥을 살려 그 자체로 말씀을 쉽게 이해하게 해 주는 훌륭한 성경해설서로 활용할 수 있습니다.

* 「권별주삶」을
나만의 묵상노트이자 성경해설서로 만든다는 목표를 가지고 꾸준히 하면,
하나님과의 친밀한 교제 안에서 변화된 자신을 체험할 수 있습니다.

아가페 주삶 개인 말씀묵상 활용법

1 날짜 기록

묵상한 날짜를 기록합니다.

2 찬양과 기도

먼저 찬양한 후, 성령님의 도우심을 구하는 기도를 드립니다.

3 본문요약

'본문요약'을 읽고 흐름을 파악합니다.

4 개역개정성경 읽기

성경 본문을 정독합니다.

☐ 묵상 체크

01 에베소 교인들을 향한 구원의 역사
월 일

에베소서 1:1-6 · 새찬송 64장 | 통일 13장

• 말씀묵상 전에 성령님의 인도하심을 구하는 기도를 드리십시오.

본문요약 | 그리스도 안에 일어난 구원과 성취에 대해서 설명하는 바울은 시간이 존재하기 이전부터 하나님의 전적인 주권으로 그 계획이 시작되었음을 알린다. 동시에 이제 구원을 얻은 에베소 교인들은 하나님의 백성으로서 책임 있는 삶을 살아야 함을 강조한다.

1 하나님의 뜻으로 말미암아 그리스도 예수의 사도 된 바울은 에베소에 있는 성도들과 그리스도 예수 안에 있는 신실한 자들에게 편지하노니
2 하나님 우리 아버지와 주 예수 그리스도로부터 은혜와 평강이 너희에게 있을지어다
3 찬송하리로다 하나님 곧 우리 주 예수 그리스도의 아버지께서 그리스도 안에서 하늘에 속한 모든 신령한 복을 우리에게 주시되
4 곧 창세 전에 그리스도 안에서 우리를 택하사 우리로 1)사랑 안에서 그 앞에 거룩하고 흠이 없게 하시려고
5 그 기쁘신 뜻대로 우리를 예정하사 예수 그리스도로 말미암아 자기의 아들들이 되게 하셨으니
6 이는 그가 사랑하시는 자 안에서 우리에게 거저 주시는 바 그의 은혜의 영광을 찬송하게 하려는 것이라

1. 오늘 하나님께서 나에게 주신 깨달음은 무엇입니까?

2. 말씀을 어떻게 내 삶에 구체적으로 적용해야 합니까?

1) 4절에 '사랑 안에서'를 빼고 5절에 '사랑으로 예정하사'로 할 수 있음

12

---

7 묵상과 적용

'묵상과 적용' 질문을 통해 깨달은 말씀과 적용한 내용을 적습니다.

'말씀묵상'은

말씀과 기도를 통해 날마다 하나님의 음성에 귀 기울이고 그 음성을 따라 살아가고자 하는 그리스도인을 위한 경건의 시간입니다. '말씀묵상'은 하루 중 가장 귀중한 시간에 아무도 방해하지 않는 곳에서 해야 합니다. 그리고 깨달은 말씀을 주야로 묵상하는 것입니다.

절별 해설

2 은혜와 평강 복음의 핵심인 '은혜'라는 단어를 통해 새 언약의 특징인 구원(죄 용서, 의롭게 됨)을 암시한다. '평강'이라는 단어는 하나님과 신자들 사이에 이루어진 새 언약의 성취를 보여준다.

3 찬송하리로다 하나님 곧 우리 주 예수 그리스도의 아버지 이 구절은 구약성경과 유대 문학에 자주 등장하는 표현이다(대상 29:10; 시 28:6; 31:21). 고린도후서 1장 3절과 베드로전서 1장 3절에서도 비슷하게 나오는 것을 감안했을 때, 초대 교회 안에서 자주 행해졌던 고백처럼 보인다. 바울은 예수 그리스도 안에서 놀라운 구원 계획을 성취하신 하나님을 찬양하며, 하나님과 예수 그리스도의 관계를 아버지와 아들의 관계로 설명하고 있다. 하늘에 속한 본서에는 '하늘'이라는 단어가 자주 등장한다. 이는 문자적인 의미의 하늘 자체가 아니라, 예수 그리스도의 죽음과 부활에 의해 시작된 '새 시대'를 의미한다. 그러나 이미 새 생명의 시대가 시작되었다 할지라도, 아직 완성된 상태는 아니다. 이 새 시대는 예수 그리스도가 다시 오실 때 완성될 것이다. 모든 신령한 복 이것은 고린도전서에 나오는 영적인 은사들(고전 12:3–11)과 같은 성격의 것이 아니라, 하나님이 그리스도 안에서 성취하신 구원 사역을 통하여 신자들이 얻은 모든 축복을 말한다. 즉 '선택, 거룩하게 하심, 하나님의 자녀로 삼아 주심, 구속, 용서, 하나님의 구원 계획에 대해 ....을 ....한다(4–14절). 이처럼 '복'이 구원과 관....이라는 표현은 성령과 관련된다.

4 창세 전에 그리스도 안에서 우리를 택....서 그 앞에 거룩하고 흠이 없게 하시려고....간적인 공로나 요소에 의해서가 아니....전(시간이 존재하기 이전) 그분의 주....다. 하나님이 그리스도 안에서 자신의....들은 이제 하나님 앞에서 거룩하며 흠....아야 하는 책임을 갖게 된다.

5 그 기쁘신 뜻대로 우리를 예정하사 ....아 자기의 아들들이 되게 하셨으니 ....님이 신자들을 양자로 삼기 위해 예정....다. 여기서 '양자로 삼는다'는 것은 로마....로서, 양자가 되면 특권적인 위치를 소....

1 하나님의 뜻에 따라 예수 그리스도의 사도가 된 나 바울은, 예수 그리스도를 믿는 에베소의 성도들에게 편지를 씁니다.

2 하나님 우리 아버지와 주 예수 그리스도의 은혜와 평안이 여러분과 함께하기를 빕니다.

3 우리 주 예수 그리스도의 아버지 되시는 하나님께 찬양을 드립니다. 하나님께서는 하늘에 있는 모든 영적인 복을 그리스도 안에서 우리에게 내려 주셨습니다.

4 하나님께서는 이 세상이 창조되기 전 그리스도의 사랑 안에서 우리를 흠 없는 거룩한 백성으로 선택하셨습니다.

5 또한 그때부터 예수 그리스도를 통해 우리를 자녀 삼으시기로 작정하셨습니다. 하나님께서는 이 일을 바라시고 또 기뻐하셨습니다.

6 놀라운 은혜를 내려 주신 하나님께 찬양을 드립니다. 하나님께서는 아무 대가

5 쉬운성경 읽기

쉬운성경을 정독하며 본문을 대조합니다.

6 절별 해설

'절별 해설'을 참고하며 읽습니다.

8 저자의 묵상

절별 해설 집필자가 묵상 후 전하는 메시지입니다.

저자의 묵상

본문에서 바울은 신자들을 향한 구원의 역사를 조명하고 있다. 하나님은 이 세상을 창조하기 전에 신자들을 주권적으로 선택하셨다. 여기서 우리는 '왜 주님께서 우리를 택하셨는지' 그 목적을 숙고해야 한다. 대부분의 사람들은 그 목적을 천국 가는 것에만 강조를 두려고 한다. 그러나 다른 어떤 목적들보다도 하나님이 우리를 선택하신 것은 그분의 백성으로서 거룩하고 흠 없이 살게 하기 위해서임을 인식해야 한다(고후 7:1). 우리가 가져야 하는 거룩한 삶은 선택이 아니라 필수다. 우리는 과연 신자로서 합당한 흠 없고 거룩한 삶을 살고 있는지 스스로를 돌아보아야 할 것이다.

무릎 기도	아버지 하나님! 세상이 창조되기 이전에 저를 선택하고 불러 주셔서 감사합니다. 주님의 자녀로서 거룩하고 흠이 없는 삶을 살게 인도하소서.

9 무릎 기도

'무릎 기도'로 기도합니다.

10

한글과 영어 본문(ESV) 대조를 통해 본문의 바른 뜻을 파악할 수 있습니다.

1 Paul, an apostle of Christ Jesus by the will of God, To the saints who are in Ephesus, and are faithful[*] in Christ Jesus:

2 Grace to you and peace from God our Father and the Lord Jesus Christ.

3 Blessed be the God and Father of our Lord Jesus Christ, who has blessed us in Christ with every spiritual blessing in the heavenly places,

4 even as he chose us in him before the foundation of the world, that we should be holy and blameless before him. In love

5 he predestined us[*] for adoption to himself as sons through Jesus Christ, according to the purpose of his will,

6 to the praise of his glorious grace, with which he has blessed us in the Beloved.

* 1:1 Some manuscripts *saints who are also faithful* (omitting *in Ephesus*)
* 1:5 Or *before him in love*, *having predestined us*

1 apostle 사도 will 뜻 saint 성도 faithful 충실한 3 spiritual 영적인 4 foundation 기초 blameless 죄 없는 5 predestine 운명을 예정하다 adoption 양자 입양 purpose 목적 6 glorious 영광스러운 beloved 사랑하는

14

주삶

아가페

단체 활용법 - 소그룹·구역예배

1

주중에 전 구성원이 개인적으로 매일 말씀을 묵상하고, 1주일에 1회씩 모여 GBS 교재 부분을 가지고 나눕니다.

2

GBS를 시작할 때 지난 한 주간 개인 묵상을 통해 깨달은 것이나 삶에 적용한 일이 있으면 한 사람씩 돌아가며 나눕니다.

구역예배, 청년부 성경공부, 직장 신우회 등 각종 성경공부 모임에 활용하면 좋습니다.

주간 그룹성경공부 · GBS

1주차
(1회~7회)

교회가 가야 할 길

에베소서 2:11~22 · 새찬송 208장 · 통일 246장

주간 말씀묵상 나눔

지난 한 주간 말씀을 묵상한 것이나 삶에 적용한 것이 있으면 돌아가며 간단히 나누어 봅시다.

● 오늘의 성경공부 목표

교회는 예수 그리스도가 가르쳐 주신 평화의 복음으로 인하여 전혀 공존할 수 없는 사람들이 더불어 살수 있는 길을 제시합니다. 그 길이 어떻게 가능한지를 함께 살펴봅시다.

11 그러므로 생각하라 너희는 그때에 육체로는 이방인이요 손으로 육체에 행한 할례를 받은 무리라 칭하는 자들로부터 할례를 받지 않은 무리라 칭함을 받는 자들이라
12 그때에 너희는 그리스도 밖에 있었고 이스라엘 나라 밖의 사람이라 약속의 언약들에 대하여는 외인이요 세상에서 소망이 없고 하나님도 없는 자이더니
13 이제는 전에 멀리 있던 너희가 그리스도 예수 안에서 그리스도의 피로 가까워졌느니라
14 그는 우리의 화평이신지라 둘로 하나를 만드사 원수 된 것 곧 중간에 막힌 담을 자기 육체로 허시고
15 법조문으로 된 계명의 율법을 폐하셨으

니 이는 이 둘로 자기 안에서 한 새 사람을 지어 화평하게 하시고
16 또 십자가로 이 둘을 한 몸으로 하나님과 화목하게 하려 하심이라 원수 된 것을 십자가로 소멸하시고
17 또 오셔서 먼 데 있는 너희에게 평안을 전하시고 가까운 데 있는 자들에게 평안을 전하셨으니
18 이는 그로 말미암아 우리 둘이 한 성령 안에서 아버지께 나아감을 얻게 하려 하심이라
19 그러므로 이제부터 너희는 외인도 아니요 나그네도 아니요 오직 성도들과 동일한 시민이요 하나님의 권속이라
20 너희는 사도들과 선지자들의 터 위에 세우심을 입은 자라 그리스도 예수께서 친

158

'말씀묵상'은

말씀과 기도를 통해 날마다 하나님의 음성에 귀 기울이고 그 음성을 따라 살아가고자 하는 그리스도인을 위한 경건의 시간입니다. '말씀묵상'은 하루 중 가장 귀중한 시간에 아무도 방해하지 않는 곳에서 해야 합니다. 그리고 깨달은 말씀을 주로로 묵상하는 것입니다.

히 모퉁잇돌이 되셨느니라
21 그의 안에서 건물마다 서로 연결하여 주 안에서 성전이 되어 가고

22 너희도 성령 안에서 하나님이 거하실 처소가 되기 위하여 그리스도 예수 안에서 함께 지어져 가느니라

• 함께 읽어보기

오늘날 한국교회가 매우 큰 위기에 처해 있다는 것을 부정하는 사람은 거의 없습니다. 그 원인 중 일부는 교회 내부의 수많은 분쟁과 갈등입니다. 오늘 본문에서 확인할 수 있듯이, 교회는 예수 그리스도가 주신 평화의 복음으로 인하여 탄생합니다. 갈등이 봉합되고 차이를 극복하며 새로운 화합과 하나 됨의 진전을 보여야 하는 곳이 교회였습니다. 따라서 오늘날 교회가 얼마나 본래의 목적을 잃어버렸는지 새삼 깨닫게 됩니다. 그러므로 다시금 교회가 가야 할 길을 제대로 살필 수 있길 바랍니다.

도입 질문

1 당신의 인생에서 만나는 수많은 사람들 중에 여전히 밉고, 가까이하기가 힘든 사람이 있습니까? 그렇게 된 이유도 함께 나누어 봅시다.

3

GBS 순서에 따라 리더가 진행하며, 각자 묵상을 통해 느낀 것과 깨달은 것을 나눕니다.

함께 나누기

2 유대인들은 이방인들을 향해 무 자랑삼아 이야기하던 것은 무엇

3 '그리스도 밖에 있었고 이스라엘 세상에서 소망이 없고 하나님도 서 그리스도의 (   )로 인하 어를 찾아 빈 칸을 채워 봅시다.

4 유대인과 이방인을 갈라놓던 율법을 없애고, 이 두 그룹을 하나가 되게 하여 새 사람이 되게 하신 분은 누구입니까? 그분은 어떻게 그들 사이를 가로막았던 미움의 벽을 허무셨습니까? 11절

5 중재자이신 예수 그리스도께 나아가는 과정에서 상대를 향한 미움과 갈등이 점차 바뀌는 것을 경험한 적이 있다면 나누어 봅시다.

6 유대인과 이방인이 '그리스도를 통해 한 성령 안에'(18절) 있게 될 때 성경은 그들을 더 이상 낯선 나그네나 손님으로 부르지 않습니다. 그들은 이제 '이제부터 너희는 외인도 아니요 나그네도 아니요 오직 (   )이요 (   )이라'고 가르칩니다. 19절을 참조하여 빈칸에 알맞은 단어를 넣어봅시다.

7 20-22절을 보면, 성도의 성숙과 성장과 관련된 표현들, 가령 '주 안에서 성전이 되어 가고'(21절), '그리스도 예수 안에서 함께 지어져 가느니라'(22절) 등이 등장합니다. 이 표현들의 시제를 고려하면 성도의 성장은 언제까지 진행되어야 합니까?

8 당신은 그리스도인이 된 이후, 영적 성장과 성숙을 위한 다양한 훈련을 끊임없이 받고 있습니까? 혹 훈련을 쉬고 싶었던 적이 있는지와 그것을 극복할 수 있는 지혜를 공유해 봅시다.

9 오늘 성경공부를 통해 나누고 싶거나 깨달은 것이 있으면 이야기해 봅시다.

agape

"복 있는 사람은
악인들의 꾀를 따르지 아니하며
죄인들의 길에 서지 아니하며
오만한 자들의 자리에 앉지 아니하고
오직 여호와의 율법을 즐거워하여
그의 율법을 주야로 묵상하는도다"

- 시편 1:1-2 -

1~45days

에베소서를 묵상하기 전에

저자

바울이 이 편지의 저자가 아니라고 주장하는 몇몇 학자들은 그 이유로 바울의 다른 편지들과 비교했을 때 나타나는 신학의 차이를 예로 든다. 그러나 역사적으로 사도 시대 이후 많은 교부들, 교회의 지도자들, 그리고 신학자들은 에베소서를 바울의 편지로 인정하였다.

수신자

학자들은 '에베소서가 과연 누구에게 보내졌는지'에 대하여 많은 논쟁을 해 왔다. 논쟁의 핵심은 1장 1절의 '에베소에 있는'이라는 문구가 실제로 존재하는지에 대해서였다. 실제로 1800년대 중반 이후 발견되었던 신뢰할 만한 몇몇 신약성경 사본들 안에는 그 문구가 빠져 있다. 그러나 비록 그 사본들 안에 그 문구가 빠졌다고 할지라도 이 편지는 에베소로 보내는 것이라고 충분히 주장할 수 있다. 왜냐하면 그 사본들은 신뢰할 만한 것들이지 성경 원본 자체를 의미하지 않기 때문이다. 비록 수신자와 관련하여 학자들 사이에 많은 논쟁과 이론들이 있다 해도, 바울이 전도여행 동안 세웠던 에베소에 있는 여러 가정 교회들에게 보내는 편지로 보는 것이 가장 설득력이 있다(행 19장).

기록 시기

바울이 야고보를 만나러 예루살렘에 방문했을 때(행 21:17), 아시아로부터 온 유대인들이 무리를 충동하여 바울을 죽이려고 했다(행 21:31). 이에 로마 군대는 그를 무리로부터 보호하고 결박하였다(행 21:33). 그렇게 결박된 바울은 로마의 가이사에게 상소하게 되고 (행 25:10) 마침내 로마에 이르게 되었다(행 28:16). 거기서 바울은 약 2년 정도 구금되는데 바로 이때(약 AD 60~62년) 에베소서를 집필한다.

기록 목적

에베소 지역에 머물렀었던 바울은 그 지역의 유명한 신전들, 셀 수 없는 많은 우상들, 마술, 그리고 로마 제국에서 행해졌던 각종 제사 의식들을 목격하였다(행 19장). 에베소 지역에 있는 성도들이 이렇게 혼탁한 종교적 상황과 왜곡된 문화적 상황에 노출되어 있었기 때문에, 바울은 그들에게 목회적인 권면이 필요하다고 판단하였다. 그런 의미에서 이 편지는 신자들이 세상의 우상들보다 뛰어나신 하나님의 능력을 바라보면서 '과거의 세상적인 삶'을 벗어 버리고, 하나님 백성으로서 살라고 권유하고 있다. 또한 교회 안의 상황과 관련하여 다른 목적도 짐작할 수 있다. 그것은 초대 교회에서 언제나 심각한 문제로 대두되었던, 복음을 받아들인 유대인 신자들과 이방인 신자들 사이에 갈등이었다. 바울은 예수 그리스도 안에서 교회의 모든 구성원들이 하나가 되었기 때문에 화목해야 함을 강조하고자 이 편지를 썼다.

주요 내용

본서에는 다음과 같은 중요한 내용들이 담겨 있다. '하나님의 예정과 선택', '오직 은혜와 믿음으로 구원', '하나님 언약 밖의 사람들이 구원의 백성이 됨', '그리스도 안에서 얻은 새로운 생명', '새로운 정체성을 가진 사람으로서 이 땅을 살아감', '기독교 공동체는 그리스도 안에서 하나가 됨', '성숙한 공동체로 거듭남', '그리스도 안에서 하나가 된 사람들의 삶', '빛의 자녀들로서의 삶', '지혜와 성령 안에서 삶', '가정 안에서 남편과 아내, 그리고 다른 가족들이 어떻게 서로를 향해 대해야 하는지에 대한 권면', '세상의 어두운 세력에 대항' 등이 주된 내용이다.

단락 구분

에베소서 안에서 바울의 가장 근본적인 관심은 '하나님의 은혜로 구원받은 백성이 이 땅에서 어떻게 살아야 하는지'에 대해서다. 바울은 먼저 수신자들이 어떻게 구원의 백성이 되었는지에 대해서 초점을 맞추고, 그 다음 그들이 어떻게 옛 모습을 벗어 버리고 하나님의 백성으로서 살아야 하는지를 설명한다. 이처럼 바울의 논지를 고려한 본서의 단락 구분은 다음과 같다.

1. 편지의 서론(1:1-2)

2. 하나님의 놀라운 구원으로 새롭게 된 백성(1:3-3:21)
   1) 그리스도 안에서 주어진 하나님의 축복들을 찬양하라(1:3-14)
   2) 감사의 기도와 수신자를 위한 기도(1:15-23)
   3) 그리스도 안에서 은혜로 새로운 생명을 얻음(2:1-10)
   4) 유대인과 이방인들이 공동체 안에서 하나 됨(2:11-22)
   5) 하나님의 부르심과 청지기로서 바울의 삶(3:1-13)
   6) 능력, 사랑, 그리고 영적인 성숙을 위한 바울의 기도(3:14-21)

3. 하나님의 백성이 이 땅에서 어떻게 살아야 하는지에 대한 권면(4:1-6:20)
   1) 그리스도 안에서 연합, 다양성, 그리고 성숙(4:1-16)
   2) 옛 모습을 벗어 버린 하나님 백성의 삶(4:17-24)
   3) 새로운 정체성을 가진 신자들의 삶(4:25-5:2)
   4) 과거의 '어두운 삶'과 현재의 '빛의 삶'에 대한 설명(5:3-14)
   5) 지혜와 성령 안에서의 삶(5:15-21)
   6) 신자들이 가정에서 어떻게 해야 하는지에 대한 권면(5:22-6:9)
      -남편들과 아내들을 향한 권면(5:22-33)
      -가족들을 향한 권면(6:1-9)
   7) 세상의 어두운 세력을 대항하라(6:10-20)

4. 편지의 결론 부분과 축도(6:21-24)

01
월   일

에베소 교인들을 향한 구원의 역사

에베소서 1:1-6 • 새찬송 64장 | 통일 13장

• 말씀묵상 전에 성령님의 인도하심을 구하는 기도를 드리십시오.

> **본문요약 |** '그리스도 안에 일어난 구원과 성취'에 대해서 설명하는 바울은 시간이 존재하기 이전부터 하나님의 전적인 주권으로 그 계획이 시작되었음을 알린다. 동시에 이제 구원을 얻은 에베소 교인들은 하나님의 백성으로서 책임 있는 삶을 살아야 함을 강조한다.

1 하나님의 뜻으로 말미암아 그리스도 예수의 사도 된 바울은 에베소에 있는 성도들과 그리스도 예수 안에 있는 신실한 자들에게 편지하노니

2 하나님 우리 아버지와 주 예수 그리스도로부터 은혜와 평강이 너희에게 있을지어다

3 찬송하리로다 하나님 곧 우리 주 예수 그리스도의 아버지께서 그리스도 안에서 하늘에 속한 모든 신령한 복을 우리에게 주시되

4 곧 창세 전에 그리스도 안에서 우리를 택하사 우리로 ¹⁾사랑 안에서 그 앞에 거룩하고 흠이 없게 하시려고

5 그 기쁘신 뜻대로 우리를 예정하사 예수 그리스도로 말미암아 자기의 아들들이 되게 하셨으니

6 이는 그가 사랑하시는 자 안에서 우리에게 거저 주시는 바 그의 은혜의 영광을 찬송하게 하려는 것이라

1. 오늘 하나님께서 나에게 주신 깨달음은 무엇입니까?

2. 말씀을 어떻게 내 삶에 구체적으로 적용해야 합니까?

1) 4절에 '사랑 안에서'를 빼고 5절에 '사랑으로 예정하사'로 할 수 있음

2 은혜와 평강 복음의 핵심인 '은혜'라는 단어를 통해 새 언약의 특징인 구원(죄 용서, 의롭게 됨)을 암시한다. '평강'이라는 단어는 하나님과 신자들 사이에 이루어진 새 언약의 성취를 보여준다.

3 찬송하리로다 하나님 곧 우리 주 예수 그리스도의 아버지 이 구절은 구약성경과 유대 문학에 자주 등장하는 표현이다(대상 29:10; 시 28:6; 31:21). 고린도후서 1장 3절과 베드로전서 1장 3절에서도 비슷하게 나오는 것을 감안했을 때, 초대 교회 안에서 자주 행해졌던 고백처럼 보인다. 바울은 예수 그리스도 안에서 놀라운 구원 계획을 성취하신 하나님을 찬양하며, 하나님과 예수 그리스도의 관계를 아버지와 아들의 관계로 설명하고 있다. **하늘에 속한** 본서에는 '하늘'이라는 단어가 자주 등장한다. 이는 문자적인 의미의 하늘 자체가 아니라, 예수 그리스도의 죽음과 부활에 의해 시작된 '새 시대'를 의미한다. 그러나 이미 새 생명의 시대가 시작되었다 할지라도, 아직 완성된 상태는 아니다. 이 새 시대는 예수 그리스도가 다시 오실 때 완성될 것이다. **모든 신령한 복** 이것은 고린도전서에 나오는 영적인 은사들(고전 12:3-11)과 같은 성격의 것이 아니라, 하나님이 그리스도 안에서 성취하신 구원 사역을 통하여 신자들이 얻은 모든 축복을 말한다. 즉 '선택, 거룩하게 하심, 하나님의 자녀로 삼아 주심, 구속, 용서, 하나님의 구원 계획에 대한 지식'을 의미한다(4-14절). 이처럼 '복'이 구원과 관련되기 때문에, '신령한'이라는 표현은 성령과 관련된다.

4 창세 전에 그리스도 안에서 우리를 택하사 우리로 사랑 안에서 그 앞에 거룩하고 흠이 없게 하시려고 하나님의 선택은 인간적인 공로나 요소에 의해서가 아니라, 세상을 창조하기 이전(시간이 존재하기 이전) 그분의 주권적인 의지로 이루어졌다. 하나님이 그리스도 안에서 자신의 백성을 선택하셨고, 그들은 이제 하나님 앞에서 거룩하며 흠이 없이 사랑 안에서 살아야 하는 책임을 갖게 된다.

5 그 기쁘신 뜻대로 우리를 예정하사 예수 그리스도로 말미암아 자기의 아들들이 되게 하셨으니 시간이 시작되기 전 하나님이 신자들을 양자로 삼기 위해 예정하셨음을 바울은 강조한다. 여기서 '양자로 삼는다'는 것은 로마 시대에 있었던 관습으로서, 양자가 되면 특권적인 위치를 소유하였다.

1 하나님의 뜻에 따라 예수 그리스도의 사도가 된 나 바울은, 예수 그리스도를 믿는 에베소의 성도들에게 편지를 씁니다.

2 하나님 우리 아버지와 주 예수 그리스도의 은혜와 평안이 여러분과 함께하기를 빕니다.

3 우리 주 예수 그리스도의 아버지 되시는 하나님께 찬양을 드립니다. 하나님께서는 하늘에 있는 모든 영적인 복을 그리스도 안에서 우리에게 내려 주셨습니다.

4 하나님께서는 이 세상이 창조되기 전, 그리스도의 사랑 안에서 우리를 흠 없는 거룩한 백성으로 선택하셨습니다.

5 또한 그때부터 예수 그리스도를 통해 우리를 자녀 삼으시기로 작정하셨습니다. 하나님께서는 이 일을 바라시고 또 기뻐하셨습니다.

6 놀라운 은혜를 내려 주신 하나님께 찬양을 드립니다. 하나님께서는 아무 대가를 바라지 않으시고, 은혜를 베풀어 주셔서 사랑하는 아들 독생자 예수 그리스도를 우리에게 보내 주셨던 것입니다.

저자의 묵상

본문에서 바울은 신자들을 향한 구원의 역사를 조명하고 있다. 하나님은 이 세상을 창조하기 전에 신자들을 주권적으로 선택하셨다. 여기서 우리는 '왜 주님께서 우리를 택하셨는지' 그 목적을 숙고해야 한다. 대부분의 사람들은 그 목적을 천국 가는 것에만 강조점을 두려고 한다. 그러나 다른 어떤 목적들보다도 하나님이 우리를 선택하신 것은 그분의 백성으로서 거룩하고 흠 없이 살게 하기 위해서임을 인식해야 한다(고후 7:1). 우리가 가져야 하는 거룩한 삶은 선택이 아니라 필수다. 우리는 과연 신자로서 합당한 흠 없고 거룩한 삶을 살고 있는지 스스로를 돌아보아야 할 것이다.

> **무릎기도** | 아버지 하나님! 세상이 창조되기 이전에 저를 선택하고 불러 주셔서 감사합니다. 주님의 자녀로서 거룩하고 흠이 없는 삶을 살게 인도하소서.

ESV - Ephesians 1

1 Paul, an apostle of Christ Jesus by the will of God, To the saints who are in Ephesus, and are faithful* in Christ Jesus:

2 Grace to you and peace from God our Father and the Lord Jesus Christ.

3 Blessed be the God and Father of our Lord Jesus Christ, who has blessed us in Christ with every spiritual blessing in the heavenly places,

4 even as he chose us in him before the foundation of the world, that we should be holy and blameless before him. In love

5 he predestined us* for adoption to himself as sons through Jesus Christ, according to the purpose of his will,

6 to the praise of his glorious grace, with which he has blessed us in the Beloved.

* 1:1 Some manuscripts *saints who are also faithful* (omitting *in Ephesus*)
* 1:5 Or *before him in love*, ⁵*having predestined us*

---

1 apostle 사도 will 뜻 saint 성도 faithful 충실한   3 spiritual 영적인   4 foundation 기초 blameless 죄 없는   5 predestine 운명을 예정하다 adoption 양자 입양 purpose 목적   6 glorious 영광스러운 beloved 사랑하는

14

02
월   일

구원을 허락하신 하나님의 놀라운 사랑

에베소서 1:7-14 • 새찬송 304장 | 통일 404장

• 말씀묵상 전에 성령님의 인도하심을 구하는 기도를 드리십시오.

본문요약 | 신자들은 복음을 듣고 믿음으로 죄의 속박에서 벗어나게 되고 구원에 이른다. 이제 성령님은 신자들 안에 내주하셔서 마지막 날에 이르기까지 구원의 보증이 되시며, 그들로 하여금 하나님의 영광을 찬송하게 도우신다.

---

7 우리는 그리스도 안에서 그의 은혜의 풍성함을 따라 그의 피로 말미암아 속량 곧 죄 사함을 받았느니라

8 이는 그가 모든 지혜와 총명을 우리에게 넘치게 하사

9 그 뜻의 비밀을 우리에게 알리신 것이요 그의 기뻐하심을 따라 그리스도 안에서 때가 찬 경륜을 위하여 예정하신 것이니

10 하늘에 있는 것이나 땅에 있는 것이 다 그리스도 안에서 통일되게 하려 하심이라

11 모든 일을 그의 뜻의 결정대로 일하시는 이의 계획을 따라 우리가 예정을 입어 그 안에서 기업이 되었으니

12 이는 우리가 그리스도 안에서 전부터 바라던 그의 영광의 찬송이 되게 하려 하심이라

13 그 안에서 너희도 ¹⁾진리의 말씀 곧 너희의 구원의 복음을 듣고 그 안에서 또한 믿어 ²⁾약속의 성령으로 인치심을 받았으니

14 이는 우리 기업의 ³⁾보증이 되사 그 얻으신 것을 속량하시고 그의 영광을 찬송하게 하려 하심이라

1. 오늘 하나님께서 나에게 주신 깨달음은 무엇입니까?

2. 말씀을 어떻게 내 삶에 구체적으로 적용해야 합니까?

1) 헬, 참
2) 또는 약속의 성령에
3) 헬, 보증금

7 속량 이것은 '죄사함'과 같은 의미로 '속박으로부터 해방'을 의미한다. 하나님의 능력으로 애굽의 종살이에서 벗어나게 된 이스라엘을 연상시킨다.

8 모든 지혜와 총명 하나님이 신자들에게 '그 뜻의 비밀'(9절)을 이해할 수 있게 주신 것들이다.

9 그 뜻의 비밀 '비밀'이라는 단어는 신약성경에서 27회 사용되었고, 그중 바울이 쓴 편지들에서 21회가 나타난다. 이것은 종말론적이며 전 우주를 향한 하나님의 계획으로, 넓게는 '그리스도 안에서 하늘과 땅의 모든 것들을 통일되게 하는 것'(10절)을 뜻한다. 좁게는 '그리스도 안에서 유대인과 이방인의 구원'을 의미한다.
때가 찬 경륜 '때가 찬 경륜'은 일차적으로 '시간이 정해진 정점에 도달한 상태'를 의미한다. 그러나 동시에 앞으로 도달할 정점을 향하여 가고 있는 '진행의 상태' 또한 포함한다.

10 하늘에 있는 것이나 땅에 있는 것이 다 그리스도 안에서 통일되게 하려 하심이라 본 절은 9절에 언급된 '비밀'의 의미를 구체화하는 역할을 한다. 하나님은 죄로 인하여 망가진 우주 안에 있는 모든 것을 그리스도의 발아래 두시고 회복하실 것이다.

11 우리가 예정을 입어 '우리'라는 대명사가 누구를 가리키는지는 학자들 사이에 이견이 존재한다. 어떤 학자들은 본 절의 '우리'를 유대인 신자들로, 13절의 '너희'를 이방인 신자들로 이해한다. 그러나 '우리'는 바울을 포함하여 유대인 신자들과 이방인 신자들 모두를 말하는 것으로 보인다. 왜냐하면 '예정'은 '모든 신자'를 포함하는 개념이기 때문이다.

13 너희도 진리의 말씀 곧 너희의 구원의 복음을 듣고 그 안에서 또한 믿어 약속의 성령으로 인치심을 받았으니 '너희'는 에베소서의 독자들을 의미한다. 그들이 진리의 말씀, 즉 구원의 기쁜 소식을 듣고 믿게 되었을 때, 그 표시로서 약속하신 성령을 받게 되었다. 여기서 '믿음'이 먼저 나오고 그 다음에 '성령의 인치심'이 등장한다. 그러나 순서적으로 이해하는 것보다, 마치 동전의 양면처럼 동시적인 사건으로 이해하는 것이 좋을 듯하다.

14 이는 우리 기업의 보증이 되사 모든 신자들을 의미한다. **그 얻으신 것** 하나님은 신자들에게 영적인 구원의 축복들을 약속하셨고, 예수 그리스도의 재림 때에 그 축복들은 완전히 성취될 것이다. 이에 대한 보증이 바로 신자들 안에 내주하신 성령이시다.

7 그리스도 안에서 우리는 그의 보혈로 자유함을 얻었습니다. 또한 하나님의 풍성한 은혜로 죄사함도 받았습니다.

8 하나님께서는 풍성한 지혜와 지식으로

9 우리에게 한 가지 비밀을 가르쳐 주셨습니다. 그것은 하나님께서 그리스도를 통해 우리를 구원하시려는 뜻을 가지고 계시다는 것이었습니다.

10 때가 되면, 하나님은 그 계획을 분명히 이루실 것입니다. 땅과 하늘에 있는 모든 것의 으뜸이 되신 그리스도 예수 안에서 하나가 될 것입니다.

11 모든 것을 그의 뜻대로 이루시는 하나님께서는 오래전에 이미 우리를 하나님의 백성으로 예정해 놓으셨습니다.

12 그리스도 안에서 첫 소망을 가진 우리들을 통해 하나님께서는 찬양을 받기 원하십니다.

13 여러분이 구원의 기쁜 소식인 진리의 말씀을 듣고 믿었을 때, 하나님께서는 그 표시로 우리에게 약속하신 성령을 보내 주셨습니다.

14 성령이 우리와 함께하실 때, 우리는 하나님께서 약속하신 모든 것을 받을 것입니다. 성령은 하나님께 구속함을 받은 모든 자들에게 큰 자유를 주셔서 하나님께 찬양을 돌리게 하실 것입니다.

저자의 묵상

신자들은 '예수 그리스도를 믿음으로 구원을 받았습니다'라는 말을 수없이 들었을 것이다. 우리는 그 놀라운 진리를 신앙의 공식으로 이해하며, 반복적으로 암기하곤 한다. 그러나 하나님 앞에서 우리 자신을 좀 더 정직하게 드러내는 질문들이 우리에게 필요하다. '나는 하나님의 구원에 대한 감격(감사)이 있는가?', '그 구원 때문에 난 지금 행복한가?'하는 질문이다.

실제로 감격과 행복이라는 단어는 지식적으로 얻어질 수 없다. 만약 그러한 감정이 없거나 사라졌다면, 우리는 본문의 의미를 다시 되새기며 모세의 외침을 청종해야 할 것이다. "이스라엘이여 너는 행복한 사람이로다 여호와의 구원을 너 같이 얻은 백성이 누구냐"(신 33:29).

> **무릎기도** 살아계신 하나님! 제 안에 구원에 대한 감격과 감사가 있는지, 그 구원 때문에 행복한지 돌이켜 봅니다. 주님 앞에 정직하게 나아갈 수 있게 힘을 주소서.

ESV - Ephesians 1

7 In him we have redemption through his blood, the forgiveness of our trespasses, according to the riches of his grace,

8 which he lavished upon us, in all wisdom and insight

9 making known* to us the mystery of his will, according to his purpose, which he set forth in Christ

10 as a plan for the fullness of time, to unite all things in him, things in heaven and things on earth.

11 In him we have obtained an inheritance, having been predestined according to the purpose of him who works all things

according to the counsel of his will,

12 so that we who were the first to hope in Christ might be to the praise of his glory.

13 In him you also, when you heard the word of truth, the gospel of your salvation, and believed in him, were sealed with the promised Holy Spirit,

14 who is the guarantee* of our inheritance until we acquire possession of it,* to the praise of his glory.

* 1:9 Or he lavished upon us in all wisdom and insight, making known...
* 1:14 Or down payment
* 1:14 Or until God redeems his possession

---

7 redemption 구속 forgiveness 용서 trespass 죄　8 lavish… upon ~에게 …을 지나치게 주다 insight 통찰력
9 purpose 목적 set forth …을 제시하다　10 fullness of time 정해진 때　11 obtain 얻다 inheritance 유산 predestine 운명을 예정하다 counsel 결심　13 salvation 구원 seal 도장을 찍다　14 guarantee 보증 acquire 획득하다 possession 소유

03

월   일

하나님의 능력과 영적인 성숙

에베소서 1:15-23 • 새찬송 314장 | 통일 511장

• 말씀묵상 전에 성령님의 인도하심을 구하는 기도를 드리십시오.

> **본문요약 |** 바울은 에베소 교회에 들어온 새신자들의 믿음이 성장한 것과 서로를 향한 사랑에 대하여 듣고 하나님께 감사를 드린다. 무엇보다도 바울은 그러한 영적인 성숙 이면에서 역사하시는 하나님의 은혜와 능력을 깨달으며, 그들을 위하여 간절히 기도한다.

15 이로 말미암아 주 예수 안에서 너희 믿음과 모든 성도를 향한 사랑을 나도 듣고

16 내가 기도할 때에 기억하며 너희로 말미암아 감사하기를 그치지 아니하고

17 우리 주 예수 그리스도의 하나님, 영광의 아버지께서 지혜와 계시의 영을 너희에게 주사 하나님을 알게 하시고

18 너희 마음의 눈을 밝히사 그의 부르심의 소망이 무엇이며 성도 안에서 그 기업의 영광의 풍성함이 무엇이며

19 그의 힘의 위력으로 역사하심을 따라 믿는 우리에게 베푸신 능력의 지극히 크심이 어떠한 것을 너희로 알게 하시기를 구하노라

20 그의 능력이 그리스도 안에서 역사하사 죽은 자들 가운데서 다시 살리시고 하늘에서 자기의 오른편에 앉히사

21 모든 통치와 권세와 능력과 주권과 이 세상뿐 아니라 오는 세상에 일컫는 모든 이름 위에 뛰어나게 하시고

22 또 만물을 그의 발 아래에 복종하게 하시고 그를 만물 위에 교회의 머리로 삼으셨느니라

23 교회는 그의 몸이니 만물 안에서 만물을 충만하게 하시는 이의 충만함이니라

1. 오늘 하나님께서 나에게 주신 깨달음은 무엇입니까?

2. 말씀을 어떻게 내 삶에 구체적으로 적용해야 합니까?

15 이로 말미암아 주 예수 안에서 너희 믿음과 모든 성도를 향한 사랑을 나도 듣고 이 구절은 신자들을 향한 하나님의 풍성한 축복들이 설명된 1장 3-14절 전체를 가리킨다. 또한 바울은 에베소 교회에서 새신자들의 영적인 성숙에 대하여 듣게 되었다. 이 소식은 감금 상태에 있었던 바울의 마음을 평안하게 하였을 것이다.

17 영 '영'은 분명히 '성령'을 의미한다(1:13-14). 지금 바울은 신자들 안에 내주하신 성령께서 그들에게 '구원의 역사'와 '하나님에 관련된 진리'를 더욱 깊이 알 수 있는 지혜를 주시도록 기도한다.

18 너희 마음의 눈을 밝히사 '마음의 눈'은 '무언가를 이해하는 능력'과 관련된다.
그의 부르심의 소망이 무엇이며 성도 안에서 그 기업의 영광의 풍성함이 무엇이며 여기서 '부르심'은 '창세 전에 그리스도 안에서 행해진 예정'(1:4-5)에서부터 시작된다. 그러므로 부름을 받은 신자들은 미래에 성취될 일에 대한 소망을 갖게 된다. 그 '소망'은 하늘에 있는 것이나 땅에 있는 것이 예수 그리스도의 발아래 거하며(10절), 하나님 앞에서 구원이 성취되는 것(1:14; 4:30)이다.

21 모든 통치, 권세, 주권 이 용어들은 '악한 세력들'을 상징하며, 당시 유대인 신자들에게 잘 알려진 것들이다. 또한 이 용어들은 마술이 횡행하던 그 당시 이방 세계에서 자주 사용되었기 때문에 이방인 신자들도 익숙하였을 것이다.
오는 세상에 일컫는 모든 이름 위에 뛰어나게 하시고 바울은 지칭할 수 있는 악한 세력의 모든 이름보다 뛰어난 예수 그리스도의 권위를 강조한다.

22 또 만물을 그의 발 아래에 복종하게 하시고 그를 만물 위에 교회의 머리로 삼으셨느니라 여기서 '만물'은 이 땅 위에 살아 있는 모든 존재와 악한 모든 세력을 말한다. '머리'는 '모든 만물을 다스리는 권세'를 의미한다. 바울은 하나님이 그리스도에게 그러한 권세를 주신 이유가 교회를 위해서임을 명확히 밝히고 그리스도는 악한 세력들의 공격에 저항할 수 있는 힘을 교회에 주실 수 있다.

23 충만하게 하시는 이 본 구절은 직접적으로 '그리스도'를 의미한다. 그리스도는 교회를 통해 선포된 복음으로 땅 위와 하늘 아래 모든 것을 충만하게 하신다.

15 그러므로 내가 주 예수님을 믿는 믿음과 성도들을 향한 여러분의 사랑을 전해 듣고

16 항상 기도 가운데 여러분을 기억하고 하나님께 감사하고 있습니다.

17 우리 주 예수 그리스도의 하나님, 영광의 아버지께서 지혜와 계시의 영을 여러분에게 주셔서 하나님을 더 잘 알게 하시며,

18 여러분의 마음을 밝혀 우리에게 주시려고 예비해 두신 것을 깨닫도록 기도합니다. 또한 하나님의 백성에게 약속하신 복이 얼마나 풍성하고 놀라운지 깨닫도록 기도하고 있습니다.

19 믿는 자 안에서 역사하시는 하나님께서는 그 큰 능력으로

20 그리스도를 죽은 자 가운데서 살리시고, 하늘에 계신 하나님 우편에 앉게 하셨습니다.

21 하나님께서는 그리스도를 모든 지배자, 권세자, 왕들, 이 세상과 다음 세상에 있을 그 어느 누구보다도 뛰어나게 하셨습니다.

22 하나님께서는 만물을 그의 발아래 두시고, 그리스도를 교회의 머리로 삼으셨습니다.

23 교회는 그리스도의 몸이며, 모든 것을 넘치도록 채우시는 분이 계신 곳입니다.

저자의 묵상

에베소 지역에서 복음 전도 사역을 한지 수년이 지나, 바울은 에베소에 있는 교회(들)에 대한 소식을 접하였다. 그것은 그가 떠난 뒤에도 신자들의 믿음이 계속 성장하고, 서로를 향한 사랑이 더욱 증가했다는 것이었다. 이때 바울은 비록 감금 상태에 있었지만, 이 소식을 듣고 하나님께 감사를 드리며 그들의 영적인 성장을 위해 더욱 간절히 기도한다.

그러나 오늘날 많은 교회들은 '성장주의'라는 심각한 질병을 앓고 있다. 너나 할 것 없이 교회 건물들을 화려하게 확장하고 건축하면서 이를 하나님의 사역이라는 이름으로 정당화시킨다. 이 세속적인 걸음은 쉽게 멈출 것 같지 않다. 그러나 그럴수록 우리는 성도들의 영적인 성숙과 성장을 기뻐하며 이를 위해 쉬지 않고 기도하는 바울과 같은 삶을 살아야 한다.

> **무릎 기도** 사랑의 하나님, 성장주의라는 심각한 질병을 앓고 있는 세속화된 한국 교회를 고쳐 주시고, 바울과 같은 지도자를 허락하소서. 우리 또한 교회를 위해 계속 기도하게 하소서.

ESV - Ephesians 1

15 For this reason, because I have heard of your faith in the Lord Jesus and your love* toward all the saints,

16 I do not cease to give thanks for you, remembering you in my prayers,

17 that the God of our Lord Jesus Christ, the Father of glory, may give you the Spirit of wisdom and of revelation in the knowledge of him,

18 having the eyes of your hearts enlightened, that you may know what is the hope to which he has called you, what are the riches of his glorious inheritance in the saints,

19 and what is the immeasurable greatness of his power toward us who believe, according to the working of his great might

20 that he worked in Christ when he raised him from the dead and seated him at his right hand in the heavenly places,

21 far above all rule and authority and power and dominion, and above every name that is named, not only in this age but also in the one to come.

22 And he put all things under his feet and gave him as head over all things to the church,

23 which is his body, the fullness of him who fills all in all.

* 1:15 Some manuscripts omit *your love*

15 hear of ···에 대해 듣다 saint 성도 16 cease 중단하다 17 revelation 계시 knowledge 지식 18 enlighten 밝히다 inheritance 유산 19 immeasurable 헤아릴 수 없는 21 rule 통치 authority 권위 dominion 통치권

04

월   일

우리를 구원의 백성으로 삼으신 하나님

에베소서 2:1-10 • 새찬송 436장 | 통일 493장

• 말씀묵상 전에 성령님의 인도하심을 구하는 기도를 드리십시오.

> **본문요약** | 바울은 에베소 교인들과 자신은 예수 그리스도를 믿기 이전에 하나님과 단절된 상태였지만, 하나님이 진노를 받아야 마땅한 존재들을 위해 그리스도를 통하여 새 생명을 주셨음을 고백한다. 그러므로 이제 구원받은 신자들은 성령의 열매를 맺는 삶을 살아야 한다.

1 그는 허물과 죄로 죽었던 너희를 살리셨도다
2 그때에 너희는 그 가운데서 행하여 이 ¹⁾세상 풍조를 따르고 공중의 권세 잡은 자를 따랐으니 곧 지금 불순종의 아들들 가운데서 역사하는 영이라
3 전에는 우리도 다 그 가운데서 우리 육체의 욕심을 따라 지내며 육체와 마음의 원하는 것을 하여 다른 이들과 같이 본질상 진노의 자녀이었더니
4 긍휼이 풍성하신 하나님이 우리를 사랑하신 그 큰 사랑을 인하여
5 허물로 죽은 우리를 그리스도와 함께 살리셨고(너희는 은혜로 구원을 받은 것이라)
6 또 함께 일으키사 그리스도 예수 안에서 함께 하늘에 앉히시니
7 이는 그리스도 예수 안에서 우리에게 자비하심으로써 그 은혜의 지극히 풍성함을 오는 여러 세대에 나타내려 하심이라
8 너희는 그 은혜에 의하여 믿음으로 말미암아 구원을 받았으니 이것은 너희에게서 난 것이 아니요 하나님의 선물이라
9 행위에서 난 것이 아니니 이는 누구든지 자랑하지 못하게 함이라
10 우리는 그가 만드신 바라 그리스도 예수 안에서 선한 일을 위하여 지으심을 받은 자니 이 일은 하나님이 전에 예비하사 우리로 그 가운데서 행하게 하려 하심이니라

1) 헬, 세대

1. 오늘 하나님께서 나에게 주신 깨달음은 무엇입니까?

2. 말씀을 어떻게 내 삶에 구체적으로 적용해야 합니까?

절별 해설

쉬운성경

1 **허물과 죄** 이 두 단어는 하나님을 거역하는 상태를 나타낸다.
죽었던 이 표현은 '육체적인 죽음'이라기보다 '하나님과의 단절된 관계'를 뜻한다.

2 **그 가운데서** '그 가운데서'의 '그'는 죄를 의미한다.
세상 풍조 이 세상의 가치, 철학, 종교들을 나타낸다.
공중의 권세 잡은 자를 따랐으니 곧 지금 불순종의 아들들 가운데서 역사하는 영이라 바울이 살던 당시 유대인들은 '공중'을 악한 영들이 활동하는 영역으로 이해하였다. '불순종의 아들들'은 하나님께 불순종한 백성을, '역사하는 영'은 앞 구절의 공중의 권세 잡은 자를 의미한다.

3 **육체의 욕심** '육체'는 아담 이후로 사람이 지니게 된 '죄악된 본성' 자체를 말한다. '욕심'은 '하나님을 거역하는 인간의 자기중심적인 열망'을 의미한다.

5 **그리스도와 함께 살리셨고** '그리스도와 함께'라는 단어는 바울의 편지들에서 자주 나타나는데, 이것은 그리스도와 연합을 나타낸다. 사람들은 예수 그리스도를 믿게 될 때, 그리스도와 연합을 하여 그의 죽음과 부활에 동참하게 된다. 즉, 이제 그들은 신자로서 생명의 삶을 누리게 되는 것이다.

6 **함께 일으키사** 그리스도 예수 안에서 신자들은 복음에 믿음으로 반응할 때, 그리스도와의 연합 안에서 옛 사람을 벗어버리고 부활을 경험하게 된다.
함께 하늘에 앉히시니 이 표현은 신약성경에서 오직 여기에만 있다. 이에 대하여 학자들 간의 여러 주장들이 있지만, 무엇보다도 '하늘에 앉히다'라는 표현은 신자들에게 성취될 사건을 설명하는 것이 분명하다.

7 **그 은혜의 지극히 풍성함을 오는 여러 세대에 나타내려 하심이라** 하나님이 구원을 베푸시는 궁극적인 이유는 예수 그리스도가 다시 오실 때까지 모든 사람으로 하여금 하나님 은혜의 풍성함을 보고 그분을 찬양하게 하기 위함이다.
자비하심 하나님의 선함과 친절을 의미한다.

10 하나님의 부름을 받은 신자들에게는 책임 있는 삶이 요구되는데, 그것은 성령의 열매를 맺는 삶이다(갈 5:22-23; 살전 1:3).

1 불순종과 죄로 인하여 여러분은 영적으로 죽은 사람들이었습니다.

2 세상 사람들과 똑같이 살며, 땅 위의 권세 잡은 악한 세력에 순종하였습니다. 이 악한 영은 지금도 하나님을 대항하는 자들의 마음속에서 활동하고 있습니다.

3 우리 모두 저들과 똑같이 죄 된 본성을 좇아 행하고, 육체와 마음이 원하는 대로 온갖 일을 저질렀습니다. 우리가 하나님의 분노를 사는 것은 당연한 결과입니다. 왜냐하면 그렇게 살아왔기 때문입니다.

4 그러나 하나님은 자비로우시고 우리를 너무나 사랑하셔서, 그냥 내버려 두지 않으셨습니다.

5 하나님의 뜻을 따르지 않아 영적으로 죽은 우리들에게, 그리스도를 통하여 새 생명을 주신 것입니다. 여러분은 하나님의 은혜로 구원을 받았습니다.

6 하나님은 우리를 그리스도와 함께 살리시고, 하늘 위에 있는 그분의 보좌 곁에 우리를 그리스도와 함께 앉혀 주셨습니다.

7 또한 앞으로 오는 모든 세대에게 하나님의 은혜가 얼마나 크고 놀라운지를 보여주시려고, 예수 그리스도 안에 있는 우리 모두에게 그의 자비를 나타내셨습니다.

8 여러분은 하나님의 은혜 안에서 믿음으로 구원을 받았습니다. 여러분 스스로는 자신을 구원할 수 없습니다. 구원은 하나님의 선물입니다.

9 또한 착한 행동으로 구원받은 것이 아니므로 아무도 자랑할 수 없습니다.

10 우리를 창조하신 분은 하나님이십니다. 그리스도 예수 안에서 우리를 새 사람으로 변화시켜 착한 일을 하게 하신 분도 하나님이십니다. 하나님께서는 우리 안에 이미 오래전부터 선한 일을 계획해 놓으셨습니다. 우리의 삶이 선하게 되도록 그렇게 계획해 놓으셨습니다.

저자의 묵상

사도 바울은 자신을 포함하여 에베소 성도들이 과거에 하나님과 단절된 상태였으며, 이 세상의 철학과 종교를 따르며 악한 영들에 종노릇하였던 진노의 자녀들이었다고 밝힌다. 이러한 바울의 설명은 과장이 아니라 실제며, 오늘날 우리에게도 동일하게 적용된다. 어떤 사람들은 과연 내 자신이 그만큼 악했는지에 대해 의문을 가지며, 자기 안에서 선한 요소들을 찾으려고 할지 모른다. 그러나 우리 내면을 깊이 들여다보면, 우리가 이미 구원을 받았다고 하는 존재들이지만 여전히 완전히 정복되지 않은 정욕들을 볼 수 있을 것이다. 또한 그 정욕들 앞에서 자주 무너지는 자신을 발견하게 될 것이다. 그럼에도 우리가 붙잡아야 할 놀라운 사실은 그처럼 연약한 우리에게 주님의 은혜가 여전히 부어지고 있다는 사실이다. 그러므로 늘 하나님의 도우심과 은혜를 구함으로 하나님 앞에서 선한 삶을 살아야 한다.

> **무릎 기도** 은혜의 하나님, 진노의 자녀로서 죽을 수밖에 없었던 제 자신을 깨닫습니다. 오늘 주님의 풍성한 은혜를 깨닫게 저를 만져 주소서.

ESV - Ephesians 2

1 And you were dead in the trespasses and sins

2 in which you once walked, following the course of this world, following the prince of the power of the air, the spirit that is now at work in the sons of disobedience—

3 among whom we all once lived in the passions of our flesh, carrying out the desires of the body* and the mind, and were by nature children of wrath, like the rest of mankind.*

4 But* God, being rich in mercy, because of the great love with which he loved us,

5 even when we were dead in our trespasses, made us alive together with Christ—by grace you have been saved—

6 and raised us up with him and seated us with him in the heavenly places in Christ Jesus,

7 so that in the coming ages he might show the immeasurable riches of his grace in kindness toward us in Christ Jesus.

8 For by grace you have been saved through faith. And this is not your own doing; it is the gift of God,

9 not a result of works, so that no one may boast.

10 For we are his workmanship, created in Christ Jesus for good works, which God prepared beforehand, that we should walk in them.

* 2:3 Greek *flesh*
* 2:3 Greek *like the rest*
* 2:4 Or *And*

1 trespass 죄   2 disobedience 불순종   3 passion 정욕 carry out 수행하다 wrath 분노   4 mercy 자비   7 immeasurable 헤아릴 수 없는   9 boast 자랑하다   10 workmanship 작품 beforehand 미리

05

월   일

그리스도 보혈의 은혜

에베소서 2:11-22 • 새찬송 254장 | 통일 186장

• 말씀묵상 전에 성령님의 인도하심을 구하는 기도를 드리십시오.

본문요약 ┃ 예수 그리스도의 구속 사역을 기초로 새로운 공동체가 창조되었다. 이방인 신자들은 믿음으로 이 공동체에 포함되며 언약의 축복을 누리게 된다. 이 공동체는 어떠한 선민(특권)의식도 존재하지 않고, 모두가 영적인 한가족임을 나타낸다.

11 그러므로 생각하라 너희는 그때에 육체로는 이방인이요 손으로 육체에 행한 할례를 받은 무리라 칭하는 자들로부터 할례를 받지 않은 무리라 칭함을 받는 자들이라

12 그때에 너희는 그리스도 밖에 있었고 이스라엘 나라 밖의 사람이라 약속의 언약들에 대하여는 외인이요 세상에서 소망이 없고 하나님도 없는 자이더니

13 이제는 전에 멀리 있던 너희가 그리스도 예수 안에서 그리스도의 피로 가까워졌느니라

14 그는 우리의 화평이신지라 둘로 하나를 만드사 원수 된 것 곧 중간에 막힌 담을 자기 육체로 허시고

15 법조문으로 된 계명의 율법을 폐하셨으니 이는 이 둘로 자기 안에서 한 새 사람을 지어 화평하게 하시고

16 또 십자가로 이 둘을 한 몸으로 하나님과 화목하게 하려 하심이라 원수 된 것을 십자가로 소멸하시고

17 또 오셔서 먼 데 있는 너희에게 평안을 전하시고 가까운 데 있는 자들에게 평안을 전하셨으니

18 이는 그로 말미암아 우리 둘이 한 성령 안에서 아버지께 나아감을 얻게 하려 하심이라

19 그러므로 이제부터 너희는 외인도 아니요 나그네도 아니요 오직 성도들과 동일한 시민이요 하나님의 권속이라

20 너희는 사도들과 선지자들의 터 위에 세우심을 입은 자라 그리스도 예수께서 친히 모퉁잇돌이 되셨느니라

21 그의 안에서 건물마다 서로 연결하여 주 안에서 성전이 되어 가고

22 너희도 성령 안에서 하나님이 거하실 처소가 되기 위하여 그리스도 예수 안에서 함께 지어져 가느니라

1. 오늘 하나님께서 나에게 주신 깨달음은 무엇입니까?

2. 말씀을 어떻게 내 삶에 구체적으로 적용해야 합니까?

절별 해설

11 할례를 받은 무리 할례는 남자 성기의 표피를 제거하는 것이다. 아브라함 이후 유대인들은 할례를 하나님의 선택된 백성을 위한 표징으로 여겼다(창 17장).
할례를 받지 않은 무리 이방인들을 뜻한다.

12 그때에 너희는 그리스도 밖에 있었고, 약속의 언약들에 대하여는 외인이요 여기서 '약속의 언약들'은 아브라함의 언약, 모세의 언약, 다윗의 언약, 새 언약을 의미한다. 이 모든 언약이 '약속을 기반으로 주어진 언약들'이다.
하나님도 없는 자 유일하신 참 하나님이 누구신지를 알지 못하는 사람들을 가리킨다(참조. 갈 4:8; 행 17:22 이하). 하나님을 알지 못하는 것은 인간 최악의 불행이다.

13 그리스도 예수 안에서 그리스도의 피로 가까워졌느니라 예수 그리스도의 십자가는 인류(유대인과 이방인)와 하나님 사이의 깨어진 관계를 회복했다.

14 원수 된 것 곧 중간에 막힌 담 '원수 된 것'과 '중간에 막힌 담'은 직접적으로 율법을 나타낸다. 간접적으로는 성전 안에서 유대인과 이방인을 가르는 영역들을 의미한다.

15 율법 이것은 율법 전체를 가리키는 것이다. 예수님은 율법의 모든 요구를 감당하기 위해 십자가에서 자신을 드리심으로 율법을 폐하셨다. 따라서 예수 그리스도의 오심은 모세 언약의 종말을 의미하며, 이제 새 언약의 시대가 출발했음을 뜻한다.
한 새 사람 이것은 어떠한 차별이 없는 새로운 사회를 나타낸다.

18-19 오직 성도들과, 하나님의 권속 에베소서 전체에서 '성도들'은 유대인 신자들과 이방인 신자들을 언급하기 위해 사용된 것으로 신자들 전체를 가리킨다. '권속'은 가족을 의미한다.

20 너희는 사도들과 선지자들의 터 위에 세우심을 입은 자라 초대 교회 당시 '사도'는 당연히 열두 사도를 뜻했지만, 사실 좀 더 확장해서 사용된다. '선지자들' 역시 '구약의 선지자들'이 아니라, 초대 교회의 기초를 세울 때 중요한 역할을 담당하였던 직분자들을 의미한다(고전 12:28; 엡 4:11).

11 여러분은 이방인으로 태어났습니다. 유대인들로부터 "할례받지 못한 자"라고 손가락질당했습니다. 그들은 자신들을 '할례받은 자'라고 자랑합니다. 그들이 말하는 할례는 단지 몸의 한 부분에 행하는 의식에 지나지 않는 것인데도 말입니다.

12 그러나 하나님 없이 살았던 지난날을 잊지 말기 바랍니다. 여러분은 이스라엘 자손도 아니며 그의 백성에게 약속하신 복의 기업도 받을 수 없는 사람들이었습니다. 소망도 없고 하나님도 모르는 자들이지 않았습니까?

13 하지만 하나님을 알지 못하고 살았던 여러분이 이제는 예수 그리스도 안에서 그리스도의 보혈로 인해 하나님과 가까워질 수 있게 되었습니다.

14 그리스도를 통해 평안을 누리고, 유대인과 이방인이 그리스도 안에서 하나가 되었습니다. 이전에는 마치 둘 사이에 벽이 가로놓여 있는 것 같았으나, 예수 그리스도는 자신의 몸을 내어 주심으로써 그 미움의 벽을 허물어뜨리셨습니다.

15 유대인의 율법에는 너무나 많은 명령과 규칙이 있었습니다. 그러나 예수님은 이러한 율법을 폐하셨습니다. 유대인과 이방인을 갈라 놓던 율법을 없애심으로, 이 둘이 그리스도 안에서 하나가 되어 새 사람이 되게 하셨던 것입니다. 이로써 예수님은 우리의 평화가 되셨습니다.

16 예수 그리스도는 십자가에 달려 죽으심으로 유대인과 이방인 사이에 가로막힌 미움의 벽을 허물어뜨리셨습니다. 이 둘을 하나가 되게 함으로써 이 둘 모두 하나님과 화목하게 되기를 바라셨습니다.

17 그리스도는 하나님을 모르는 이방인들에게 찾아오셨고 하나님을 믿는 유대인들에게도 찾아오셔서, 평화에 대해 가르치셨습니다.

18 그러므로 우리 모두는 그리스도를 통

절별 해설

21 예루살렘 성전의 이미지를 사용하는 바울은 사람들이 복음을 듣고 진리의 메시지를 믿을 때 그 건물은 계속해서 확장한다고 설명한다.

22 신자들은 믿음의 공동체, 즉 성전으로서 하나님이 그들 안에 거주하신다. 이 일은 '성령 안에서' 이루어진다.

해 한 성령 안에서 아버지께로 나아갈 수 있게 되었습니다.

19 이제 여러분은 더 이상 낯선 나그네나 손님이 아닙니다. 이제는 하나님의 거룩한 백성으로 하늘의 시민이요, 가족입니다.

20 성도는 사도와 예언자들이 닦아 놓은 기초 위에 세워진 하나님의 집이며, 그리스도 예수께서 친히 그 건물의 머릿돌이 되어 주십니다.

21 건물 전체가 그리스도 안에서 서로 연결되어 주님의 거룩한 성전으로 점점 자라갈 것입니다.

22 여러분 역시 유대인들과 함께 그리스도 안에서 함께 지어져 가고 있습니다. 성령을 통해 하나님이 친히 거하시는 곳으로 여러분은 아름답게 지어져 갈 것입니다.

저자의 묵상

본문에서 바울은 그리스도의 구속 사역을 기초로 창조된 새로운 사회(인류), 곧 '교회'를 소개한다. 특히 그는 교회를 하나님 앞에서 차별 없는 새로운 공동체로 설명하면서, 공동체의 하나 됨을 강조한다.

그러나 안타깝게도 오늘날 우리의 교회 안에는 직업(지위), 학벌, 지역 출신, 재산에 따라 차별하는 일과 자신의 수준에 맞는 사람들을 고르며 편을 가르는 일이 종종 발생한다. 그것도 모자라 자신과 성향이 같은 사람들을 찾아 무리를 짓고 그들과만 어울리려 한다. 이러한 우리의 모습은 그리스도가 자신의 육체로 허문 담을 다시 쌓는 것에 해당하며, 그리스도의 구속 사역을 반대하는 것과 같다. 그러므로 이 시간 우리가 진정 교회의 하나 됨을 위해 노력하고 있는지 자문해 보자.

> **무릎 기도** | 사랑의 하나님! 예수 그리스도를 통해 창조된 교회를 더욱더 사랑하게 하시고, 교회의 하나 됨을 위해 노력하게 하소서.

11 Therefore remember that at one time you Gentiles in the flesh, called "the uncircumcision" by what is called the circumcision, which is made in the flesh by hands—

12 remember that you were at that time separated from Christ, alienated from the commonwealth of Israel and strangers to the covenants of promise, having no hope and without God in the world.

13 But now in Christ Jesus you who once were far off have been brought near by the blood of Christ.

14 For he himself is our peace, who has made us both one and has broken down in his flesh the dividing wall of hostility

15 by abolishing the law of commandments expressed in ordinances, that he might create in himself one new man in place of the two, so making peace,

16 and might reconcile us both to God in one body through the cross, thereby killing the hostility.

17 And he came and preached peace to you who were far off and peace to those who were near.

18 For through him we both have access in one Spirit to the Father.

19 So then you are no longer strangers and aliens,* but you are fellow citizens with the saints and members of the household of God,

20 built on the foundation of the apostles and prophets, Christ Jesus himself being the cornerstone,

21 in whom the whole structure, being joined together, grows into a holy temple in the Lord.

22 In him you also are being built together into a dwelling place for God by* the Spirit.

* 2:19 Or *sojourners*
* 2:22 Or *in*

11 gentile 이방인 flesh 육체 circumcision 할례　12 separate from …에서 분리하다 alienate 멀리하다 commonwealth 국가 stranger 이방인 covenant 언약　14 break down 부수다 hostility 적개심　15 abolish 폐지하다 commandment 계명 ordinance 법령 in place of …을 대신해서　16 reconcile 화해시키다 thereby 그것에 의하여　18 have access to …에 접근할 수 있다　19 saint 성도　20 cornerstone 초석　21 temple 성전

• MEMO •

06
월 일

이방인을 위한 사도로 불러 주신 하나님

에베소서 3:1-13 • 새찬송 502장 | 통일 259장

• 말씀묵상 전에 성령님의 인도하심을 구하는 기도를 드리십시오.

본문요약 | 바울은 혹시나 자신이 감옥에 갇힌 상황 때문에 이방인 신자들이 낙심하지 않을까 염려하며, 자신이 왜 옥에 갇혔는지를 설명한다. 다메섹으로 가던 길에 일어난 사건을 회상하면서, 바울은 자신을 이방인을 위한 사도로 부르시고 사명을 주셨던 하나님을 강조한다.

1 이러므로 그리스도 예수의 일로 너희 이방인을 위하여 갇힌 자 된 나 바울이 말하거니와
2 너희를 위하여 내게 주신 하나님의 그 은혜의 경륜을 너희가 들었을 터이라
3 곧 계시로 내게 비밀을 알게 하신 것은 내가 먼저 간단히 기록함과 같으니
4 그것을 읽으면 내가 그리스도의 비밀을 깨달은 것을 너희가 알 수 있으리라
5 이제 그의 거룩한 사도들과 선지자들에게 성령으로 나타내신 것같이 다른 세대에서는 사람의 아들들에게 알리지 아니하셨으니
6 이는 이방인들이 복음으로 말미암아 그리스도 예수 안에서 함께 상속자가 되고 함께 지체가 되고 함께 약속에 참여하는 자가 됨이라
7 이 복음을 위하여 그의 능력이 역사하시는 대로 내게 주신 하나님의 은혜의 선물을 따라 내가 일꾼이 되었노라
8 모든 성도 중에 지극히 작은 자보다 더 작은 나에게 이 은혜를 주신 것은 측량할 수 없는 그리스도의 풍성함을 이방인에게 전하게 하시고
9 1) 영원부터 만물을 창조하신 하나님 속에 감추어졌던 비밀의 경륜이 어떠한 것을 드러내게 하려 하심이라
10 이는 이제 교회로 말미암아 하늘에 있는 통치자들과 권세들에게 하나님의 각종 지혜를 알게 하려 하심이니
11 곧 영원부터 우리 주 그리스도 예수 안에서 예정하신 뜻대로 하신 것이라
12 우리가 그 안에서 그를 믿음으로 말미암아 담대함과 확신을 가지고 하나님께 나아감을 얻느니라
13 그러므로 너희에게 구하노니 너희를 위한 나의 여러 환난에 대하여 낙심하지 말라 이는 너희의 영광이니라

1. 오늘 하나님께서 나에게 주신 깨달음은 무엇입니까?

2. 말씀을 어떻게 내 삶에 구체적으로 적용해야 합니까?

1) 어떤 사본에, 9절 처음에 '모든 사람에게'가 있음

1 갇힌 자 당시 바울은 로마에서 감금된 상태였다(참조. 행 28: 16,30). 그래서 이 서신을 빌립보서, 골로새서, 빌레몬서와 함께 옥중서신이라고 부른다.

2 너희를 위하여 내게 주신 하나님의 그 은혜의 경륜 본 절은 바울이 받은 사도로서의 사명을 설명한다. 하나님의 사명을 받은 사도로서의 책임이 있다는 것이다.

3 계시 '계시'는 다메섹 도상에서 예수 그리스도를 만났던 사건을 뜻한다(행 9장).
비밀 '비밀'의 내용은 나사렛 예수는 진정한 그리스도이시라는 것이다.
내가 먼저 간단히 기록함과 같으니 '먼저 간단히 기록한 것'은 다른 편지가 아니라, 이 구절의 앞부분(1:1~3:2)을 의미한다.

4 그것을 읽으면 오늘날과 달리, 그 당시에는 오직 극소수의 사람들만 글을 쓰고 읽었다. 또 글을 대개 양피지나 파피루스에 기록하였기 때문에 개인이 성경을 소유하는 것은 어려웠다. 그런 의미에서 '읽다'라는 표현은 예배 안에서 공적인 낭독을 의미한다.
그리스도의 비밀 이 표현은 그리스도가 소유하고 있는 비밀이 아니라, 동격으로서 그리스도는 비밀 그 자체라는 의미다.
깨달은 것을 너희가 알 수 있으리라 에베소 교인들이 이 편지를 읽을 때, 그들은 내주하는 성령께서 깨우침을 주시기 때문에 그리스도를 알 수 있게 된다는 뜻이다.

5 다른 세대에서는 사람의 아들들에게 알리지 아니하셨으니 여기서 '다른 세대'는 예수 그리스도의 구속 사역이 일어나기 이전 세대들을 의미한다. '사람의 아들들'은 단순히 '사람들'을 뜻한다.

8 모든 성도 중에 지극히 작은 자보다 더 작은 나 바울은 교회를 박해하며 하나님의 구속 역사를 방해하였던 자신의 과거를 되짚으며, 자신을 '작은 자'로 묘사한다.

9 감추어졌던 비밀 이는 선포된 복음을 듣고 예수 그리스도를 믿는 모든 사람에게 주어진 구원의 계획을 의미한다.

1 나 바울은 예수 그리스도의 종으로, 이방인인 여러분을 위해 감옥에 갇혀 있습니다.

2 여러분도 분명히 알고 있듯이, 하나님께서는 여러분에게 은혜를 나타내시려고 내게 이 일을 맡기셨습니다.

3 전에 내가 편지에도 간단히 말했듯이, 하나님께서는 내게 계시로 비밀스런 계획을 알려 주셨습니다.

4 그것을 읽어 보면, 내가 그리스도에 관한 신비로운 진리를 어떻게 깨닫게 되었는지 알 수 있을 것입니다.

5 옛날에는 이 비밀스런 진리를 아무도 깨달을 수가 없었습니다. 그러나 이제는 성령을 통해 그의 거룩한 사도들과 예언자들에게 이 신비로운 진리를 보여주셨습니다.

6 그 비밀이란 바로 이방인들도 유대인들과 마찬가지로, 하나님께서 그의 자녀들을 위해 예비해 두신 것들을 함께 상속받을 수 있다는 것입니다. 이방인들도 유대인과 함께 한 몸을 이루는 지체가 되었기 때문에 예수 그리스도 안에서 하나님께서 약속하신 것을 함께 누리게 되었습니다. 이것이야말로 하나님께서 이방인들에게 주신 기쁜 소식이 아니겠습니까!

7 하나님의 크신 능력과 특별한 은혜로, 나는 이 기쁜 소식을 전하는 일꾼이 되었습니다.

8 나는 지극히 보잘것없는 그리스도인 중에 하나였으나, 하나님께서는 내게 능력과 재능을 주셔서 그리스도를 믿음으로써 누리게 될 부요함을 이방인들에게 전하게 하셨습니다. 이 복음의 부요함은 말로 다 표현하기 힘들 만큼 크고도 놀랍습니다.

9 이뿐 아니라, 하나님께서는 나에게 만물을 창조하신 한 분, 곧 하나님 안에 숨겨진 진리에 관한 계획을 모든 사람에게 전할 임무도 맡기셨습니다.

10 교회 예수 그리스도를 믿는 사람들로 이루어진 구원의 공동체를 말한다.
하나님의 각종 지혜 이는 하나님 지혜의 심오함과 깊이를 강조하는 표현이다.

12 담대함과 확신을 가지고 이것은 우정으로 맺어진 친구와 솔직한 대화를 나눌 만큼의 편안한 분위기를 암시하는 표현이다.
나아감 이것은 예수 그리스도의 구속 사역 때문에 일어난 하나님과 사람 사이의 '화평'의 관계를 뜻한다.

10 하나님께서 이렇게 하시는 목적은 교회를 통해서 하늘의 통치자들과 권세자들에게 하나님의 무한한 지혜를 알게 하려 하시는 것입니다.

11 그리고 이 모든 것은 우리 주 예수 그리스도를 통해 태초부터 이루려고 계획하신 일이기도 합니다.

12 우리는 그리스도를 믿고 의지함으로, 두려움 없이 자유롭게 하나님 앞에 나아갑니다.

13 내가 지금 받고 있는 고난으로 인해 실망하거나 낙담하지 마십시오. 이 고난이 오히려 여러분에게 영광이 되는 것입니다.

저자의 묵상

바울이 에베소서를 쓰고 있었을 때 그는 감옥에 갇힌 상태였다. 그러나 고난을 당하면서도 그는 부끄러워하거나 괴로워하지 않았다. 오히려 혹시 에베소 교회의 이방인 신자들이 이 일로 실망하지 않을까 염려한다. 바울이 이처럼 어려운 상황에 처해서도 담대할 수 있었던 것은 하나님이 자신을 부르셨다는 소명 의식이 분명했기 때문이다.

우리는 교회 안에서 많은 직분자들을 만난다. 그들 중 어떤 사람들은 하나님이 부르셨다는 소명 의식보다는 마지못하거나 어쩔 수 없이 체면상 직분을 감당하기도 한다. 그것도 성실하게 하지 않으며, 만약 약간의 어려운 상황이라도 되면 먼저 직분을 내려놓을 생각부터 한다. 지금 우리는 분명한 소명 의식을 가지고 교회를 다니고 있는가? 하나님이 주신 일이라 생각하며 직분을 감당하고 있는지 스스로 점검해 보자.

무릎
기도
아버지 하나님, 저를 불러 주시고 사명을 맡겨 주신 그 은혜를 찬양합니다. 주님께서 맡기신 사명을 잘 감당하게 힘을 주소서.

1 For this reason I, Paul, a prisoner of Christ Jesus on behalf of you Gentiles—

2 assuming that you have heard of the stewardship of God's grace that was given to me for you,

3 how the mystery was made known to me by revelation, as I have written briefly.

4 When you read this, you can perceive my insight into the mystery of Christ,

5 which was not made known to the sons of men in other generations as it has now been revealed to his holy apostles and prophets by the Spirit.

6 This mystery is* that the Gentiles are fellow heirs, members of the same body, and partakers of the promise in Christ Jesus through the gospel.

7 Of this gospel I was made a minister according to the gift of God's grace, which was given me by the working of his power.

8 To me, though I am the very least of all the saints, this grace was given, to preach to the Gentiles the unsearchable riches of Christ,

9 and to bring to light for everyone what is the plan of the mystery hidden for ages in* God, who created all things,

10 so that through the church the manifold wisdom of God might now be made known to the rulers and authorities in the heavenly places.

11 This was according to the eternal purpose that he has realized in Christ Jesus our Lord,

12 in whom we have boldness and access with confidence through our faith in him.

13 So I ask you not to lose heart over what I am suffering for you, which is your glory.

* 3:6 The words *This mystery is* are inferred from verse 4
* 3:9 Or *by*

---

1 on behalf of …을 위하여 gentile 이방인   2 assume 추측하다 stewardship 책무   3 revelation 계시   4 perceive 깨닫다   5 apostle 사도 prophet 선지자   6 partaker 참여자   8 unsearchable 헤아릴 수 없는   9 bring to light 드러내다 for ages 오랫동안   10 manifold 다양한 authority 권력자   11 eternal 영원한   12 boldness 대담함 confidence 확신   13 lose heart 낙담하다

• MEMO •

07 에베소 교인들을 위한 바울의 간절한 기도

월 일

에베소서 3:14-21 • 새찬송 364장 | 통일 482장

• 말씀묵상 전에 성령님의 인도하심을 구하는 기도를 드리십시오.

본문요약 | 바울은 에베소 교인들이 그리스도의 주권과 통치를 경험하길 기도한다. 또한 하나님의 사랑을 더욱 깊이 알며 하나님의 영광에 충만하도록, 성령을 통하여 더욱더 강건해지고 하나님의 존재를 경험하기를 기도한다.

14 이러므로 내가 하늘과 땅에 있는 각 족속에게
15 이름을 주신 아버지 앞에 무릎을 꿇고 비노니
16 그의 영광의 풍성함을 따라 그의 성령으로 말미암아 너희 속사람을 능력으로 강건하게 하시오며
17 믿음으로 말미암아 그리스도께서 너희 마음에 계시게 하시옵고 너희가 사랑 가운데서 뿌리가 박히고 터가 굳어져서
18 능히 모든 성도와 함께 지식에 넘치는 그리스도의 사랑을 알고
19 그 너비와 길이와 높이와 깊이가 어떠함을 깨달아 하나님의 모든 충만하신 것으로 너희에게 충만하게 하시기를 구하노라
20 우리 가운데서 역사하시는 능력대로 우리가 구하거나 생각하는 모든 것에 더 넘치도록 능히 하실 이에게
21 교회 안에서와 그리스도 예수 안에서 영광이 대대로 영원무궁하기를 원하노라 아멘

1. 오늘 하나님께서 나에게 주신 깨달음은 무엇입니까?

2. 말씀을 어떻게 내 삶에 구체적으로 적용해야 합니까?

14 하늘과 땅에 있는 각 족속 '족속'은 한 부족을 이루는 각 가족 단위를 나타낼 때 사용되는 용어다. 여기서는 '모든 사회적인 그룹들'로 이해하는 것이 좋을 듯하다. 또한 '하늘에 있는 족속'은 하늘의 영적인 존재를 의미한다.

16 그의 영광의 풍성함 '영광'은 거룩함과 위엄, 그리고 능력 안에서 그의 존재가 어떠한지를 보여주는 하나님 현현의 표현이다.

17 믿음으로 말미암아 그리스도께서 너희 마음에 계시게 하시옵고 여기서 그리스도가 신자들 마음 안에 거주하신다는 것은 삶의 모든 영역에서 그리스도의 주권을 인정하고 그의 통치를 계속해서 경험하는 것의 우회적인 표현이다.

18-19 본 절에서 바울은 예수 그리스도의 사랑은 인간적인 생각으로는 완전히 측량할 수 없음을 강조한다.
그 너비와 길이와 높이와 깊이가 어떠함을 학자들은 '너비와 길이와 높이와 깊이'가 무엇을 설명하는 것인지에 대해 아주 오랫동안 논쟁해 왔다. 여러 주장들이 있지만, 무엇보다도 '하나님의 능력'에 대한 설명으로 이해하는 것이 좋을 듯하다. 왜냐하면 바울은 곧바로 에베소 교인들을 위해 '하나님의 모든 충만하신 것으로 충만하게 되길' 기도하기 때문이다.
깨달아 하나님 계시의 결과로서 새롭게 알게 된 것을 의미한다.
하나님의 모든 충만하신 것 이것은 '하나님의 영광이 가득함'을 뜻한다. 특별히 새 언약 아래에서 하나님의 영광과 존재는 성령을 통해서 드러나기 때문에, 본 절은 성령의 능력과 존재와도 밀접하게 관련된다.
너희에게 충만하게 하시기를 구하노라 바울은 에베소 교인들의 삶 속에서 성령을 통하여 하나님의 능력과 존재를 풍성하게 경험하기를 간절히 원하며 기도를 마친다.

21 하나님의 영광을 가져오는 매개로서 '예수 그리스도'와 '교회'가 언급된다. 왜냐하면 교회는 예수 그리스도의 피를 기초로 창조된 구원을 받은 백성의 공동체이기 때문이다.

14 그러므로 이제 나는 하나님 아버지께 무릎을 꿇고 기도합니다.

15 하늘과 땅에 있는 성도는 그분께로부터 참 생명의 이름을 받은 자들입니다.

16 하나님께서 크신 영광 가운데 성령을 통해 그분의 능력으로 여러분의 속 사람을 튼튼하게 하여 주시기를 기도합니다.

17 믿음을 통해 그리스도께서 여러분의 마음 가운데 살아 계시기를 기도합니다. 또한 여러분의 삶이 사랑 안에서 강하여지고, 또 깊게 뿌리내려

18 모든 성도들이 그리스도의 크신 사랑을 깨닫게 되기를 기도합니다. 그분의 사랑이 얼마나 한없고 넓으며, 얼마나 깊고도 높은지를 진정으로 깨닫게 되기를 기도합니다.

19 그리스도의 사랑을 어느 누가 잴 수 있겠습니까? 그러나 그 사랑을 체험하여 하나님의 충만함이 여러분의 마음속에 채워지기를 기도합니다.

20 우리 가운데 일하시는 하나님께서는 우리가 구하고 생각하는 것보다 훨씬 더 많은 것을 채워 주실 것입니다.

21 교회와 그리스도를 통해 구원을 이루어 가시는 하나님께 영원히 영광을 올려 드립니다. 아멘.

저자의 묵상

우리의 삶의 목표는 무엇인가? 좋은 대학에 가는 것, 좋은 직업(지위)을 얻는 것, 남들이 무시하지 못할 만큼의 재산을 축적하는 것 등인가? 이러한 것들이 우리의 삶의 크고 작은 목표이자 목적이 될 수도 있다. 그러나 우리 삶의 궁극적인(최종적인) 목적은 될 수 없다.

그런 의미에서 오늘 본문에 나타나는 바울의 에베소 교인들을 위한 간절한 기도는 우리에게 많은 도전을 준다. 바울은 '하나님, 에베소에 있는 신자들이 예수 그리스도의 사랑을 알고, 성령을 통하여 하나님의 능력과 존재를 풍성하게 경험하기를 원합니다'라고 기도했다. 지금 우리는 무엇을 향해 달려왔으며, 달려가고 있는가? 진정한 삶의 목적을 깨닫지 못한 채, 세속적인 것들에 집착하고 있지는 않은지 우리의 영적 상태를 점검해야 할 것이다.

> **무릎기도** 하나님, 그리스도의 사랑을 더욱 깊이 알기 원합니다. 성령을 통하여 아버지 하나님의 능력과 존재를 풍성하게 경험하게 하시며 저에게 은혜를 베풀어 주소서.

ESV - Ephesians 3

14 For this reason I bow my knees before the Father,

15 from whom every family* in heaven and on earth is named,

16 that according to the riches of his glory he may grant you to be strengthened with power through his Spirit in your inner being,

17 so that Christ may dwell in your hearts through faith—that you, being rooted and grounded in love,

18 may have strength to comprehend with all the saints what is the breadth and length

and height and depth,

19 and to know the love of Christ that surpasses knowledge, that you may be filled with all the fullness of God.

20 Now to him who is able to do far more abundantly than all that we ask or think, according to the power at work within us,

21 to him be glory in the church and in Christ Jesus throughout all generations, forever and ever. Amen.

* 3:15 Or *from whom all fatherhood*; the Greek word *patria* in verse 15 is closely related to the word for *Father* in verse 14

---

14 bow one's knee before ⋯에게 무릎 꿇고 탄원하다   16 strengthen 강하게 하다   17 dwell 살다 be rooted in ⋯에 뿌리 박고 있다 grounded in ⋯에 근거를 둔   18 comprehend 이해하다 saint 성도   19 surpass 능가하다   20 abundantly 풍부하게

08 교회를 세우시는 분, 그리스도

월 일

에베소서 4:1-10 · 새찬송 94장 | 통일 102장

• 말씀묵상 전에 성령님의 인도하심을 구하는 기도를 드리십시오.

> **본문요약 ┃** 바울은 구원의 공동체인 교회를 한 몸으로 설명한다. 그리스도는 각 신자에게 은사를 주셔서 교회가 올바로 세워지게 도우신다. 이렇게 돕는 그리스도는 가장 낮은 곳에서부터 하늘의 보좌에 올라가시고, 모든 적들을 발아래에 복종하게 하신 승리자시다.

1 그러므로 주 안에서 갇힌 내가 너희를 권하노니 너희가 부르심을 받은 일에 합당하게 행하여

2 모든 겸손과 온유로 하고 오래 참음으로 사랑 가운데서 서로 용납하고

3 평안의 매는 줄로 성령이 하나 되게 하신 것을 힘써 지키라

4 몸이 하나요 성령도 한 분이시니 이와 같이 너희가 부르심의 한 소망 안에서 부르심을 받았느니라

5 주도 한 분이시요 믿음도 하나요 ¹⁾세례도 하나요

6 하나님도 한 분이시니 곧 만유의 아버지시라 만유 위에 계시고 만유를 통일하시고 만유 가운데 계시도다

7 우리 각 사람에게 그리스도의 선물의 분량대로 은혜를 주셨나니

8 그러므로 이르기를
　ㄱ그가 위로 올라가실 때에 사로잡혔던 자들을 사로잡으시고 사람들에게 선물을 주셨다
　하였도다

9 올라가셨다 하였은즉 땅 아래 낮은 곳으로 내리셨던 것이 아니면 무엇이냐

10 내리셨던 그가 곧 모든 하늘 위에 오르신 자니 이는 만물을 충만하게 하려 하심이라

1. 오늘 하나님께서 나에게 주신 깨달음은 무엇입니까?

2. 말씀을 어떻게 내 삶에 구체적으로 적용해야 합니까?

1) 헬, 또는 침례
ㄱ. 시 68:18

35

절별 해설

1 주 안에서 갇힌 내가 바울은 자신이 갇혀 있는 상태라고 할지라도 그리스도께 속해 있음을 강조한다.

부르심을 받은 일에 합당하게 행하여 하나님의 부르심은 우리에게 복을 주시는 것과 동시에 책임을 요구한다. 이 책임은 부르심의 결과로 생겨난 하나님과의 새로운 관계로 인한 것이다. 하나님은 우리를 그의 자녀로 부르셨다(1:5). 우리는 자녀로서 복을 누림과 동시에 그의 자녀답게 살아야 하는 책임이 있다.

2 이는 하나님의 부름을 받은 신자들이 공동체 안에서 지켜야 할 덕목인 동시에 삶의 특징이다.

3 성령은 교회가 누리는 하나 됨과 평안을 선물로 주신다. 여기서 중요한 것은 '힘써 지키라'는 바울의 표현이다. 교회의 '하나 됨과 평안'은 저절로 유지되는 것이 아니라, 신자들 모두가 함께 노력해야 하는 것이기 때문이다.

4 몸 이것은 '그리스도의 연합된 몸으로서 교회'를 의미한다 (롬 12:4; 고전 10:17).
한 소망 이 표현은 '신자들의 구원'을 의미한다.

5 주 예수 그리스도를 가리킨다.
믿음 이것은 신자들이 공동적으로 고백하는 '신앙고백'을 의미한다.
세례 이 단어는 그리스도를 믿음으로 고백함과 동시에 함께 진행되는 '세례 의식'을 의미한다. 신약성경에서 믿음의 고백과 세례는 동시적으로 일어난다.

7 그리스도의 선물, 은혜 이는 구원의 공동체인 교회를 세우기 위한 '영적인 은사들'을 의미한다. 그리스도는 신자들 각 사람에게 은사를 주신다.
분량대로 은혜를 주셨나니 이는 은사를 주시는 그리스도의 '주권적인 행위'를 강조하는 표현이다.

9 땅 아래 낮은 곳 그리스도의 성육신과 죽음을 의미하는 표현이다.

10 그가 곧 모든 하늘 위에 오르신 자니 이는 만물을 충만하게 하려 하심이라 '그리스도께서 만물을 충만하게 하려 하시다'라는 표현은 그의 모든 적을 그의 발아래에 복종하게 한다는 말과 같은 의미다(1:21-22).

1 주님을 섬기다가 감옥에 갇힌 나, 바울이 여러분께 권합니다. 하나님께서는 여러분을 그의 백성으로 부르셨으니, 하나님의 백성답게 살아가시기 바랍니다.

2 항상 겸손하고, 온유하며, 마음을 너그러이 하여 참아 주고, 서로를 사랑으로 받아 주십시오.

3 여러분은 성령 안에서 평안의 매는 끈으로 한 몸이 되었습니다. 하나가 되도록 힘쓰고 여러분 가운데 늘 평화가 깃들도록 노력하십시오.

4 여러분은 한 몸입니다. 여러분은 같은 성령을 받았고, 한 소망을 가지고 있습니다.

5 우리 주님도 한 분이시며, 믿음도 하나고, 세례도 하나입니다.

6 만물의 주인이신 하나님도 한 분이시니, 그분은 모든 것을 다스리고 모든 것 위에 계신 분입니다.

7 그리스도께서는 우리 각자에게 특별한 재능을 주셨습니다. 그리스도께서 나눠 주신 은혜대로 우리 모두는 선물을 받은 것입니다.

8 성경은 말씀하고 있습니다.
"그가 높은 곳으로 오르실 때 사로잡힌 자들을 이끄시고 그의 사람들에게 선물을 나누어 주셨다."*

9 "높은 곳으로 오르셨다"라는 말은 무슨 뜻입니까? 그것은 그리스도가 먼저 이 땅에 내려오셨음을 뜻하는 말이 아닙니까?

10 이렇게 내려오신 그분은 다시 하늘로 올라가셨습니다. 그리스도는 모든 것을 완성하시기 위해, 다시 하늘 위로 올라가신 것입니다.

---

* 4:8 시 68:18에 기록되어 있다.

저자의 묵상

사람들이 예수 그리스도를 믿음으로 고백할 때, 하나님은 그들 안에 성령을 보내 주신다. 교회는 그리스도를 믿고 성령의 내주하심을 경험한 사람들로 이루어지는 공동체로서, '하나 됨'의 특징을 가지고 있다. 오늘 본문에서 바울은 이 하나 됨을 힘써 지키라고 권면한다. 다시 말해, 하나 됨은 저절로 이루어지거나 유지되는 것이 아니라 신자들 모두가 노력해야 하는 것임을 바울은 명백히 한다.

그러므로 우리는 각 개 교회 안의 신자들의 화합을 위해 노력해야 하며, 교회들과 교단들의 화합을 위해서 기도해야 한다. 우리 모두는 예수를 그리스도로 고백하는 신자들이기 때문에 겸손과 온유, 그리고 인내로써 서로를 인정하고 사랑으로 받아들이도록 노력해야 할 것이다.

> **무릎 기도** 하나님 아버지, 예수 그리스도를 믿는 신자들은 주 안에서 하나임을 고백합니다. 겸손과 온유, 그리고 인내로써 서로를 사랑하며 섬기게 하소서.

ESV - Ephesians 4

1 I therefore, a prisoner for the Lord, urge you to walk in a manner worthy of the calling to which you have been called,

2 with all humility and gentleness, with patience, bearing with one another in love,

3 eager to maintain the unity of the Spirit in the bond of peace.

4 There is one body and one Spirit—just as you were called to the one hope that belongs to your call—

5 one Lord, one faith, one baptism,

6 one God and Father of all, who is over all and through all and in all.

7 But grace was given to each one of us according to the measure of Christ's gift.

8 Therefore it says, "When he ascended on high he led a host of captives, and he gave gifts to men."*

9 (In saying, "He ascended," what does it mean but that he had also descended into the lower regions, the earth?*

10 He who descended is the one who also ascended far above all the heavens, that he might fill all things.)

* 4:8 The Greek word *anthropoi* can refer to both men and women
* 4:9 Or *the lower parts of the earth?*

1 prisoner 포로 urge 열심히 권하다 worthy of …하기에 족한   2 humility 겸손 gentleness 온화함 patience 참을성 bear with …을 참을성 있게 대해 주다   3 be eager to do …하고 싶어 하다 maintain 유지하다 bond 유대   4 belong to …에 속하다   5 baptism 세례   8 ascend 올라가다 captive 사로잡힌 사람   9 descend 내려가다

09

교회를 온전하게 하는 직분자들

에베소서 4:11-16 • 새찬송 595장 | 통일 372장

• 말씀묵상 전에 성령님의 인도하심을 구하는 기도를 드리십시오.

본문요약 ┃ 교회를 온전히 세우기 위해, 예수 그리스도는 사람들에게 특별한 재능을 주신다. 이 재능을 받은 직분자들은 교회 안에 존재할지도 모르는 이단적인 가르침을 예방하며, 동료 신자들이 그리스도를 올바로 이해하며 영적으로 더욱 성장하게 돕는다.

11 그가 어떤 사람은 사도로, 어떤 사람은 선지자로, 어떤 사람은 복음 전하는 자로, 어떤 사람은 목사와 교사로 삼으셨으니

12 이는 성도를 온전하게 하여 봉사의 일을 하게 하며 그리스도의 몸을 세우려 하심이라

13 우리가 다 하나님의 아들을 믿는 것과 아는 일에 하나가 되어 온전한 사람을 이루어 그리스도의 1)장성한 분량이 충만한 데까지 이르리니

14 이는 우리가 이제부터 어린아이가 되지 아니하여 사람의 속임수와 간사한 유혹에 빠져 온갖 교훈의 풍조에 밀려 요동하지 않게 하려 함이라

15 오직 2)사랑 안에서 3)참된 것을 하여 범사에 그에게까지 자랄지라 그는 머리니 곧 그리스도라

16 그에게서 온몸이 각 마디를 통하여 도움을 받음으로 연결되고 결합되어 각 지체의 분량대로 역사하여 그 몸을 자라게 하며 사랑 안에서 스스로 세우느니라

1. 오늘 하나님께서 나에게 주신 깨달음은 무엇입니까?

2. 말씀을 어떻게 내 삶에 구체적으로 적용해야 합니까?

1) 헬, 충만의 신장의 분량이
2) 사랑 안에서 자라자
3) 또는 참된 생활을 하여

절별 해설

쉬운성경

11 그가 어떤 사람은 사도로, 어떤 사람은 선지자로, 어떤 사람은 복음 전하는 자로, 어떤 사람은 목사와 교사로 삼으셨으니 예수 그리스도는 교회를 온전하게 하기 위해 몇몇 사람들에게 특별한 재능을 주신다. 다시 말해, 이 재능들은 정치적인 체계 안에서 선출되는 직임이나 지위와 상관이 없다. 또 본 절에 언급된 다섯 직분은 초대 교회 안에 있었던 모든 직분이 아니라, 에베소 교회의 상황 안에서 중요한 역할을 감당했던 몇몇 직분들이다. '사도'는 개척지에서 복음을 선포하며 교회를 세우는 사람으로, 이 직임은 열두 사도와 바울에게만 적용되는 것은 아니다. 예를 들어, 바나바도 사도로 불리며(행 14:14), 예수의 동생 야고보도 예루살렘의 기둥으로서 베드로와 요한과 같은 직임자로 여겨졌다(갈 2:9). '선지자'는 구약의 선지자들이 아니라, 초대 교회 당시 하나님이 직접 말씀하시는 것을 전하였던 사람들이다(행 11:28; 고전 14:3). '복음 전하는 자'는 세워진 교회에 남아 복음을 전하는 사람들이다(딤후 4:5). '목사'와 '교사'는 그 둘의 영역을 정확하게 구분하는 것이 쉽지 않지만, '교사'는 신자들의 삶을 돕고 돌보는 역할을, '목사'는 신자들이 복음을 올바로 이해하게 도왔을 것이다.

12 '온전하게 하다'라는 것은 '무엇을 위해 준비되게 한다'는 의미다. 본 절은 11절에 언급된 직분자들이 성도들을 준비시키고, 그 후 성도들은 봉사의 일을 하며 교회를 세우게 된다는 것을 더욱 확고히 한다.

13 우리가 다 하나님의 아들을 믿는 것과 아는 일에 하나가 되어 바울은 교회 안에 사도들과 말씀을 가르치는 사람과 성도를 돌보는 사람들의 사역 위에서 에베소에 있는 모든 신자가 신앙의 내용에 있어서 일치하기를 간절히 바란다.
온전한 사람을 이루어 '온전'은 성숙과 흠이 없음을 뜻하고, '사람'은 한 몸으로써 교회를 의미한다.
장성한 분량이 충만한 데까지 이르니 바울은 모든 신자가 영적으로 성장하며, 삶 속에서 예수 그리스도와 같은 완전한 모습으로 성장하길 원한다.

15 범사에 그에게까지 자랄지라 '그리스도에 대한 완전한 지식'을 의미한다. 바울은 신자들이 그리스도를 온전히 이해함으로 삶의 성숙함을 이루길 원한다. 이 목표를 위해 신자들은 믿음의 공동체 안에서 서로를 향하여 사랑의 마음을 가지고, 믿음의 고백에 맞는 삶을 살아야 한다.

16 그리스도는 교회의 머리이자(4:15), 각 지체가 자라게 하는 영양분의 원천이시다.

11 바로 그분 예수 그리스도께서 각 사람들에게 서로 다른 선물을 나눠 주셨습니다. 어떤 사람은 사도로, 어떤 사람은 예언자로, 어떤 사람은 나가서 복음을 전하는 자로, 또 어떤 사람은 말씀을 가르치고 성도를 돌보는 자로 삼으셨습니다.

12 우리에게 이 모든 선물을 주신 것은 하나님의 백성들을 섬기도록 준비시키기 위한 것입니다. 서로 섬김으로 그리스도의 몸인 교회를 더욱 강하게 세우기 위한 것입니다.

13 이렇게 할 때에, 우리 모두는 하나님의 아들을 믿고 아는 일에 하나가 되어, 그리스도를 닮은 온전한 사람으로서 성숙한 그리스도인이 될 것입니다.

14 이제는 더 이상 어린아이가 되어서는 안 됩니다. 파도에 밀려 떠다니는 배처럼 왔다 갔다 하거나, 우리를 속이고 유혹하는 온갖 새로운 가르침에 넘어가서도 안 될 것입니다. 그들은 우리를 잘못된 길로 데려갈 뿐입니다.

15 사랑으로 진리만을 말하고, 머리 되신 예수 그리스도를 본받아 모든 면에서 성장하도록 하십시오.

16 온몸이 그리스도께 붙어 있으니 각 지체가 서로 도와주어 각자 맡은 일을 잘 해 내도록 하십시오. 그러면 온몸이 건강하게 성장하여 사랑 안에서 더욱 튼튼히 서게 될 것입니다.

그리스도는 자신의 구속 사역을 기초로 창조된 교회가 올바로 세워지게 도우신다. 특별히 그리스도는 교회를 이루는 신자들에게 은사를 주셔서 교회가 바르게 기능하게 하신다. 오직 그리스도만이 교회를 돌보며 다스리는 분이시며, 교회를 구성하는 신자들은 주님의 돌봄과 다스림을 받는 서로 동등한 존재들이다. 그런 의미에서 권위 의식에 사로잡혀 있는 우리는 교회 안에서 주어지는 직분을 이해할 때, 신분적인 지위로서가 아니라 서로를 섬기기 위한 기능으로 이해해야 한다. 다시 말해, 평신도, 집사, 권사, 안수집사, 장로와 같은 직분이 되는 과정은 사회에서 말하는 승진의 개념이 아니다. 신자들이 그리스도의 장성한 분량에 이르도록 돕고 섬기기 위해 주어진 위치임을 명심해야 한다.

> **무릎 기도** │ 하나님! 혹시 교회의 직분을 '지위'(권위)로 이해하여서 동료 신자들 위에 군림하지 않았는지 돌아봅니다. 저에게 그들을 더욱 섬길 수 있는 겸손을 허락하소서.

ESV - Ephesians 4

11 And he gave the apostles, the prophets, the evangelists, the shepherds* and teachers,*

12 to equip the saints for the work of ministry, for building up the body of Christ,

13 until we all attain to the unity of the faith and of the knowledge of the Son of God, to mature manhood,* to the measure of the stature of the fullness of Christ,

14 so that we may no longer be children, tossed to and fro by the waves and carried about by every wind of doctrine, by human cunning, by craftiness in deceitful schemes.

15 Rather, speaking the truth in love, we are to grow up in every way into him who is the head, into Christ,

16 from whom the whole body, joined and held together by every joint with which it is equipped, when each part is working properly, makes the body grow so that it builds itself up in love.

* 4:11 Or *pastors*
* 4:11 Or *the shepherd-teachers*
* 4:13 Greek *to a full-grown man*

11 apostle 사도 prophet 선지자 evangelist 복음 전도자 shepherd 목자   12 equip 갖추게 하다   13 attain 이르다 mature 성숙한 manhood 성년 stature 성장   14 toss 동요시키다 to and fro 이리저리 doctrine 교리 craftiness 교활 deceitful 속이는 scheme 음모   16 hold together 결합하다

10
월   일

새 사람이 된 신자들

에베소서 4:17-32 • 새찬송 381장 | 통일 425장

• 말씀묵상 전에 성령님의 인도하심을 구하는 기도를 드리십시오.

> **본문요약** | 바울은 영적인 권위를 가지고 에베소 교인들에게 이방인들처럼 살지 말라고 권면한다. 왜냐하면 그들은 더 이상 옛 사람이 아니며 새 사람으로서 하나님의 백성이 되었기 때문이다. 그러므로 이제 그들은 하나님이 소유한 성품을 좇아 살아야 한다.

17 그러므로 내가 이것을 말하며 주 안에서 증언하노니 이제부터 너희는 이방인이 그 마음의 허망한 것으로 행함같이 행하지 말라

18 그들의 총명이 어두워지고 그들 가운데 있는 무지함과 그들의 마음이 굳어짐으로 말미암아 하나님의 생명에서 떠나 있도다

19 그들이 감각 없는 자가 되어 자신을 방탕에 방임하여 모든 더러운 것을 욕심으로 행하되

20 오직 너희는 그리스도를 그같이 배우지 아니하였느니라

21 1)진리가 예수 안에 있는 것같이 너희가 참으로 그에게서 듣고 또한 그 안에서 가르침을 받았을진대

22 너희는 유혹의 욕심을 따라 썩어져 가는 구습을 따르는 옛 사람을 벗어 버리고

23 오직 너희의 심령이 새롭게 되어

24 하나님을 따라 의와 진리의 거룩함으로 지으심을 받은 새 사람을 입으라

25 그런즉 거짓을 버리고 ㄱ각각 그 이웃과 더불어 참된 것을 말하라 이는 우리가 서로 지체가 됨이라

26 ㄴ분을 내어도 죄를 짓지 말며 해가 지도록 분을 품지 말고

27 마귀에게 틈을 주지 말라

28 도둑질하는 자는 다시 도둑질하지 말고 돌이켜 가난한 자에게 구제할 수 있도록 자기 손으로 수고하여 선한 일을 하라

29 무릇 더러운 말은 너희 입 밖에도 내지 말고 오직 덕을 세우는 데 소용되는 대로 선한 말을 하여 듣는 자들에게 은혜를 끼치게 하라

30 하나님의 성령을 근심하게 하지 말라 그 안에서 너희가 구원의 날까지 인치심을 받았느니라

31 너희는 모든 악독과 노함과 분냄과 떠드는 것과 비방하는 것을 모든 악의와 함께 버리고

32 서로 친절하게 하며 불쌍히 여기며 서로 용서하기를 하나님이 그리스도 안에서 너희를 용서하심과 같이 하라

1. 오늘 하나님께서 나에게 주신 깨달음은 무엇입니까?

2. 말씀을 어떻게 내 삶에 구체적으로 적용해야 합니까?

1) 헬. 참 ㄱ. 슥 8:16 ㄴ. 시 4:4

41

17 이방인이 그 마음의 허망한 것으로 행함같이 행하지 말라 여기서 '마음'은 계획하고 도덕적으로 판단하며 삶의 방식을 선택하는 능력을 의미한다. 또한 '이방인'이라는 표현에서 바울은 불신자들이 하나님을 인식하지 않는다는 사실에 초점을 맞추고 있다.

18 그들의 총명이 어두워지고 그들 가운데 있는 무지함 '총명'은 직접적으로 '이해, 지각'을 뜻하지만, 자주 '마음'과 같은 의미로도 사용된다. 한편 '무지함'은 하나님을 모른다는 의미다.

22 구습 이것은 옛 삶의 방식 이상의 의미를 지닌다. 신자들은 예수 그리스도를 믿기 전 옛 영역, 즉 아담(죄, 죽음)의 영역에 거하였다.

24 의와 진리의 거룩함으로 이것은 하나님이 가지고 계신 속성들이다.
새 사람 이는 신자들이 회심 때 얻게 되는 새로운 정체성을 의미한다.

26 분을 내어도 죄를 짓지 말며 화 그 자체는 악이 아니지만, 그것이 지속되면 교만, 시기, 원한과 같은 악한 행동을 초래한다.

27 바울은 화를 오래 지속하면 마귀에게 공략할 기회를 주는 것이기 때문에 해가 지기 전에는 화를 풀라고 권면한다.

28 도둑질하는 자는 다시 도둑질하지 말고 돌이켜 가난한 자에게 구제할 수 있도록 자기 손으로 수고하여 선한 일을 하라 신자들은 자신의 손으로 최선을 다해 수고해야 한다. 그 수고의 목적은 어려움을 당한 동료 신자들에게 얻은 것들을 나누기 위함이다.

30 하나님의 성령을 근심하게 하지 말라 신자들이 더러운 말로 동료 신자들의 마음을 아프게 하는 것은 곧 '성령을 근심하게 하는 것'이다.
너희가 구원의 날까지 인치심을 받았느니라 사람들이 선포된 복음을 듣고 믿음으로 반응할 때, 하나님은 그들 안에 성령을 보내 주신다. 내주하시는 성령님은 예수 그리스도가 다시 오실 때까지 신자들 안에서 구원을 완성하신다.

31 비방하는 것 이것은 남을 폄하하는 말을 뜻한다.

17 이제 나는 주님의 이름으로 여러분에게 강하게 권고합니다. 믿지 않는 사람들이 생각하고 행동하는 것처럼 살지 마십시오.

18 그들은 깨닫지 못하고 듣기도 거부하니, 알 수도 없습니다. 그들에게는 하나님의 생명이 없습니다.

19 그들은 부끄러워할 줄도 몰라서, 악한 일을 일삼고 점점 더 방탕한 생활 속으로 빠져들고 있습니다.

20 그러나 여러분은 그리스도에 관해 그렇게 배우지 않았습니다.

21 나는 여러분이 진정 그분의 말씀을 들었고, 또 배웠으므로 진리되신 그분 안에 살고 있다고 확신합니다.

22 옛 모습을 벗어 버리십시오. 옛 사람은 한없는 욕망으로 점점 더 눈이 어두워져 더 악하고 더러운 모습이 될 뿐입니다.

23 여러분은 마음을 새롭게 하라는 가르침을 들었습니다.

24 이제는 새 사람이 되어 하나님의 모습처럼 선하고 거룩하게 살아가십시오.

25 거짓말을 하지 말기 바랍니다. 우리는 한 몸에 속한 자들이니, 서로를 진실하게 대하십시오.

26 화가 나더라도 죄를 짓지 말며, 해가 지기 전에는 화를 풀기 바랍니다.

27 그렇지 않으면, 사탄이 여러분을 공격할 수 있도록 놔두는 것이 됩니다.

28 도둑질하는 사람이 있으면, 도둑질을 그만두고 새로운 마음으로 일을 시작하십시오. 그 손으로 열심히 일하여, 오히려 어려운 사람을 도우며 살아가십시오.

29 말을 하려거든 남의 험담을 하지 말고, 다른 사람을 칭찬하는 유익한 말을 하십시오. 여러분의 말을 듣는 사람들이 도움을 받을 것입니다.

30 하나님의 성령을 슬프게 하지 마십시오. 하나님께서는 마지막 날에 여러분이 구원받을 것을 보증하시기 위해 우리에게 성령을 보내 주셨습니다.

31 원한을 품거나 화내지 마십시오. 가시 돋친 말로 다른 사람의 마음을 아프게 하지 마십시오.

32 친절히 대하고, 사랑과 온유함으로 하나님이 그리스도 안에서 여러분을 용서하신 것같이 서로를 용서하십시오.

에베소 교인들은 더 이상 이방인처럼 살지 말라는 바울의 권면을 받는다. 아마 에베소 교인들 중 몇몇은 신자가 되기 이전의 삶의 모습으로 돌아갔던 것 같다. 그래서 바울은 신자라면 하나님의 백성으로서 의와 진리와 거룩함을 추구해야 한다고 설명한다.

우리는 가끔씩 자신에게 중요한 질문을 해야 한다. 과연 나는 새 사람을 입은 신자인가? 왜냐하면 탐욕으로 얼룩진 현실 속에서 우리 사회는 '물질 만능주의'를 지향하고 있으며, 우리 역시 물질에 대한 끝없는 욕심에 사로잡혀 살기 때문이다. 그래서 우리는 손쉽게 돈을 벌기 위해 도박, 복권과 같은 것에 눈을 돌린다. 지금 이 순간 우리는 이 현실을 거슬러 올라가고자 하는 결심이 필요하다. 하나님의 의와 진리와 거룩함을 향하여!

> **무릎 기도** 하나님, 제 안에 있는 물질을 향한 끝없는 욕심을 제거하여 주시고, 하나님의 의와 진리와 거룩함을 향하여 나아가게 하소서.

ESV - Ephesians 4

17 Now this I say and testify in the Lord, that you must no longer walk as the Gentiles do, in the futility of their minds.

18 They are darkened in their understanding, alienated from the life of God because of the ignorance that is in them, due to their hardness of heart.

19 They have become callous and have given themselves up to sensuality, greedy to practice every kind of impurity.

20 But that is not the way you learned Christ!—

21 assuming that you have heard about him and were taught in him, as the truth is in Jesus,

22 to put off your old self,* which belongs to your former manner of life and is corrupt through deceitful desires,

23 and to be renewed in the spirit of your minds,

24 and to put on the new self, created after the likeness of God in true righteousness and holiness.

25 Therefore, having put away falsehood, let each one of you speak the truth with his neighbor, for we are members one of another.

26 Be angry and do not sin; do not let the sun go down on your anger,

27 and give no opportunity to the devil.

28 Let the thief no longer steal, but rather let him labor, doing honest work with his own hands, so that he may have something to share with anyone in need.

29 Let no corrupting talk come out of your mouths, but only such as is good for building up, as fits the occasion, that it may give grace to those who hear.

30 And do not grieve the Holy Spirit of God, by whom you were sealed for the day of redemption.

31 Let all bitterness and wrath and anger and clamor and slander be put away from you, along with all malice.

32 Be kind to one another, tenderhearted, forgiving one another, as God in Christ forgave you.

* 4:22 *Greek man*; also verse 24

17 testify 증언하다　gentile 이방인　futility 헛됨　18 alienate from …와 소원하게 만들다　ignorance 무지　19 callous 무감각한 sensuality 음란　greedy 욕심 많은　impurity 불결　21 assuming that …이라 하면　22 corrupt 타락하다　deceitful 속이는 25 falsehood 거짓　27 opportunity 기회　28 in need 어려움에 처한　30 redemption 구속　31 clamor 소란 32 tenderhearted 인정 많은

11
월 일

빛의 자녀들로서 열매를 맺는 삶

에베소서 5:1-14 • 새찬송 380장 | 통일 424장

• 말씀묵상 전에 성령님의 인도하심을 구하는 기도를 드리십시오.

> **본문요약** | 신자들은 빛의 자녀들이기 때문에 불신자들이 행하는 악한 행동을 버리며 열매 맺는 삶을 살아야 한다. 때때로 무너질 수도 있지만 내주하신 성령님이 성도가 다시 일어설 수 있게 힘을 주시기 때문에 신자는 끝까지 거룩한 삶을 추구해야 한다.

1 그러므로 사랑을 받는 자녀같이 너희는 하나님을 본받는 자가 되고

2 그리스도께서 너희를 사랑하신 것같이 너희도 사랑 가운데서 행하라 그는 우리를 위하여 자신을 버리사 향기로운 제물과 희생제물로 하나님께 드리셨느니라

3 음행과 온갖 더러운 것과 탐욕은 너희 중에서 그 이름조차도 부르지 말라 이는 성도에게 마땅한 바니라

4 누추함과 어리석은 말이나 희롱의 말이 마땅치 아니하니 오히려 감사하는 말을 하라

5 너희도 정녕 이것을 알거니와 음행하는 자나 더러운 자나 탐하는 자 곧 우상숭배자는 다 그리스도와 하나님의 나라에서 기업을 얻지 못하리니

6 누구든지 헛된 말로 너희를 속이지 못하게 하라 이로 말미암아 하나님의 진노가 불순종의 아들들에게 임하나니

7 그러므로 그들과 함께하는 자가 되지 말라

8 너희가 전에는 어둠이더니 이제는 주 안에서 빛이라 빛의 자녀들처럼 행하라

9 빛의 열매는 모든 착함과 의로움과 ¹⁾진실함에 있느니라

10 주를 기쁘시게 할 것이 무엇인가 시험하여 보라

11 너희는 열매 없는 어둠의 일에 참여하지 말고 도리어 책망하라

12 그들이 은밀히 행하는 것들은 말하기도 부끄러운 것들이라

13 그러나 책망을 받는 모든 것은 빛으로 말미암아 드러나나니 드러나는 것마다 빛이니라

14 그러므로 이르시기를 잠자는 자여 깨어서 죽은 자들 가운데서 일어나라 그리스도께서 너에게 비추이시리라 하셨느니라

1. 오늘 하나님께서 나에게 주신 깨달음은 무엇입니까?

2. 말씀을 어떻게 내 삶에 구체적으로 적용해야 합니까?

1) 헬. 참

절별 해설

2 **그는 우리를 위하여 자신을 버리사 향기로운 제물과 희생제물로 하나님께 드리셨느니라** 바울은 그리스도의 자발적인 희생(사랑)을 통하여 하나님이 우리의 죄를 용서하셨다고 설명한다.

3 **음행** 이것은 결혼 관계 밖에서 이루어지는 성관계를 뜻한다.
온갖 더러운 것 이것은 부적절한 성적인 관계와 관련된 모든 형태를 의미한다.
탐욕 이것은 성적인 탐욕을 포함하여 만족할 줄 모르는 욕구를 의미한다.

4 **어리석은 말** 이것은 외설적인 말을 뜻한다.

5 **더러운 자** 악하고, 부도덕한 사람을 의미한다.
탐하는 자 곧 우상숭배자 '탐심'은 멈추지 않은 욕구이다. 이렇게 무언가를 계속해서 탐욕적으로 추구하는 사람들은 하나님의 주권을 인정하지 않은 사람들이다(마 6:24; 골 3:5).
하나님의 나라 그리스도가 현재 통치하시며 모든 세상 통치와 모든 권세와 능력을 멸하신 후, 아버지 하나님께 바칠 나라다(고전 15:24).
기업을 얻지 못하리니 바울은 지금 신자들이 이미 얻은 구원이 취소될 것이라고 위협하는 것이 아니다. 구원받은 백성으로서 모든 악한 행동을 버리라는 강한 권면이다.

6 **불순종의 아들들** 이는 구원을 얻지 못한 사람들을 의미한다.

10 **무엇인가 시험하여 보라** '시험하여 보라'는 표현은 '분별'이라는 단어 뜻에 가깝다. 왜냐하면 이것은 은이나 금의 순도를 시험하고, 순은이나 순금이 되면 승인할 때 사용된 단어이기 때문이다.

13 빛의 자녀로서 신자들의 삶은 악한 행동들이 얼마나 잘못되었는지 그 기준을 제시한다.

14 **잠자는 자** 이 표현은 비록 구원받은 신자들이지만, 하나님의 백성으로서 자신의 정체성을 깨닫지 못하고, 그에 합당한 삶을 사는 데 주저하는 사람들을 가리킨다.
그리스도께서 너에게 비추이시리라 이 표현은 신자들 안에 내주하신 성령께서 그들이 죄로부터 돌아설 수 있는 능력을 주신다는 뜻이다.

1 여러분은 하나님이 사랑하는 자녀들입니다. 그러므로 하나님을 닮으려고 노력하십시오.

2 그리스도께서 우리를 사랑하신 것처럼, 다른 사람을 사랑하며 사십시오. 그리스도께서는 우리를 위해 자신을 내어 주시어, 하나님 앞에 향기나는 희생 제물이 되셨습니다.

3 성적인 죄를 짓지 않도록 조심하십시오. 어떤 종류의 악이나 탐욕도 틈타지 못하게 하십시오. 이런 것들은 하나님의 거룩한 백성에게 적합하지 못한 것들입니다.

4 더러운 말이나 저속한 농담을 입에 담지 말며, 늘 입에 감사가 넘치게 하십시오.

5 음란하고 더러우며 욕심에 가득 찬 자는 하나님 나라에 들어갈 수 없음을 알고 있을 것입니다. 이 모든 것에 관심을 두는 것은* 하나님 이외의 거짓 우상을 섬기는 것과 같습니다.

6 이런 거짓된 말로 여러분을 꾀는 자들에게 속아 넘어가지 않도록 주의하십시오. 하나님께서는 불순종하는 자들에게 무서운 벌을 내리실 것입니다.

7 그러므로 이들과 어울리지 말기 바랍니다.

8 이전에는 여러분도 어둠 가운데 있었으나, 이제는 주님 안에서 빛 가운데 살아갑니다. 그러므로 빛에 속한 자녀답게 사십시오.

9 빛은 선하고 의로우며, 진실된 삶으로 인도합니다.

10 하나님을 기쁘시게 하는 일이 무엇일지 생각하십시오.

11 어둠에 속한 자들처럼 행동하지 않도록 주의하십시오. 그런 것은 아무 유익도 없습니다. 오직 선한 일을 하여 어둠 속에서 행하는 일들이 잘못된 것임을 알리십시오.

12 몰래 저지르는 그런 일들은 입에 담기조차 부끄러운 것입니다.

13 그러나 빛이 오면, 모든 것이 환히 드러날 것입니다.

14 성경에서도 "잠자는 자여, 일어나라! 죽음에서 깨어나 일어나라! 그리스도께서 네게 빛을 비춰실 것이다"라고 말하고 있습니다.

* 5:5 특히 욕심을 부리는 것은

45

저자의 묵상

바울은 에베소 교인들에게 빛의 자녀들처럼 살라고 권면한다. 그러나 이 권면은 아주 극소수 신자들에게 주어진 것이다. 바울 당시 에베소 지역에는 약 25만 명의 인구가 밀집해 있었다. 그러나 신자는 적었다. 이러한 그들에게 바울은 탐욕으로 물든 에베소 지역에서 빛의 열매를 맺음으로써 믿지 않은 불신자들의 행동들이 얼마나 잘못되었는지를 드러내라고 한다.

인구의 4분의 1이 기독교 신자라는 사실을 자랑하는 한국. 그러나 과연 우리는 얼마나 빛의 열매를 맺으며 살고 있는가? 경건한 삶은 차치하고서라도, 혹 어둠의 일들에 동참하며 사회적인 지탄과 물의를 일으키고 있지 않은지 반성해야 할 때다. 또 우리는 음행과 부정으로 얼룩진 이 사회에서 유일한 소망이신 그리스도의 사람으로서 끝까지 남아야 할 것이다.

> **무릎기도** 하나님, 저는 당신의 은혜로 구원을 받았습니다. 이제 구원을 얻은 빛의 자녀로서 이 땅의 유일한 소망되시는 그리스도를 삶으로 선포하게 하소서.

ESV - Ephesians 5

1 Therefore be imitators of God, as beloved children.

2 And walk in love, as Christ loved us and gave himself up for us, a fragrant offering and sacrifice to God.

3 But sexual immorality and all impurity or covetousness must not even be named among you, as is proper among saints.

4 Let there be no filthiness nor foolish talk nor crude joking, which are out of place, but instead let there be thanksgiving.

5 For you may be sure of this, that everyone who is sexually immoral or impure, or who is covetous (that is, an idolater), has no inheritance in the kingdom of Christ and God.

6 Let no one deceive you with empty words, for because of these things the wrath of God comes upon the sons of disobedience.

7 Therefore do not become partners with them;

8 for at one time you were darkness, but now you are light in the Lord. Walk as children of light

9 (for the fruit of light is found in all that is good and right and true),

10 and try to discern what is pleasing to the Lord.

11 Take no part in the unfruitful works of darkness, but instead expose them.

12 For it is shameful even to speak of the things that they do in secret.

13 But when anything is exposed by the light, it becomes visible,

14 for anything that becomes visible is light. Therefore it says, "Awake, O sleeper, and arise from the dead, and Christ will shine on you."

1 imitator 모방자　2 fragrant 향기로운　offering 제물　sacrifice 제물러움　3 sexual immorality 성적 문란　covetousness 탐욕스러움　4 filthiness 상스러움　crude 버릇없는　out of place 맞지 않는　5 idolater 우상 숭배자　inheritance 상속　6 deceive 속이다　empty words 무의미한 말　wrath 진노　disobedience 불복종　10 discern 분별하다　11 take part in …에 참여하다　expose 드러내다　12 shameful 수치스러운

12

월   일

악한 세대에 있는 신자들

에베소서 5:15-21 • 새찬송 456장 | 통일 509장

• 말씀묵상 전에 성령님의 인도하심을 구하는 기도를 드리십시오.

본문요약 | 예수 그리스도가 다시 오실 때까지 현재의 악한 세대는 지속될 것이기 때문에 신자들은 주어진 시간을 잘 이용해야 한다. 동시에 그들은 내주하신 성령의 능력을 의지하며 이 세상의 영향력을 극복해야 한다. 또 구원을 계획하고 주도하신 하나님께 감사드려야 한다.

15 그런즉 너희가 어떻게 행할지를 자세히 주의하여 지혜 없는 자같이 하지 말고 오직 지혜 있는 자같이 하여
16 ¹⁾세월을 아끼라 ²⁾때가 악하니라
17 그러므로 어리석은 자가 되지 말고 오직 주의 뜻이 무엇인가 이해하라
18 술 취하지 말라 이는 방탕한 것이니 오직 성령으로 충만함을 받으라
19 시와 찬송과 신령한 노래들로 서로 화답하며 너희의 마음으로 주께 노래하며 찬송하며
20 범사에 우리 주 예수 그리스도의 이름으로 항상 아버지 하나님께 감사하며
21 그리스도를 경외함으로 피차 복종하라

1. 오늘 하나님께서 나에게 주신 깨달음은 무엇입니까?

2. 말씀을 어떻게 내 삶에 구체적으로 적용해야 합니까?

1) 헬, 기회를 사라
2) 헬, 그 날들이

15 너희가 어떻게 행할지를 자세히 주의하여 신자들은 일상생활에서 어떻게 살고 있는지, 즉 하나님 백성으로서의 새 정체성에 합당한 행동을 하는지 스스로를 진단하며 내적인 자기반성을 해야 한다.

지혜 없는 자같이 하지 말고 오직 지혜 있는 자같이 하여 하나님이 성령을 통하여 신자들에게 지혜를 주시도록 간구했던(1:17) 바울은 본 절에서도 지혜를 언급한다. 여기의 '지혜'는 세상적인 지혜와는 달리, 신자들로 하여금 하나님이 기뻐하시는 삶을 살게 한다.

16 세월을 아끼라 본 절은 '시간을 아끼다'라는 의미뿐만 아니라, '시간을 잘 이용하다'라는 뜻도 포함한다. 바울은 에베소 교인들이 지혜 없는 자들처럼 방탕하게 삶을 살지 않길 권면한다.

때가 악하니라 현재의 악한 세대는 예수 그리스도가 다시 오실 때까지 지속될 것이다. 이러한 상황에서 신자들은 더욱더 굳게 서야 한다.

17 어리석은 자 이 표현은 주님의 길로 나아가지 않거나 지혜의 길을 걷지 않는 사람들을 의미한다.

주의 뜻이 무엇인가 이해하라 이는 주님의 뜻을 분별하기 위해 지적인 노력을 강조하는 표현이다.

18 성령으로 충만함을 받으라 바울은 신자들이 내주하신 성령의 능력과 영향력에 완전히 순종하며, 악한 세상의 영향력을 거부하고 온전히 변화되길 바란다. 성령으로 충만하게 되는 것은 일회적이 아니라 계속적으로 일어나는 것이며, 동시에 이는 모든 신자를 향한 명령이다.

19 성령으로 충만케 된 신자들은 함께 모여 시와 찬송과 신령한 노래로 주를 찬양한다. 특별히 '신령한 노래들'은 작곡가들이 성령에 의해 감동되어 만든 노래들을 의미한다.

21 그리스도를 경외함으로 '경외'는 단순히 두려움을 의미하지 않는다. '그리스도'는 성도가 복종해야 하는 행동의 기준이자 모범이시다.

피차 복종하라 이는 성도가 스스로를 내려놓고 동료 신자들의 요구에 귀를 기울이며 그들을 인정하고 존중해야 함을 말한다.

15 그러므로 여러분은 자신의 생활을 늘 살피십시오. 어리석은 자처럼 살지 말고, 지혜롭게 행동하십시오.

16 때가 악하니 가능하면 선한 일을 할 수 있는 기회를 잘 붙드시기 바랍니다.

17 분별 없이 어리석은 자가 되지 말고, 주님이 원하시는 것이 무엇인지 배우도록 노력하십시오.

18 술 취하지 마십시오. 여러분의 영적인 삶을 갉아먹을 것입니다. 성령으로 충만해지도록 힘쓰십시오.

19 시와 찬미와 영적인 노래로 서로 이야기하며, 마음으로 주님께 노래하고 찬송하십시오.

20 우리 주 예수 그리스도의 이름으로 하나님 아버지께 항상 감사를 드리십시오.

21 그리스도를 두려워하며 존경하는 마음으로 서로 순종하십시오.

저자의 묵상

우리는 보통 '성령 충만'을 은사적인 체험(방언, 예언, 신유 등)과 관련하여 생각하는 경향이 있다. 그러나 오늘 본문은 성령 충만을 은사적인 체험보다는 신자들의 삶과 직결된다고 가르친다. 다시 말해 악이 계속되는 세상에서 신자들은 그리스도가 다시 오실 때까지 성령으로 충만하게 되어야만, 주님의 뜻이 무엇인지 분별할 수 있고 함께 모여 주님을 찬양할 수 있으며 서로 마음을 열고 안을 수 있다.

그러므로 우리는 신비적 체험을 추구하는 것보다 진정 나는 주님의 백성으로서 살고 있는지에 대하여 자신에게 물어야 한다. 이 사회가 더욱 강팍해지는 것은 그러한 체험들이 부족해서가 아니라, 열매를 맺는 삶이 없기 때문임을 통감하며 빛의 자녀로서의 삶을 살아야 할 것이다.

> **무릎기도** 사랑의 하나님, 저에게 주님의 백성으로서 합당하게 살 수 있도록 성령 충만을 허락하소서. 그리하여 주님의 뜻을 분별하고 당신을 찬양하며 빛의 열매를 맺게 하소서.

ESV - Ephesians 5

15 Look carefully then how you walk, not as unwise but as wise,

16 making the best use of the time, because the days are evil.

17 Therefore do not be foolish, but understand what the will of the Lord is.

18 And do not get drunk with wine, for that is debauchery, but be filled with the Spirit,

19 addressing one another in psalms and hymns and spiritual songs, singing and making melody to the Lord with your heart,

20 giving thanks always and for everything to God the Father in the name of our Lord Jesus Christ,

21 submitting to one another out of reverence for Christ.

15 wise 지혜로운   17 foolish 어리석은   18 debauchery 방탕 be filled with …로 가득 차다   19 address 이야기하다
psalm 찬송가 spiritual 영적인   21 submit to …에 복종하다 reverence 존경

13
월   일

남편과 아내의 조화로운 관계

에베소서 5:22-33 • 새찬송 604장 | 통일 288장

• 말씀묵상 전에 성령님의 인도하심을 구하는 기도를 드리십시오.

> **본문요약** | 바울은 남편과 아내의 올바른 관계를 제시한다. 남편은 그리스도가 자신의 몸인 교회를 돌보는 것처럼, 또 자신의 몸을 사랑하는 것처럼 아내를 사랑해야 한다. 아내 역시 주께 하듯 남편을 존경과 사랑의 마음으로 섬겨야 한다.

22 아내들이여 자기 남편에게 복종하기를 주께 하듯 하라

23 이는 남편이 아내의 머리 됨이 그리스도께서 교회의 머리 됨과 같음이니 그가 바로 몸의 구주시니라

24 그러므로 교회가 그리스도에게 하듯 아내들도 범사에 자기 남편에게 복종할지니라

25 남편들아 아내 사랑하기를 그리스도께서 교회를 사랑하시고 그 교회를 위하여 자신을 주심같이 하라

26 이는 곧 물로 씻어 말씀으로 깨끗하게 하사 거룩하게 하시고

27 자기 앞에 영광스러운 교회로 세우사 티나 주름 잡힌 것이나 이런 것들이 없이 거룩하고 흠이 없게 하려 하심이라

28 이와 같이 남편들도 자기 아내 사랑하기를 자기 자신과 같이 할지니 자기 아내를 사랑하는 자는 자기를 사랑하는 것이라

29 누구든지 언제나 자기 육체를 미워하지 않고 오직 양육하여 보호하기를 그리스도께서 교회에게 함과 같이 하나니

30 우리는 그 몸의 지체임이라

31 ㄱ그러므로 사람이 부모를 떠나 그의 아내와 합하여 그 둘이 한 육체가 될지니

32 이 비밀이 크도다 나는 그리스도와 교회에 대하여 말하노라

33 그러나 너희도 각각 자기의 아내 사랑하기를 자신같이 하고 아내도 자기 남편을 존경하라

ㄱ. 창 2:24

1. 오늘 하나님께서 나에게 주신 깨달음은 무엇입니까?

2. 말씀을 어떻게 내 삶에 구체적으로 적용해야 합니까?

22 복종하기를 본 절에서 '복종하다'라는 표현은 노예가 주인에게 하는 맹목적인 복종을 의미하지 않는다. 하나님이 남편에게 주신 가장으로서의 역할을 인정하는 것을 의미한다.

23 남편이 아내의 머리 됨 이것은 기독교 가정 안에서 남편이 갖는 권위와 리더십을 의미한다.

25 남편들아 아내 사랑하기를 그리스도께서 교회를 사랑하시고 그 교회를 위하여 자신을 주심같이 하라 그리스도가 교회, 즉 믿음의 공동체에 속한 모든 사람을 위해 자신을 무조건적으로 희생하셨던 것처럼, 남편은 아내를 사랑해야 한다. 몸을 아끼지 않는 남편의 사랑은 복종보다 더 큰 헌신을 요구한다.

27 그리스도가 다시 오실 때 믿음의 공동체인 교회가 어떠한 티나 주름 없이 거룩하게 될 것이라고 바울은 확신한다.

29 양육하여 이것은 '부모가 자녀를 돌본다'는 의미다.
보호하기를 이 표현은 어미 새가 둥지에 있는 알을 품는 모습을 나타낸다(신 22:6).
그리스도께서 교회에게 함과 같이 하나니 그리스도와 교회의 관계에 있어서, 그리스도는 교회의 머리이시며 교회는 그리스도의 몸이다.

31 그러므로 사람이 부모를 떠나 그의 아내와 합하여 그 둘이 한 육체가 될지니 바울은 하나님이 제정하신 결혼을 설명하는 창세기 2장 24절을 인용한다. 남편은 자신의 아내를 사랑해야 한다. 그것은 그 둘이 이제 '뗄 수 없는 한 육체'가 되었기 때문이다. 예수님은 이혼에 관한 질문을 받으셨을 때 이 구절을 인용하시면서 하나님이 짝지어 주신 것을 사람이 나누지 못한다고 말씀하셨다(마 19:4-5; 막 10:6-9). 남편과 아내는 하나님의 뜻으로 하나가 되었기 때문에 결코 나눌 수 없다. 그리스도와 교회의 관계도 그러하다.

32 비밀 이 단어는 앞에서도 계속 사용되었는데(1:9; 3:3,4,9; 6:19), '하나님의 숨겨진 목적이 그리스도 안에서 지금 계시되었다'는 의미다. 본 절에서도 비밀이라는 단어가 나타난다. 그 이유는 바울이 창세기 2장 24절에 나타난 남편과 아내의 연합을 그리스도와 교회의 연합으로 이해하였기 때문이다. 이러한 이해는 어느 누구도 할 수 없었던 것으로, 하나님이 바울에게 가르쳐 주신 계시다.

22 아내들은 주님께 순종하듯이 남편의 권위에 순종하십시오.

23 남편이 아내의 머리가 됨은 그리스도가 교회의 머리인 것과 같습니다. 교회는 그리스도의 몸이며, 그리스도는 교회의 구주가 되셨습니다.

24 교회가 그리스도의 권위 아래 있듯이 아내가 남편에게 순종하는 것은 당연한 것입니다. 모든 일에 순종하십시오.

25 남편들은 그리스도가 교회를 사랑하듯이 아내를 사랑하십시오. 그리스도는 생명을 내어 주시기까지 교회를 사랑하셨습니다.

26 그리스도께서는 교회를 물로 씻고, 말씀으로 깨끗하게 하셨습니다.

27 마치 아름답고 깨끗한 신부처럼 교회를 깨끗하고 거룩하게 하시기 위해, 그리스도께서 죽으셨던 것입니다.

28 그러므로 남편들은 이와 같이 아내를 사랑하십시오. 자기 몸을 아끼고 사랑하듯이 아내를 사랑하기 바랍니다. 자기 아내를 사랑하는 자는 곧 자신을 사랑하는 자입니다.

29 자기 몸을 미워하는 사람은 없습니다. 오히려 아끼고 돌볼 것입니다. 이것이 바로 그리스도가 교회를 위해 하신 일입니다.

30 우리는 그리스도의 몸인, 교회의 지체들입니다.

31 성경에서도 "그러므로 사람이 부모를 떠나, 자기 아내와 연합하여 한 몸을 이룰 것이다"*라고 말씀하고 있습니다.

32 그 비밀이 놀랍고 크니, 이것이 바로 그리스도와 교회와의 관계를 두고 말하는 것입니다.

33 다시 한 번 당부하는데, 남편들은 아내를 제 몸같이 사랑하고, 아내는 남편에게 순종하십시오.*

* 5:31 창 2:24에 기록되어 있다.
* 5:33 존경하십시오.

오늘 본문은 남편과 아내의 올바른 관계를 위한 모범을 제시한다. 먼저 남편은 아내를 희생적으로 사랑해야 한다. 왜냐하면 예수 그리스도가 희생적으로 우리를 사랑하셨기 때문이다. 또한 아내는 남편을 가정의 가장 으로서 인정해야 한다. 왜냐하면 하나님이 남편에게 권위와 리더십을 주셨기 때문이다. 오늘날 이혼 급증의 문제는 사회적인 이슈로 자리 잡은 지 이미 오래다. 그런 의미에서 바울의 권면은 우리에게 시사하는 바가 크다. 아내가 가정의 주도권을 잡기 위해서 자기주장을 앞세워서는 안 되며, 남편 역시 아내에게 일방적인 복종을 요구해서는 안 된다. 우리가 하나님이 주신 가장의 권위를 인정하며 그리스도가 보여주신 희생적인 사랑을 행한다면, 우리 사회는 좀 더 건강한 가정들로 가득할 것이다.

> **무릎 기도** │ 사랑의 하나님, 이 땅에 무너져가는 가정들이 있습니다. 가장의 권위를 회복시켜 주시고, 아내를 향한 희생적인 사랑이 가득하게 하소서.

ESV - Ephesians 5

22 Wives, submit to your own husbands, as to the Lord.

23 For the husband is the head of the wife even as Christ is the head of the church, his body, and is himself its Savior.

24 Now as the church submits to Christ, so also wives should submit in everything to their husbands.

25 Husbands, love your wives, as Christ loved the church and gave himself up for her,

26 that he might sanctify her, having cleansed her by the washing of water with the word,

27 so that he might present the church to himself in splendor, without spot or wrinkle or any such thing, that she might be holy and without blemish.*

28 In the same way husbands should love their wives as their own bodies. He who loves his wife loves himself.

29 For no one ever hated his own flesh, but nourishes and cherishes it, just as Christ does the church,

30 because we are members of his body.

31 "Therefore a man shall leave his father and mother and hold fast to his wife, and the two shall become one flesh."

32 This mystery is profound, and I am saying that it refers to Christ and the church.

33 However, let each one of you love his wife as himself, and let the wife see that she respects her husband.

* 5:27 Or holy and blameless

22 submit 복종하다   23 savior 구세주   24 as…, so~ …와 마찬가지로 ~하다   26 sanctify 성별하다   27 in splendor 화려하게 spot 얼룩 blemish 흠   29 flesh 육체 nourish 기르다 cherish 소중히 하다   32 profound 깊은 refer to …에 대해 언급하다   33 respect 존중하다

14

주 안에서 지켜야 하는 질서

에베소서 6:1-9 • 새찬송 220장 | 통일 278장

• 말씀묵상 전에 성령님의 인도하심을 구하는 기도를 드리십시오.

> **본문요약 ㅣ** 자녀들은 아버지와 어머니를 공경해야 하며, 동시에 아버지는 자녀들에게 적절치 않은 언행과 비이성적인 요구를 해서는 안 된다. 또한 주인과 종 모두는 서로에게 맡겨진 역할 분담을 잘 감당하는 하나님의 종들임을 기억해야 한다.

1 자녀들아 주 안에서 너희 부모에게 순종하라 이것이 옳으니라
2 ㄱ네 아버지와 어머니를 공경하라 이것은 약속이 있는 첫 계명이니
3 이로써 네가 잘되고 땅에서 장수하리라
4 또 아비들아 너희 자녀를 노엽게 하지 말고 오직 주의 교훈과 훈계로 양육하라
5 종들아 두려워하고 떨며 성실한 마음으로 육체의 상전에게 순종하기를 그리스도께 하듯 하라
6 눈가림만 하여 사람을 기쁘게 하는 자처럼 하지 말고 그리스도의 종들처럼 1)마음으로 하나님의 뜻을 행하고
7 기쁜 마음으로 섬기기를 주께 하듯 하고 사람들에게 하듯 하지 말라
8 이는 각 사람이 무슨 선을 행하든지 종이나 자유인이나 주께로부터 그대로 받을 줄을 앎이라
9 상전들아 너희도 그들에게 이와 같이 하고 위협을 그치라 이는 그들과 너희의 상전이 하늘에 계시고 그에게는 사람을 외모로 취하는 일이 없는 줄 너희가 앎이라

1. 오늘 하나님께서 나에게 주신 깨달음은 무엇입니까?

2. 말씀을 어떻게 내 삶에 구체적으로 적용해야 합니까?

ㄱ. 출 20:12; 신 5:16
1) 헬, 목숨

절별 해설

1 자녀들아 본 절에서 '자녀들'은 부모의 교훈을 충분히 이해할 수 있는, 결혼하지 않은 연령대의 사람들을 가리킨다.

2 네 아버지와 어머니를 공경하라 이는 출애굽기 20장 12절(신 5:16)을 인용한 것이다.

이것은 약속이 있는 첫 계명이니 '약속이 있는 첫 계명'이라고 말하는 이유는 이 계명을 성취하는 사람들에게 특별한 약속이 주어졌기 때문이다(출 20:12). 그것은 장수와 번영의 축복이다.

4 아비들아 아비들은 자녀들을 훈계하고 교육하는 가장으로서의 책임을 가진 존재다.

너희 자녀를 노엽게 하지 말고 '자녀를 노엽게 하지 말라'는 바울의 권면은 그 당시의 유대교나 로마 시대의 문헌에서는 발견되지 않는다. 그런 의미에서 이 권면은 그 당시 사람들에게 아주 독특한 가르침이었을 것이다. 바울은 아버지가 비이성적인 요구나 부적절한 언행을 함으로써 자녀를 화나게 해서는 안 됨을 가르치고 있다.

오직 주의 교훈과 훈계로 양육하라 아버지는 믿음 안에서 자녀들의 신앙 교육을 책임져야 한다.

5 종들아 바울이 살던 당시 '종'의 위치는 권리에 있어서 상당히 제한적이었다. 그러나 바울이 그러한 종들에게 도덕적인 책임을 요구하고 있다는 점에서, 그가 종들을 한 사람의 인격으로 인정했음을 알 수 있다.

두려워하고 떨며 성실한 마음으로 육체의 상전에게 순종하기를 그리스도께 하듯 하라 바울은 종들에게 상전들에 대하여 세 가지 태도를 요구한다.

8 각 사람이 무슨 선을 행하든지 종이나 자유인이나 주께로부터 그대로 받을 줄을 앎이라 바울은 종과 상전의 관계를 서로 다른 역할을 가진 사람들로 본다. 기능론적인 접근을 하고 있다.

9 상전들아 너희도 그들에게 이와 같이 하고 위협을 그치라 바울 당시 종은 어떠한 권리도 없는 '소유물'로 취급되었다. 그러한 상황에서 바울은 상전들에게 종을 위협하지 말며, 또한 하나님의 뜻을 행하라고 권면한다.

그들과 너희의 상전이 하늘에 계시고 그에게는 사람을 외모로 취하는 일이 없는 줄 너희가 앎이라 바울은 상전들과 종들은 모두 한 주인이신 하나님을 섬기는 백성임을 강조한다.

1 자녀들은 부모에게 순종하십시오. 이것이 주님을 믿는 사람으로서 옳게 행하는 일입니다.

2 십계명에도 "네 부모를 공경하라"* 고 하였습니다. 이것은 약속이 보장된 첫 계명입니다.

3 그 약속은 "네가 하는 일이 다 잘되고 이 땅에서 장수할 것이다"* 라는 것입니다.

4 아버지는 자녀들의 마음을 상하게 하거나, 화를 돋우지 말고, 주님의 훈계와 가르침으로 잘 키우십시오.

5 종들은 두렵고 존경하는 마음으로 주인에게 복종하십시오. 그리스도께 복종하듯이 참마음으로 순종하기 바랍니다.

6 주인이 볼 때만 잘하는 척하지 말고, 마음을 다하여 하나님의 뜻을 행하십시오.

7 사람에게 하듯이 하지 말고, 그리스도를 섬기듯이 기쁜 마음으로 주인을 위해 일하십시오.

8 여러분이 종의 신분이든지 자유인이든지, 주님께서는 선을 행한 것에 대해 보답해 주신다는 사실을 잊지 말기 바랍니다.

9 주인들도 똑같이 종들에게 잘해 주고, 윽박지르지 마십시오. 여러분의 주인이기도 하지만 동일하게 그들의 주인도 되시는 분이 하늘에 계십니다. 우리 주님은 모든 사람을 차별하지 않으시고 똑같이 대해 주는 분이십니다.

* 6:2-3 출 20:12과 신 5:16에 기록되어 있다.

저자의 묵상

본문에서 바울은 아버지들의 특별한 역할을 언급한다. 즉, 자녀들의 마음을 상하게 하거나 화를 돋우지 말고 주님의 훈계와 가르침으로 잘 키우라고 한다. 여기서 주목해야 하는 것은 아버지는 자녀를 주의 교훈과 훈계로 양육해야 하는 영적인 책임을 가지고 있다는 것이다.

그러나 우리 사회에서 아버지들은 가족의 부양을 책임지는 가장으로서 주로 밖에서 일하며 경제적인 책임을 진다. 그래서 그들은 가족에게 물질만 공급하면, 모든 책임을 완수했다고 생각한다. 그러나 그것이 전부가 아니다. 왜냐하면 자녀들의 영적인 신앙 교육을 책임져야 하기 때문이다. 아버지들이여! 자녀들의 영적인 상태를 놓고 하나님께 간절히 매달려 본 적이 있는가? 혹시 자녀들과 함께 성경 말씀을 묵상하며 기도한 적이 있는가? 만약 없다면, 어쩌면 당신은 절반의 역할만 완수해 온 임무 태만한 가장일지 모른다.

> **무릎 기도** 하나님, 가장으로서 자녀들의 영적인 상태를 소홀히 했던 저를 용서하시고, 주의 교훈과 훈계로 양육을 책임지는 영적인 가장이 되게 하소서.

ESV - Ephesians 6

1 Children, obey your parents in the Lord, for this is right.

2 "Honor your father and mother" (this is the first commandment with a promise),

3 "that it may go well with you and that you may live long in the land."

4 Fathers, do not provoke your children to anger, but bring them up in the discipline and instruction of the Lord.

5 Bondservants,* obey your earthly masters* with fear and trembling, with a sincere heart, as you would Christ,

6 not by the way of eye-service, as people-pleasers, but as bondservants of Christ, doing the will of God from the heart,

7 rendering service with a good will as to the Lord and not to man,

8 knowing that whatever good anyone does, this he will receive back from the Lord, whether he is a bondservant or is free.

9 Masters, do the same to them, and stop your threatening, knowing that he who is both their Master* and yours is in heaven, and that there is no partiality with him.

* 6:5 For the contextual rendering of the Greek word *doulos*, see Preface; also verse 6; likewise for *bondservant* in verse 8
* 6:5 Or *your masters according to the flesh*
* 6:9 Greek *Lord*

1 obey 복종하다   2 commandment 계명   3 go well 형통하다   4 provoke to anger …을 화나게 하다   bring up 양육하다
discipline 훈육   instruction 교훈   5 bondservant 노예   trembling 떨림   7 render 바치다   9 threaten 위협하다   partiality
편애

15

월   일

주님의 능력으로 준비된 신자

에베소서 6:10-17 • 새찬송 358장 | 통일 400장

• 말씀묵상 전에 성령님의 인도하심을 구하는 기도를 드리십시오.

> **본문요약** ┃ 바울은 신자들을 영적 군사로 여기며, 그들이 이 땅에 살면서 꼭 필요한 영적 무기들이 무엇인지 설명한다. 왜냐하면 현실 속에서 그들은 악한 세력들의 수많은 공격들에 직면해야 하며, 그 싸움에서 반드시 승리해야 하기 때문이다.

10 끝으로 너희가 주 안에서와 그 힘의 능력으로 강건하여지고
11 마귀의 간계를 능히 대적하기 위하여 하나님의 전신 갑주를 입으라
12 우리의 씨름은 혈과 육을 상대하는 것이 아니요 통치자들과 권세들과 이 어둠의 세상 주관자들과 하늘에 있는 악의 영들을 상대함이라
13 그러므로 하나님의 전신 갑주를 취하라 이는 악한 날에 너희가 능히 대적하고 모든 일을 행한 후에 서기 위함이라
14 그런즉 서서 1)진리로 너희 허리 띠를 띠고 의의 호심경을 붙이고
15 평안의 복음이 준비한 것으로 신을 신고
16 모든 것 위에 믿음의 방패를 가지고 이로써 능히 악한 자의 모든 불화살을 소멸하고
17 구원의 투구와 성령의 검 곧 하나님의 말씀을 가지라

1. 오늘 하나님께서 나에게 주신 깨달음은 무엇입니까?

2. 말씀을 어떻게 내 삶에 구체적으로 적용해야 합니까?

1) 헬. 참

10 주 안에서와 그 힘의 능력으로 이는 죽음을 이기고 부활하게 하신 하나님의 능력을 의미한다. 신자들은 오직 예수 그리스도를 통해서만 능력을 받는다.

강건하여지고 이 동사는 수동적인 의미를 가진다. 다시 말해, 신자들은 외적으로 하나님의 능력을 받으면 강건할 수 있다는 뜻이다. 그러나 동시에 신자들은 주님께로부터 오는 능력을 사모하며 나아가야 하는 능동적인 의지가 있어야 한다.

11 마귀의 간계 이것은 믿음의 공동체인 교회를 무너뜨리는 잘못된 가르침들, 유혹, 신자들이 직면하는 수많은 박해와 불이익을 의미한다.

하나님의 전신 갑주를 입으라 '전신 갑주'는 군인들이 무장하는 갑옷과 모든 무기들을 의미한다. 하나님은 신자들에게 마귀를 대적하는 데 필요한 것들을 제공하신다.

12 본 절에서 바울은 신자들이 싸워야 하는 적들은 사람들이 아니라, 마귀의 지휘 아래 있는 영적인 존재들임을 강조한다.

13 악한 날 이 표현은 신자들이 현재 살고 있는 이 세대에부터 예수 그리스도가 다시 오시는 그날까지를 가리킨다.

14 진리 이것은 복음의 진리와 초대 교회에서 신자들이 함께 고백했던 교리적인 진리 둘 다를 포함한다.

의 이것은 로마서 3장 21-22절과 관련되는데, 예수 그리스도를 믿음으로 말미암아 모든 믿는 자에게 미치는 하나님의 의를 말한다.

호심경 이것은 갑옷의 가슴 쪽에 붙이던 호신용 금속 조각을 의미한다. '의의 호심경을 붙이다'라는 표현은 신자들이 그리스도 안에서 새로운 정체성을 바로 인식하는 것을 의미한다.

15 평안의 복음 유대인과 이방인을 하나로 만드시고, 인류와 하나님과의 관계를 회복하신 예수 그리스도를 의미한다(2:14).

16 믿음의 방패 '믿음'은 사람이 하나님과 예수 그리스도를 믿는 믿음과 신뢰를 의미한다.

악한 자의 모든 불화살 마귀가 신자들을 향해 꾀하는 온갖 공격을 뜻한다.

17 성령의 검 곧 하나님의 말씀을 가지라 악한 세력이 공격해 올 때 신자들은 성경을 알고 그것을 이용해야 한다. 바울이 '성령의 검'으로서 하나님의 말씀을 설명하는 이유는 성령께서 하나님의 백성에게 성경을 주셨기 때문이다.

10 끝으로 주님의 크신 능력 안에서 강해지십시오.

11 사탄의 악한 속임수에 넘어가지 않도록, 하나님의 무기로 완전 무장하시기 바랍니다.

12 우리의 싸움은 이 땅의 사람들에 대항하여 싸우는 것이 아니라 이 세상의 어두운 세력들과 공중의 권세 잡은 악한 영들에 대항하여 싸우는 것입니다.

13 하나님의 전신갑주가 필요한 이유가 여기 있습니다. 그것은 악한 날에 쓰러지지 않고 싸움이 끝난 후에도 굳건히 서기 위해서입니다.

14 이제 여러분은 굳게 서서 진리의 허리띠를 띠고, 가슴에 의의 흉배를 붙이십시오.

15 발에는 평화의 복음을 전할 신을 신으십시오.

16 손에는 악한 자의 불화살을 막아 낼 믿음의 방패를 드십시오.

17 머리에는 구원의 투구를 쓰고, 하나님의 말씀인 성령의 칼을 쥐십시오.

바울은 신자들을 영적 군사로 묘사하며, 그들이 이 땅을 살아갈 때 영적으로 무장하고 있어야 함을 강조한다. 만약 그렇지 않다면 악한 세력들은 신자들을 무너뜨리기 위해 온갖 수단을 이용하여 공격을 감행할 것이다. 마귀가 신자들을 향해 행하는 공격들은 정치적인 기독교 탄압이나 이단적인 가르침과 같은 외적인 공격과 심각한 죄의식을 느끼도록 하는 것이나 성적인 유혹 등의 내적인 공격이 있다. 이러한 악한 세력들의 공격에 우리는 영적으로 무장하여 어떠한 상황이 닥치더라도 수많은 공격들을 이겨 내고 최후 승리자로 남아야 한다. 그러기 위해서 우리는 예수 그리스도를 굳게 믿고, 하나님 백성으로서 분명한 정체성을 인식하며 성경 말씀을 올바로 알도록 힘써야 한다.

> **무릎기도** 하나님, 악한 세력들의 공격을 이길 수 있게 저에게 굳건한 믿음을 주소서. 늘 당신의 자녀라는 사실을 잊지 않으며, 오늘도 믿음으로 승리하게 하소서.

ESV - Ephesians 6

10 Finally, be strong in the Lord and in the strength of his might.

11 Put on the whole armor of God, that you may be able to stand against the schemes of the devil.

12 For we do not wrestle against flesh and blood, but against the rulers, against the authorities, against the cosmic powers over this present darkness, against the spiritual forces of evil in the heavenly places.

13 Therefore take up the whole armor of God, that you may be able to withstand in the evil day, and having done all, to stand firm.

14 Stand therefore, having fastened on the belt of truth, and having put on the breastplate of righteousness,

15 and, as shoes for your feet, having put on the readiness given by the gospel of peace.

16 In all circumstances take up the shield of faith, with which you can extinguish all the flaming darts of the evil one;

17 and take the helmet of salvation, and the sword of the Spirit, which is the word of God,

11 armor 갑옷 scheme 음모　12 wrestle 씨름하다 flesh 육체 authority 권위자 cosmic 우주의 force 힘　13 withstand 견디다　14 fasten 동여매다 breastplate 흉배　15 readiness 준비된 것　16 circumstance 상황 shield 방패 extinguish 소멸시키다 flaming 불타는 dart 화살　17 salvation 구원

16

월   일

바울의 기도 요청과 에베소 교인들을 위한 기도

에베소서 6:18-24 · 새찬송 362장 | 통일 481장

• 말씀묵상 전에 성령님의 인도하심을 구하는 기도를 드리십시오.

> **본문요약** ㅣ 감옥에 갇혀 있는 상황을 복음 전파의 기회로 여기고 있는 바울은 에베소 교인들에게 자신이 담대하게 복음을 알릴 수 있게 기도를 요청한다. 또한 바울은 편지 쓰기를 마치면서, 에베소 교인들에게 평안과 믿음을 겸한 사랑과 은혜가 넘치길 하나님께 간절히 기도한다.

18 모든 기도와 간구를 하되 항상 성령 안에서 기도하고 이를 위하여 깨어 구하기를 항상 힘쓰며 여러 성도를 위하여 구하라

19 또 나를 위하여 구할 것은 내게 말씀을 주사 나로 입을 열어 복음의 비밀을 담대히 알리게 하옵소서 할 것이니

20 이 일을 위하여 내가 쇠사슬에 매인 사신이 된 것은 나로 이 일에 당연히 할 말을 담대히 하게 하려 하심이라

21 나의 사정 곧 내가 무엇을 하는지 너희에게도 알리려 하노니 사랑을 받은 형제요 주 안에서 진실한 일꾼인 두기고가 모든 일을 너희에게 알리리라

22 우리 사정을 알리고 또 너희 마음을 위로하기 위하여 내가 특별히 그를 너희에게 보내었노라

23 아버지 하나님과 주 예수 그리스도께로부터 평안과 믿음을 겸한 사랑이 형제들에게 있을지어다

24 우리 주 예수 그리스도를 변함 없이 사랑하는 모든 자에게 은혜가 있을지어다

1. 오늘 하나님께서 나에게 주신 깨달음은 무엇입니까?

2. 말씀을 어떻게 내 삶에 구체적으로 적용해야 합니까?

18 모든 기도와 간구 본 절의 '기도'는 일반적으로 하는 기도를, '간구'는 신자들이 하나님께 드리는 특별한 요구를 의미한다.

성령 안에서 기도하고 이것은 성령의 인도와 도움을 의미한다. 기도는 신자들이 하나님이 공급하시는 영적인 무기들(6:14-17)을 잘 이용하고, 악한 세력들을 대항하여 설 수 있게 하는 수단이다.

이를 위하여 깨어 구하기를 항상 힘쓰며 여러 성도를 위하여 구하라 '이를 위하여'는 신자들이 해야 하는 기도를 의미한다. '깨어 구하다'는 신자들의 깨어 있음을 뜻한다. 바울은 신자들로 하여금 서로를 위해 기도하는 책임을 느끼게 한다. 이 기도를 통하여 그들은 하나님 앞에서 순결하고 정직할 수 있으며, 악한 자의 공격에 저항할 수 있다.

19 바울은 에베소서를 쓸 당시 감옥에 갇혀 있었다. 그러나 바울은 그 상황을 통해 복음 전파의 기회를 얻을 것을 확신하면서 에베소 교인들에게 자신을 위해 기도해 달라고 요청한다. 이 기회는 로마의 관리들 앞에 서서 바울 자신이 왜 이렇게 매인 몸이 되었는지를 설명하는 것이다. 바울은 바로 그때를 주 예수 그리스도의 복음을 선포할 기회로 여겼다.

20 이 일 복음을 담대히 알리는 일을 의미한다.

21 두기고 두기고는 바울의 동역자들 중 한 명이며, 아시아 지역의 사람이다(행 20:4). 아마 그는 에베소 지역에서부터 로마까지 바울을 돕기 위해 동행했을 것이며, 본서를 에베소 지역에 있는 성도들에게 전달하는 임무를 가졌던 것 같다.

22 바울은 에베소 교인들에게 자신의 상황에 대해서 자세하게 쓸 수 있었지만, 두기고를 통하여 이 편지를 건네 주면서 자신의 상황을 설명하게 함으로써 성도들을 안심하게 하려 한다.

24 바울은 주 예수 그리스도와 친밀한 관계 안에 있는 모든 사람에게 하나님 은혜의 축복이 임하길 간절히 기도하면서 이 편지를 마치고 있다.

18 성령 안에서 늘 기도하고 필요한 모든 것을 위해 간구하십시오. 언제나 준비된 마음으로 좌절하지 말고, 다른 그리스도인들을 위해서도 기도하십시오.

19 또한 나를 위해서도 기도해 주십시오. 말씀을 전할 때, 두려움 없이 담대하게 복음의 비밀을 말할 수 있도록 나를 위해 기도해 주십시오.

20 나는 복음을 전하는 자로서 사명을 받았습니다. 이제 나는 감옥에서 이 일을 합니다. 내가 옥중에서도 전해야 될 말씀을 담대하게 전파할 수 있도록 기도해 주십시오.

21 사랑하는 형제 두기고를 보냅니다. 그는 주님의 성실한 일꾼입니다. 내가 어떻게 지내며 무엇을 하는지, 자세히 알려 줄 것입니다.

22 그를 보내는 것은 우리의 사정을 알리기 위함이며 또한 여러분을 격려하기 위함입니다.

23 하나님 아버지와 주 예수 그리스도께서 믿음 안에서 사랑과 평안을 여러분에게 내려 주시기를 기도합니다.

24 하나님의 은혜가 우리 주 예수 그리스도를 변함없이 사랑하는 여러분 모두에게 함께하시기를 기도합니다.

저자의 묵상

바울이 현재 처한 구금 상태는 이방인의 사도로서 자신의 생애를 복음 선포에 헌신하였던 삶의 대가다. 그런데 우리를 더욱 놀라게 하는 것은 바울이 감옥에 갇힌 이 상황을 복음 전파의 기회로 생각한다는 것이다. 그의 삶은 한마디로 '때를 얻든지 못 얻든지'(딤후 4:2) 복음 전도를 위한 삶이었다.

또한 그가 처한 상태를 감안했을 때, 가장 위로가 필요한 사람은 다름 아닌 바울 사도 자신이었을 것이다. 그러나 그는 오히려 에베소 교인들을 위로하기 위하여 함께 말벗을 해 주었던 두기고를 그곳으로 보내기까지 한다. 지금 이 사회와 교회는 바울 사도와 같은 사람이 절실히 필요하다. 바울로 하여금 이방인의 사도로서 평생을 헌신하게 하였던 다메섹 도상에서 외쳤던 주님의 음성(행 9:4)을 우리 모두가 듣길 소망한다.

> **무릎 기도** | 살아계신 하나님! 복음 선포를 위한 삶을 살게 헌신된 마음을 주소서. 또 주변의 동료들을 위로하며 사랑으로 감싸는 넓은 가슴을 주소서.

ESV - Ephesians 6

18 praying at all times in the Spirit, with all prayer and supplication. To that end, keep alert with all perseverance, making supplication for all the saints,

19 and also for me, that words may be given to me in opening my mouth boldly to proclaim the mystery of the gospel,

20 for which I am an ambassador in chains, that I may declare it boldly, as I ought to speak.

21 So that you also may know how I am and what I am doing, Tychicus the beloved brother and faithful minister in the Lord will tell you everything.

22 I have sent him to you for this very purpose, that you may know how we are, and that he may encourage your hearts.

23 Peace be to the brothers,* and love with faith, from God the Father and the Lord Jesus Christ.

24 Grace be with all who love our Lord Jesus Christ with love incorruptible.

* 6:23 Or *brothers and sisters*

18 supplication 간청 alert 경계하는 perseverance 인내   19 boldly 담대하게 proclaim 선포하다   20 ambassador 대사
21 beloved 사랑하는 faithful 충실한   22 encourage 격려하다   24 incorruptible 불멸의

저자와 기록 시기

저자는 바울이며(1:1) 기록 시기는 로마에 1차로 투옥된 시기인 AD 62-63년경에 기록된 것으로 본다. 본서는 에베소서, 골로새서, 빌레몬서와 함께 옥중에서 기록한 서신이다.

집필 배경과 목적

빌립보 교회는 유럽의 첫 번째 교회다. 바울은 2차 전도여행 중(AD 49-52)에 실라와 디모데와 누가와 함께 빌립보를 방문한다. 원래는 다른 곳을 방문할 예정이었으나 드로아에서 마게도냐인의 환상을 보고 성령의 인도하심을 깨달아 빌립보에 도착한다(행 16:7-12). 그곳에서 바울은 자주색 옷감 장사 루디아를 만나 사역을 시작했지만 점치는 소녀를 고쳐 주었다가 매를 맞고 감옥에 간힌다. 하나님께서 기적적으로 옥문을 열어 바울 일행을 구원해 주시고 결국 이 일로 간수와 그 가족이 교회의 일원이 된다. 이렇게 세워진 빌립보 교회는 마게도냐, 즉 유럽의 최초의 교회가 된다.

빌립보 교회는 이후에 바울의 사역의 큰 동역자가 된다. 자신들의 어려운 형편에도 바울에게 수차례 헌물을 보냈으며(4:15-16) 로마에 간혔다는 소식에 에바브로디도 편에 헌금을 보내 바울을 보살핀다. 에바브로디도가 그만 병들어 중태에 빠졌고(2:26-27), 이 일이 교인들에게 큰 근심이 되었다. 하나님의 은혜로 에바브로디도가 회복되자 바울은 그를 돌려보내면서 빌립보 교회가 보여준 호의에 대해 감사하는 것이 본서의 직접적 기록 동기다. 아울러서 교회가 가졌던 몇 가지 문제점들(교인들 간의 분열 양상, 유대주의적 율법주의, 이방인의 세속주의)에 대한 권면 내용도 기록한다.

특징

1) 다른 옥중 서신과 비교해서 교리적인 권면보다는 바울의 개인적인 감사와 사랑이 드러난 개인적인 성격이 강한 서신이다.
2) 감옥에서 기록된 서신이지만 기쁨이라는 주제가 가장 강조되어 있다. '기쁨' 혹은 '기뻐하다'란 말이 16회나 사용되었다. 이를 통해 그리스도인의 신앙이 환경에 좌우되지 않음을 보여준다(4:12-13).

단락 구분

Ⅰ. 문안 인사: 바울의 감사와 기도(1:1-11)

Ⅱ. 바울의 상황에 대한 설명(1:12-26)

Ⅲ. 교회 공동체 생활에 대한 권면(1:27-2:18)

Ⅳ. 동역자들에 관한 소식(2:19-30)

Ⅴ. 이단 사상에 대한 경계(3:1-21)

Ⅵ. 종합적 권면(4:1-9)

Ⅶ. 헌금에 대한 감사와 문안(4:10-23)

옥중 서신 수신처: 빌립보 교회

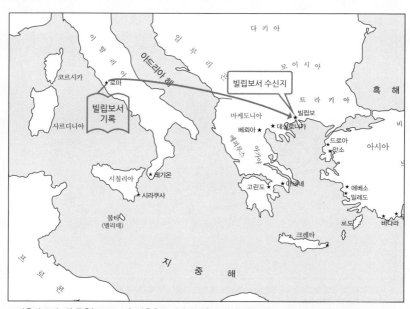

▲ 바울의 로마 1차 투옥(AD 62-63): 바울은 로마에서 감옥에 갇혀 있는 동안 빌립보서를 썼을 것이다.

|바울의 제2차 전도여행|

제2차 전도여행 AD 49-52년경

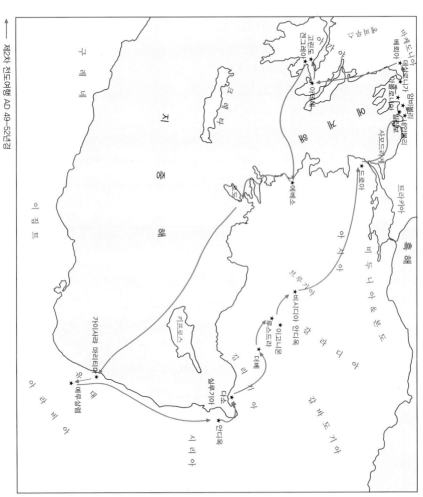

▲ 바울의 제2차 전도여행(AD 49-52년경) : 빌립보 교회는 바울이 마게도냐에 있는 빌립보 도시에 방문하여 세운 유럽에서 최초의 교회이다.

17

월   일

감사와 간구

빌립보서 1:1-11 · 새찬송 90장 | 통일 98장

• 말씀묵상 전에 성령님의 인도하심을 구하는 기도를 드리십시오.

본문요약 | 빌립보 교회에 보내는 편지를 시작하면서 바울은 은혜와 평강을 구한 후 곧바로 감사와 간구를 드린다. 빌립보 교회가 처음부터 바울의 사역과 복음에 동참한 것에 감사하며 그들이 사랑과 지식으로 풍성해지고 지극히 선한 것을 분별하며 열매 있는 신앙생활을 하기를 간절히 기도한다.

---

1 그리스도 예수의 종 바울과 디모데는 그리스도 예수 안에서 빌립보에 사는 모든 성도와 또한 감독들과 집사들에게 편지하노니

2 하나님 우리 아버지와 주 예수 그리스도로부터 은혜와 평강이 너희에게 있을지어다

3 내가 너희를 생각할 때마다 나의 하나님께 감사하며

4 간구할 때마다 너희 무리를 위하여 기쁨으로 항상 간구함은

5 너희가 첫날부터 이제까지 복음을 위한 일에 참여하고 있기 때문이라

6 너희 안에서 착한 일을 시작하신 이가 그리스도 예수의 날까지 이루실 줄을 우리는 확신하노라

7 내가 너희 무리를 위하여 이와 같이 생각하는 것이 마땅하니 이는 너희가 내 마음에 있음이며 나의 매임과 복음을 변명함과 확정함에 너희가 다 나와 함께 은혜에 참여한 자가 됨이라

8 내가 예수 그리스도의 심장으로 너희 무리를 얼마나 사모하는지 하나님이 내 증인이시니라

9 내가 기도하노라 너희 사랑을 지식과 모든 총명으로 점점 더 풍성하게 하사

10 너희로 1)지극히 선한 것을 분별하며 또 진실하여 허물없이 그리스도의 날까지 이르고

11 예수 그리스도로 말미암아 의의 열매가 가득하여 하나님의 영광과 찬송이 되기를 원하노라

---

1. 오늘 하나님께서 나에게 주신 깨달음은 무엇입니까?

2. 말씀을 어떻게 내 삶에 구체적으로 적용해야 합니까?

1) 또는 같지 아니한 것을

1 예수의 종 바울과 디모데 바울이 보통 자신의 사도권이 도전받는 곳에 편지를 쓰면서 사도적 권위를 강조할 때 쓰는 "사도"라는 표현 대신에(고전 1:1; 고후 1:1; 갈 1:1) 본문에서는 "종"이라는 용어를 사용한다. 이 대목은 그만큼 빌립보 교회와 바울의 관계가 원만하고 친근했음을 보여준다. 빌립보서는 바울의 투옥 중에 에바브로디도를 통해 도움을 준 빌립보 교회에 보내는 매우 개인적이고 친근한 표현이 특징이다. **감독들과 집사들** "감독"은 오늘날로 말하면 '장로'에 해당하는 직분이며, "집사"는 '섬기는 사람'이란 뜻으로 교회 내에서 섬기고 봉사하는 직분이다(행 6:1–6). 이미 이 당시에도 교회 내에 직분이 어느 정도 정착되어 있음을 알 수 있다(딤전 3:1–13).

3–5 생각할 때마다, 간구할 때마다 바울은 "생각할 때마다", "간구할 때마다"란 표현을 사용하며, 빌립보 교회가 자신을 포함한 복음의 사역에 참여하고 있는 사실에 대한 깊은 감사를 표현한다. 빌립보 교회는 바울이 2차 전도여행 중에 세운 교회로 마게도냐 지경(유럽)의 첫 번째 교회였다. 이후에 바울 사역의 계속적인 동역자가 되며 로마에 투옥된 후에는 에바브로디도를 통하여 바울을 도왔다(4:14–18).

6 바울은 빌립보 교회가 자신에게 보여준 호의에 대해 감사하면서도 그러한 호의가 단지 빌립보 교인들의 결심이나 뜻에 의한 것이 아님을 강조함으로 그들의 신앙적인 태도를 고무하고 있다. 사실 빌립보 교회가 시작된 것도 루디아의 마음을 여시고(행 16:14), 옥문이 열리는 사건으로 간수와 그 가족이 믿게 되면서 이루어졌다(행 16:25–34). 하나님이 하신 일이다. 이처럼 시작하신 분이 이루실 줄을 믿는 확신을 표현한다. 이것이야말로 교회와 성도가 가져야 할 가장 중요한 신앙적 태도다. "믿음의 주"이신 하나님께서 우리의 믿음을 시작하신다("믿음의 주"는 '믿음의 창시자'란 뜻_히 12:2).

8 그리스도의 심장으로 보통 당시에 "심장"은 인간의 지(知), 정(情), 의(意)의 원천으로 인식되던 장소로 사랑과 정서와 열정과 근심 등의 근원으로 생각되었다. 그런데 바울은 본문에서 "그리스도의 심장"으로 사랑한다고 말함으로써 빌립보 교회를 향한 자신의 사랑이 인간적인 사랑을 뛰어넘는 신적인 사랑에 근거한 것임을 표현하고 있다.

9 너희 사랑을 지식과 모든 총명으로 사랑에 지식과 총명을 더하고 있다. "지식과 모든 총명"은 하나님의 말씀에 뿌리를 둔 '분별력'을 뜻한다(10절). 열정적인 사랑이 감정적인 부분이라면 말씀에 기반을 둔 온전한 지식이 가미될 때 성도의

1 예수 그리스도의 종인 바울과 디모데는 그리스도를 믿는 빌립보에 사는 모든 성도들과 지도자들*과 집사들에게 편지를 씁니다.

2 우리 아버지 하나님과 주 예수 그리스도의 은혜와 평화가 함께하기를 빕니다.

3 나는 여러분을 생각할 때마다 하나님께 감사를 드립니다.

4 또한 늘 기쁨으로 여러분 모두를 위해 기도하고 있습니다.

5 여러분은 제가 복음을 전할 때, 늘 도움을 베풀어 주었습니다. 그것은 여러분이 복음을 들은 그날부터 오늘 이 순간까지도 그러합니다.

6 하나님께서는 여러분 안에서 선한 일을 시작하셨습니다. 그분은 끊임없이 일하고 계시므로 예수 그리스도께서 오시는 마지막 그날에 그 모든 선한 일을 확실히 완성하실 것입니다.

7 여러분을 이처럼 생각하는 것은 당연합니다. 여러분은 제 마음속에 늘 살아 있습니다. 내가 감옥에 있을 때 복음을 지키고 진리의 말씀을 전파하는 그 모든 시간에 여러분은 하나님의 은혜 안에서 나와 함께 있어 주었습니다.

8 내가 여러분을 얼마나 보고 싶어 하는지는 그 누구보다도 하나님께서 잘 알고 계실 것입니다. 예수 그리스도의 사랑으로 여러분 모두를 사랑합니다.

9 여러분을 위해 기도합니다. 여러분의 사랑이 나날이 커지고, 그 사랑으로 더 풍성한 지식과 통찰력을 갖게 되기를 기도합니다.

10 선함과 악함을 분별하여 선한 것을 선택할 줄 알게 되어서, 그리스도께서 오시는 날에 깨끗하고 흠 없는 모습으로 서게 되기를 기도합니다.

11 또한 예수 그리스도께서 인정하시는 의의 열매로 하나님께 영광과 찬송을 올려 드릴 수 있기를 기도합니다.

* 1:1 감독들

성장은 균형을 갖게 되며 '열매'가 가득한 삶이 된다(11절). 즉, 성령님에 의해 하나님 말씀을 깨닫고 예수님을 닮은 사랑이 그리스도인의 삶에 확고하게 자리 잡게 되는 것이다.

저자의 묵상

바울은 빌립보 교회에 대해 감사와 간구로 서신을 시작한다. 그러나 그는 감사 중에도 그들의 신앙의 원천과 결말이 하나님이심을 분명히 밝힌다. 교회와 성도가 행하는 선한 일의 근원은 인간적인 결심이나 능력이 아니다. 오직 하나님께서 시작하시며 이루시는 것이다. 이것을 확신할 때 교회는 흔들리지 않게 되며 인간적인 착오에 빠지지 않게 된다. 주님 안에서 이루어지는 일은 그 어떤 것도 내 노력이나 공로가 될 수 없음을 기억하게 되기 때문이다. 한편 바울은 빌립보 교회를 향한 간구 부분에서 그들의 뜨거운 사랑에 지식과 총명이 더해지길 간구한다. 계시록의 일곱 교회 중 두아디라 교회는 섬김(사랑)이 많았지만 말씀이 부족해서 거짓 선지자 이세벨을 용납했다는 책망을 받는다(계 2:18-20). 반면에 에베소 교회는 진리를 지켰으나 처음 사랑을 버렸다는 평가를 받는다(계 2:1-4). 사랑은 진리와 함께 기뻐할 때 더욱 완전해지고 균형을 이룬다는 사실을 기억하자(고전 13:6).

> **무릎 기도** 하나님, 하나님께서 모든 것의 시작과 끝이 되심을 믿게 하시며 사랑과 진리로 온전한 신앙생활의 성장이 있게 하소서.

ESV - Philippians 1

1 Paul and Timothy, servants* of Christ Jesus, To all the saints in Christ Jesus who are at Philippi, with the overseers* and deacons:*

2 Grace to you and peace from God our Father and the Lord Jesus Christ.

3 I thank my God in all my remembrance of you,

4 always in every prayer of mine for you all making my prayer with joy,

5 because of your partnership in the gospel from the first day until now.

6 And I am sure of this, that he who began a good work in you will bring it to completion at the day of Jesus Christ.

7 It is right for me to feel this way about you all, because I hold you in my heart, for you are all partakers with me of grace,* both in my imprisonment and in the defense and confirmation of the gospel.

8 For God is my witness, how I yearn for you all with the affection of Christ Jesus.

9 And it is my prayer that your love may abound more and more, with knowledge and all discernment,

10 so that you may approve what is excellent, and so be pure and blameless for the day of Christ,

11 filled with the fruit of righteousness that comes through Jesus Christ, to the glory and praise of God.

*1:1 For the contextual rendering of the Greek word *doulos*, see Preface
*1:1 Or *bishops*; Greek *episkopoi*
*1:1 Or *servants*, or *ministers*; Greek *diakonoi*
*1:7 Or *you all have fellowship with me in grace*

1 overseer 감독 deacon 집사 3 remembrance 기억 6 bring… to completion …을 이루다 7 partaker 참여자 imprisonment 매임 confirmation 확증 8 yearn for …을 그리워하다 affection 애정 9 abound with …이 풍부하다 discernment 통찰력 10 blameless 허물없는 11 righteousness 의

18
복음의 진보

월   일

빌립보서 1:12-18 • 새찬송 352장 | 통일 390장

• 말씀묵상 전에 성령님의 인도하심을 구하는 기도를 드리십시오.

> **본문요약** ┃ 감사와 간구 후에 곧바로 바울은 자신의 투옥이 가져온 결과를 빌립보 교인들에게 설명함으로 로마에 투옥된 것이 복음의 매임이 아니라 오히려 진보를 가져왔다고 소개한다. 그의 매임이 모든 사람에게 알려졌으며 또한 착한 뜻으로나 투기와 분쟁 가운데 복음을 전하는 사람들 때문에 결국 복음은 바울이 혼자 전하는 것보다 더 왕성하게 전파되었다.

12 형제들아 내가 당한 일이 도리어 복음 전파에 진전이 된 줄을 너희가 알기를 원하노라

13 이러므로 나의 매임이 그리스도 안에서 모든 시위대 안과 그 밖의 모든 사람에게 나타났으니

14 ¹⁾형제 중 다수가 나의 매임으로 말미암아 주 안에서 신뢰함으로 겁 없이 하나님의 말씀을 더욱 담대히 전하게 되었느니라

15 어떤 이들은 투기와 분쟁으로, 어떤 이들은 착한 뜻으로 그리스도를 전파하나니

16 이들은 내가 복음을 변증하기 위하여 세우심을 받은 줄 알고 사랑으로 하나

17 그들은 나의 매임에 괴로움을 더하게 할 줄로 생각하여 순수하지 못하게 다툼으로 그리스도를 전파하느니라

18 그러면 무엇이냐 겉치레로 하나 참으로 하나 무슨 방도로 하든지 전파되는 것은 그리스도니 이로써 나는 기뻐하고 또한 기뻐하리라

1. 오늘 하나님께서 나에게 주신 깨달음은 무엇입니까?

2. 말씀을 어떻게 내 삶에 구체적으로 적용해야 합니까?

1) 또는 주 안의 형제들

12 내가 당한 일 바울이 로마 감옥에 투옥된 사실을 가리킨다. 빌립보서는 에베소서, 골로새서, 빌레몬서와 함께 바울의 옥중 서신 가운데 하나다.

도리어 복음 전파에 진전 바울을 사랑한 빌립보 교인들은 바울이 로마에 투옥되자 바울 개인에 대한 걱정과 함께 복음 전파가 멈춘 것을 걱정하였다. 이에 대해 바울은 서신 초반부터 적극적으로 자신의 투옥이 부정적인 패배가 아니라 오히려 새로운 기회를 만들어 낸 하나님의 섭리였음을 설명한다.

13 바울의 투옥이 가져온 일차적인 복음의 진전은 그의 매임이 그를 지키는 로마 군대와 모든 사람에게 알려졌다는 것이다. 사도행전에서 알 수 있듯이 바울은 큰 죄를 저질러 로마에 간 것이 아니다(행 24:13-23; 25:6-22; 26:2-23). 오직 그리스도를 전한다는 사실 때문에 로마에까지 가게 된 것으로 이것은 당시 로마 사람들에게 그리스도에 대한 호기심을 갖게 하는데 충분했다.

14 바울의 투옥이 가져온 이차적인 복음의 진전 현상 중 하나로 바울을 아끼는 로마 교회 형제들이 바울의 투옥을 보면서 더욱 복음을 열심히 전한 것을 볼 수 있다. 누구는 감옥에 갇혀서도 그리스도를 전파하는데 자신들은 가만히 있을 수 없다는 생각이 팽배했을 것이다.

15 투기와 분쟁으로 좋은 뜻으로 복음을 전하는 형제들이 있었는가 하면 좋지 않은 마음으로 복음을 전하는 자들도 있었다. 이들이 누구였는지 정확히 알 수는 없으나 아마도 바울이 로마에 도착하기 이전에 로마 교회 안에서 일정한 지도자의 지위를 누리던 사람들로 추측된다. 이들 가운데는 바울을 개인적으로 싫어하는 사람들도 있었을 것이고 신학적으로 동의하지 않는 자들도 있었을 것이다. 이들은 바울이 투옥을 이용해서 자신들의 지위를 높이려는 경쟁적인 마음으로 복음을 전했던 것 같다.

17 순수하지 못하게 다툼으로 좋지 않은 뜻으로 복음 전파에 힘썼던 부류의 태도가 순수하지 않았음을 보여준다. "다툼"이란 단어는 '파벌'을 이루는 것을 의미하는 단어로 이들이 그리스도를 전파하기는 했으나 개인적인 명성을 더 중요시했음을 보여준다.

18 바울의 위대한 점을 엿볼 수 있는 대목이다. 로마 교회에서 자신의 투옥으로 두 가지 흐름이 생기게 되었으나 결과적으로는 둘 다 그리스도를 전파하고 복음의 진보를 이루었으니 자신은 기뻐한다고 표현한다. 그리스도의 종으로 주인이신 주님만 높아진다면 자신의 개인적인 명성이야 중요하지 않다는 것이다.

12 형제 여러분, 내가 당한 고난이 오히려 하나님의 복음을 전하는 데 도움이 되었다는 것을 알려 드립니다.

13 내가 그리스도를 믿었다는 이유로 죄 없이 감옥에 갇혀 있는 것을 모든 경비대와 사람들이 다 알게 되었습니다.

14 비록 내가 감옥에 있으나, 오히려 사람들은 이것 때문에 자신감을 얻어 더욱 담대하게 그리스도의 복음을 전하고 있습니다.

15 그중에 어떤 이들은 나를 시기하고 질투하는 마음에서 복음을 전하는 자들도 있습니다. 그러나 돕고자 하는 순수한 마음으로 전도하는 사람들도 많이 있습니다.

16 순수한 마음을 가지고 돕는 사람들은 하나님께서 나를 복음을 지키는 일에 힘쓰도록 부르셨다는 사실을 알고, 사랑으로 복음을 전하는 일에 애쓰고 있습니다.

17 그러나 그렇지 않은 사람들은 이기적인 마음으로 자신들이 높아지기를 원하는 뜻에서, 또 감옥에 있는 나를 속상하게 하려고 더 열심히 그리스도를 전합니다.

18 하지만 그들이 내 마음을 속상하게 한다 해도 개의치 않습니다. 그들이 어떤 마음으로 전하든지 간에 중요한 것은 바로 그리스도가 전파되고 있다는 사실입니다. 나는 이것 때문에 기뻐하며 앞으로도 계속 그러할 것입니다.

저자의 묵상

바울은 자신을 걱정하는 빌립보 교인들에게 자신의 투옥이 오히려 복음의 진보를 가져왔다고 말한다. 자신이 다른 이유 때문이 아닌 그리스도 때문에 투옥된 사실이 알려짐으로 로마 사람들에게 그리스도에 대한 관심이 생겨났으며 비록 자신은 갇혔지만 다른 많은 사람이 복음을 전하게 된 것을 설명한다. 주 안에 있더라도 어려움처럼 보이는 일이 있다. 하지만 더 좋은 결과를 가져오는 경우가 많다. 예루살렘 교회에도 박해가 임했지만 결론적으로 이것은 이방인을 대상으로 복음의 확장을 이루는 계기가 되었다. 그러므로 성도는 어떤 형편에도 낙심하지 말아야 한다. 한편 바울은 어떤 의도로 복음을 전해도 그리스도만 전파됨으로 기뻐한다고 했다. 빌립보서의 주제가 '기쁨'인데 바울의 기쁨의 근원은 오직 자신의 인생을 통해 그리스도께서 높아지시는 것에 있었음을 보게 된다. 우리도 나 자신의 명예나 성공보다는 그리스도를 높이는 것에 우리 신앙의 최종 목적을 두어야 한다.

> **무릎 기도** │ 하나님, 어떤 어려움 중에도 주님을 기대하며 만족하게 하시며 나를 잊고 주의 영광을 구하는 삶이 되게 하소서.

ESV - Philippians 1

12 I want you to know, brothers,* that what has happened to me has really served to advance the gospel,

13 so that it has become known throughout the whole imperial guard* and to all the rest that my imprisonment is for Christ.

14 And most of the brothers, having become confident in the Lord by my imprisonment, are much more bold to speak the word* without fear.

15 Some indeed preach Christ from envy and rivalry, but others from good will.

16 The latter do it out of love, knowing that I am put here for the defense of the gospel.

17 The former proclaim Christ out of selfish ambition, not sincerely but thinking to afflict me in my imprisonment.

18 What then? Only that in every way, whether in pretense or in truth, Christ is proclaimed, and in that I rejoice. Yes, and I will rejoice,

---

* 1:12 Or *brothers* and *sisters*. In New Testament usage, depending on the context, the plural Greek word *adelphoi* (translated "brothers") may refer either to *brothers* or to *brothers* and *sisters*; also verse 14
* 1:13 Greek *in the whole praetorium*
* 1:14 Some manuscripts add *of God*

---

12 advance 촉진시키다   13 imprisonment 매임   14 confident 확신하는   15 preach 전하다 rivalry 분쟁   16 defense 방어
17 selfish 이기적인 ambition 야심 afflict 괴롭히다   18 pretense 가식, 겉치레

19
월   일

살든지 죽든지 그리스도만 존귀하게

빌립보서 1:19-26 · 새찬송 149장 | 통일 147장

• 말씀묵상 전에 성령님의 인도하심을 구하는 기도를 드리십시오.

> **본문요약** ㅣ 바울은 빌립보 교인들의 간구와 성령의 도우심으로 자신이 풀려날 것을 확신하지만, 그가 더 중요하게 여긴 것은 살든지 죽든지 자신을 통해 그리스도께서 존귀함을 받으시길 원한 것이다. 자신은 죽어 그리스도와 함께 있는 것이 더 좋으나 교회를 생각하면 살아서 그들과 기쁨을 나누는 것이 빌립보 교회에 더 유익이 될 것을 말한다.

19 이것이 너희의 간구와 예수 그리스도의 성령의 도우심으로 나를 구원에 이르게 할 줄 아는 고로
20 나의 간절한 기대와 소망을 따라 아무 일에든지 부끄러워하지 아니하고 지금도 전과 같이 온전히 담대하여 살든지 죽든지 내 몸에서 그리스도가 존귀하게 되게 하려 하나니
21 이는 내게 사는 것이 그리스도니 죽는 것도 유익함이라
22 그러나 만일 육신으로 사는 이것이 내 일의 열매일진대 무엇을 택해야 하는지 나는 알지 못하노라
23 내가 그 둘 사이에 끼었으니 차라리 세상을 떠나서 그리스도와 함께 있는 것이 훨씬 더 좋은 일이라 그렇게 하고 싶으나
24 내가 육신으로 있는 것이 너희를 위하여 더 유익하리라
25 내가 ¹⁾살 것과 너희 믿음의 진보와 기쁨을 위하여 너희 무리와 함께 거할 이것을 확실히 아노니
26 내가 다시 너희와 같이 있음으로 그리스도 예수 안에서 너희 자랑이 나로 말미암아 풍성하게 하려 함이라

1. 오늘 하나님께서 나에게 주신 깨달음은 무엇입니까?

2. 말씀을 어떻게 내 삶에 구체적으로 적용해야 합니까?

1) 헬. 거할 것과

19 이것이 "이것이"란 말은 1장 15절에서 언급한 로마에서 바울이 받는 환영과 배척의 두 가지 상황을 염두에 둔 표현이다. **구원에 이르게** 바울이 말하는 "구원"은 두 가지 해석이 있다. (1)현재 수감 중인 감옥에서 풀려나는 것과 (2)그리스도로 말미암아 받는 영원한 구원을 의미한다는 것이다. 문맥의 흐름으로는 바울이 빌립보 교인들의 간구와 성령의 도우심으로 감옥에서 풀려날 것을 언급한 것으로 보는 것이 자연스럽다(25절).

20 바울은 자신이 풀려나는 것보다 더욱 간절한 기대와 소망이 있다고 말한다. 그것은 지금처럼 담대함을 잃지 않고 살든지 죽든지 자신을 통해 그리스도의 복음이 전파되기를 원하는 것이다. 그가 무사히 석방되어 살면 자유롭게 복음을 증거할 수 있을 것이고 만약 풀려나지 못하고 죽게 되면 순교를 통해 그가 전한 복음의 진정성을 증거하게 될 것이다.

21 이는 내게 사는 것이 그리스도니 헬라어 성경에는 이유를 의미하는 접속사(왜냐하면; 헬, 가르)가 쓰였다. 그러므로 그가 생사 여부를 넘어서서 그리스도만 높이는 소망을 갖게 된 이유가 본절에 기록되어 있는데 그것은 자신에게 사시는 그리스도 때문이다("이제는 내가 사는 것이 아니요 오직 내 안에 그리스도께서 사시는 것이라"_갈 2:20). 바울 자신이 신념이 높아서 생사를 뛰어넘는 결심을 한 것이 아니라, 그리스도께서 그를 사로잡으시고 성령 안에서 충만하게 하셔서 이 모든 소망을 기꺼이 가지게 된 것임을 알 수 있다.

22 무엇을 택해야 할지 바울 자신이 죽음이나 삶을 선택할 수 있는 주체라는 의미가 아니라 죽는 것도 사는 것도 모두 의미가 있기에 어떤 것이 주를 위한 것인지 지금의 시점에서 고르기가 참 어렵다는 의미다.

23–24 사도요 목회자로서 바울의 심정이 잘 표현된 부분이다. 바울은 사실은 죽어서 그리스도와 함께하는 것이 자신의 입장에서는 훨씬 더 좋은 일이라고 강조해서 표현한다. 죽음을 두려워하지 않는 사도의 모습이다. 그러나 교회의 입장에서는 자신이 살아남아 자유롭게 되는 것이 더 유익하다고 표현한다. 교회를 생각하는 목회자의 모습이 드러난다.

25–26 바울은 교회를 생각하며 자신이 풀려날 것을 확신한다. 그것은 철저하게 교회의 유익을 위한 것이 될 것임도 밝힌다. 바울의 예견처럼 그는 로마 1차 투옥에서 풀려났다가 그 뒤 재차 투옥되어 순교했을 것으로 추정한다.

19 여러분이 나를 위해 계속 기도하고 있고, 예수 그리스도의 성령이 나를 돕고 계시기 때문에 내가 풀려날 것을 잘 알고 있습니다.

20 내가 바라고 또 바라는 것은 어떠한 상황에서도 그리스도를 배신하지 않는 것입니다. 지금처럼 항상 용기를 가지고, 살든지 죽든지 그리스도를 높이기 원합니다.

21 나는 그리스도를 위해 사는 데 목적을 두고 있기 때문에 죽는 것도 내게는 유익합니다.

22 그러나 살아가는 동안, 그리스도를 위해 일하고 사람들을 그리스도께로 인도할 수 있다면, 사는 것과 죽는 것 중에 어느 쪽을 택해야 할지 모르겠습니다.

23 둘 중 하나를 선택하기가 힘이 듭니다. 이 세상을 떠나 그리스도 곁에 있고 싶은 까닭은 그것이 훨씬 행복할 것이기 때문입니다.

24 그러나 여러분을 위해서 이 세상에 있어야 할 줄을 알고 있습니다.

25 내가 여러분 곁에 머물러 여러분의 믿음을 자라게 하고, 또 기쁨을 누리도록 도와줄 필요가 있음을 잘 알고 있습니다.

26 내가 다시 여러분에게 가게 되면, 예수 그리스도 안에서 여러분의 기쁨이 충만하게 될 것입니다.

바울은 자신의 투옥과 풀려남에 대한 생각을 기록하면서 육신으로 살거나 죽는 것은 자신에게 그렇게 중요하지 않다고 말한다. 오히려 죽는 것이 자기 자신의 입장에서는 더 나은 것이라고 말함으로 죽음을 뛰어넘는 사도의 위엄을 보여준다. 죽음을 포함한 이 세상의 어떤 것도 하나님의 사람을 제어할 수 없음을 보여준다. 이것은 한 인간의 큰 결심이라기보다는 주님의 위대하심을 확인할 수 있는 대목이다. 그가 만나고 함께 거하신 주님은 이 세상의 가치를 뛰어넘는 분이심을 알 수 있다. 그러나 그는 자신이 사는 것이 교회에는 더욱 유익함을 피력한다. 살고 싶어서 하는 말이 아님을 빌립보 교인들에게 강조하면서 그는 진정으로 교회를 생각하며 자신이 풀려나서 그들을 더욱 풍성하게 할 것을 내다보고 있다. 어떤 상황에서도 교회와 성도를 사랑하고 생각하는 목회자의 진정한 모습이다. 우리도 개인적인 어떤 욕심도 내려놓고 진정으로 교회와 그리스도를 생각하는 결정을 내릴 수 있어야 한다.

무릎기도 | 하나님, 어떠한 상황에도 내 욕심이나 영광이 아닌 주님과 교회를 생각하는 삶을 살기 원합니다.

ESV - Philippians 1

19 for I know that through your prayers and the help of the Spirit of Jesus Christ this will turn out for my deliverance,

20 as it is my eager expectation and hope that I will not be at all ashamed, but that with full courage now as always Christ will be honored in my body, whether by life or by death.

21 For to me to live is Christ, and to die is gain.

22 If I am to live in the flesh, that means fruitful labor for me. Yet which I shall choose I cannot tell.

23 I am hard pressed between the two. My desire is to depart and be with Christ, for that is far better.

24 But to remain in the flesh is more necessary on your account.

25 Convinced of this, I know that I will remain and continue with you all, for your progress and joy in the faith,

26 so that in me you may have ample cause to glory in Christ Jesus, because of my coming to you again.

19 deliverance 구원   20 eager 간절한 expectation 기대   22 flesh 육신   23 depart 떠나다   24 on one's account …를 위하여   25 convince of …을 확신시키다 progress 진보   26 ample 풍부한

20
월 일

복음에 합당하게 생활하라

빌립보서 1:27–2:4 • 새찬송 321장 | 통일 351장

• 말씀묵상 전에 성령님의 인도하심을 구하는 기도를 드리십시오.

본문요약 | 바울은 생사를 넘어선 자신의 입장을 밝힌 후, 복음에 합당하게 생활하라고 권면한다. 성도들에게 대적자들을 두려워하지 말고 은혜를 받은 만큼 바울 자신처럼 고난도 받으라고 한다. 그리스도 안에서 무슨 일을 하든지 인간적인 다툼이나 허영을 버리고 한마음을 품고 겸손히 행하며 다른 사람들을 돌봐 주라고 권면한다.

27 오직 너희는 그리스도의 복음에 합당하게 1)생활하라 이는 내가 너희에게 가 보나 떠나 있으나 너희가 2)한마음으로 서서 한뜻으로 복음의 신앙을 위하여 협력하는 것과

28 무슨 일에든지 대적하는 자들 때문에 두려워하지 아니하는 이 일을 듣고자 함이라 이것이 그들에게는 멸망의 증거요 너희에게는 구원의 증거니 이는 하나님께로부터 난 것이라

29 그리스도를 위하여 너희에게 은혜를 주신 것은 다만 그를 믿을 뿐 아니라 또한 그를 위하여 고난도 받게 하려 하심이라

30 너희에게도 그와 같은 싸움이 있으니 너희가 내 안에서 본 바요 이제도 내 안에서 듣는 바니라

1 그러므로 그리스도 안에 무슨 권면이나 사랑의 무슨 위로나 성령의 무슨 교제나 긍휼이나 자비가 있거든

2 마음을 같이하여 같은 사랑을 가지고 뜻을 합하며 한마음을 품어

3 아무 일에든지 다툼이나 허영으로 하지 말고 오직 겸손한 마음으로 각각 자기보다 남을 낫게 여기고

4 각각 자기 일을 돌볼뿐더러 또한 각각 다른 사람들의 일을 돌보아 나의 기쁨을 충만하게 하라

1) 또는 시민 노릇
2) 헬, 영 또는 정신

1. 오늘 하나님께서 나에게 주신 깨달음은 무엇입니까?

2. 말씀을 어떻게 내 삶에 구체적으로 적용해야 합니까?

27 그리스도의 복음에 합당하게 생활하라 … 한마음으로 서서 … 협력하는 것과 '생활한다'는 것은 '시민 노릇을 하다'는 의미다. 복음에 합당한 생활은 어쩌다 생각나면 하는 삶이 아니라 아예 하늘의 시민다운 생활이 일상화되어야 함을 가르친다. 한편 이어지는 본문에서 복음에 합당한 삶을 언급한다. "한마음으로 서서"라는 말은 당시 전투에 임한 병사들이 서로 가깝게 서서 굳게 방어하는 자세를 말하며(stand firm), "협력"하는 것은 함께 싸우는 것을 의미한다(fighting together). 이런 표현이 사용된 이유는 이어지는 본문에 나타난다.

28 대적하는 자들 복음에 합당한 삶을 언급하면서 27절에서 전투적 표현이 쓰인 이유는 대적자들 때문이다. 대적자가 구체적으로 누구를 언급하는지는 알 수 없다. 당시 빌립보가 포함된 마게도냐 지역은 로마로부터의 경제적 착취가 극심해서 교회도 어려움을 겪고 있었고 유대인들의 박대 또한 성행했던 지역이다(행 17:5). 그 때문에 이방인과 유대인 모두가 교회를 압박하는 대적자일 가능성이 크다.

29-30 너희에게 은혜를 주신 것은 … 고난도 받게 하려 하심이라 바울은 빌립보 교회가 은혜를 받은 것처럼 고난도 받으라고 권면한다. 복음에 합당한 생활은 단순히 평안한 삶만을 언급하지 않는다. 자신이 생사를 넘어서 주님을 섬기는 것처럼(1:20) 대적자들을 두려워하지 않고 복음을 위해 고난도 감수하는 생활을 말한다.

2:1 여기에 언급된 요소들은 그리스도 안에서 교회가 가져야 하는 복음에 합당한 모습들이다. 권면, 사랑의 위로, 성령의 교제, 긍휼과 자비를 언급하는 것을 볼 때, 교회는 핍박과 어려움 속에서도 내 고통만을 생각하지 말고 서로를 위로하고 돌아보며 이웃을 살피고 자비와 긍휼을 베풀어야 함을 알 수 있다.

2 마음을 같이하여 같은 사랑을 가지고 뜻을 합하며 한마음을 품어 뜻을 합하고 마음을 같이하며 한마음을 품을 것을 권면한다. '하나 됨'은 교회가 보여야 하는 가장 아름답고 강력한 모습이다. 우리가 한 주님을 섬기고 있음을 성도들이 한마음을 품고 협력하는 것을 통하여 나타내는 것이다.

3 다툼이나 허영 바울이 이 편지를 로마 감옥에서 쓸 때 로마 교회에는 투기와 분쟁으로 자신들의 명성을 위하여 복음을 전하는 자들이 있었다(1:15). 이들처럼 빌립보 교회 내에도 약간의 다툼과 파당이 있었던 것 같다(4:2). "다툼"과 "허영"은 자신보다 남을 낮게 여기는 겸손한 마음이 있으면 극복되는 것이다.

27 여러분은 그리스도의 기쁜 소식을 들은 자로서, 하나님께 영광 돌리는 삶을 살도록 하십시오. 그러면 내가 함께 있든지 떠나 있든지 여러분에 관해 기쁜 소식을 들을 수 있을 것입니다. 여러분이 한마음 한뜻으로 열심히 복음을 전한다는 소식을 듣기 원합니다.

28 여러분을 대적하는 자들을 두려워하지 마십시오. 이 모든 것은 여러분이 구원받았다는 증거이며, 그들이 멸망할 것이라는 증거입니다.

29 하나님께서는 여러분에게 그리스도를 믿는 특권뿐만 아니라, 그리스도를 위해 고난받는 특권도 주셨습니다. 이 두 가지 모두 하나님께는 영광이 되는 것입니다.

30 내가 여러분과 함께 있을 때, 여러분은 내가 고난당하는 것을 보았습니다. 또한 지금 내가 겪고 있는 고난에 대해서도 들었을 것입니다. 여러분 역시 이와 같은 고난을 겪고 있는 것입니다.

1 그리스도를 믿는 것이 여러분에게 힘이 되고 있습니까? 그리스도의 사랑으로 위로를 받고 있습니까? 성령 안에서 서로 교제하며, 친절과 동정을 베풀고 있습니까?

2 그렇다면 서로 한마음으로 사랑을 나누고, 한뜻으로 하나가 되십시오.

3 무슨 일을 할 때, 이기적이거나 교만한 마음을 갖지 말고, 겸손한 마음으로 나보다 다른 사람을 더 존중해 주십시오.

4 자기 생활을 열심히 하면서 다른 사람이 하는 일에도 관심을 가져 내 마음에 기쁨이 넘치게 해 주십시오.

저자의 묵상

바울은 본문에서 복음에 합당하게 생활할 것을 빌립보 교회에 주문한다. 자신이 그리스도를 섬기는 데 있어서 생사를 가리지 않는 것을 말한 다음 이와 같은 신앙으로 대적자들을 이기고 고난도 이기라고 권면한다. 복음에 합당한 생활은 단지 내가 좋아하는 일들만을 행하는 것을 의미하지 않는다. 그것은 고난까지도 주를 위해 감당하는 삶을 말한다. 이 정도 수준의 신앙생활까지 감수할 때 복음에 합당한 삶을 산다고 말할 수 있는 것이다. 한편 바울은 빌립보 교회에 그리스도 안에서 어려움 중에도 서로를 위로하고 살피며 자비와 긍휼을 가지라고 말한다. 그리고 이런 일을 할 때 한마음을 품으라고 권면한다. 성도는 의외로 신앙적인 일을 할 때 다툼이나 허영의 마음이 생길 수 있다. 좋은 일에 시험이 있는 것이다. 주의 일을 할 때 오직 주님을 위하는 한마음으로 서로를 돌볼 수 있어야 세상은 교회가 주님을 섬기는 곳임을 깨닫게 될 것이다.

> **무릎기도** 하나님, 고난도 감내하며 어려움 중에도 성도를 돌보는 '복음에 합당한 삶'을 살기 원합니다.

ESV - Philippians 1-2

27 Only let your manner of life be worthy* of the gospel of Christ, so that whether I come and see you or am absent, I may hear of you that you are standing firm in one spirit, with one mind striving side by side for the faith of the gospel,

28 and not frightened in anything by your opponents. This is a clear sign to them of their destruction, but of your salvation, and that from God.

29 For it has been granted to you that for the sake of Christ you should not only believe in him but also suffer for his sake,

30 engaged in the same conflict that you saw I had and now hear that I still have.

1 So if there is any encouragement in Christ, any comfort from love, any participation in the Spirit, any affection and sympathy,

2 complete my joy by being of the same mind, having the same love, being in full accord and of one mind.

3 Do nothing from selfish ambition or conceit, but in humility count others more significant than yourselves.

4 Let each of you look not only to his own interests, but also to the interests of others.

* 1:27 Greek Only behave as citizens worthy

27 strive for …을 얻으려고 노력하다   28 opponent 대적   salvation 구원   30 engage in …에 참여하다   1 encouragement 격려 comfort 위로   participation 참여   sympathy 동정심, 연민   2 be of the same mind 같은 의견이다   full accord 완전한 합의 3 conceit 교만   humility 겸손   significant 중요한   4 look to …을 돌보다

21
월   일

겸손의 모범 그리스도

빌립보서 2:5-11 • 새찬송 151장 | 통일 138장

• 말씀묵상 전에 성령님의 인도하심을 구하는 기도를 드리십시오.

본문요약 | 겸손에 대한 모범으로 그리스도를 제시한다. 예수 그리스도의 근본은 하나님이시지만 종의 형체를 지니고 낮아지셨고 죽기까지 복종하셨다. 하나님께서는 이런 그리스도를 지극히 높여 모든 이름 위에 뛰어나게 하셨으며 만물이 복종하게 하셨고 모든 입으로 예수 그리스도를 주라 시인하게 하셨다.

5 너희 안에 이 마음을 품으라 곧 그리스도 예수의 마음이니

6 그는 근본 하나님의 1)본체시나 하나님과 동등됨을 2)취할 것으로 여기지 아니하시고

7 오히려 자기를 비워 종의 3)형체를 가지사 사람들과 같이 되셨고

8 사람의 모양으로 나타나사 자기를 낮추시고 죽기까지 복종하셨으니 곧 십자가에 죽으심이라

9 이러므로 하나님이 그를 지극히 높여 모든 이름 위에 뛰어난 이름을 주사

10 하늘에 있는 자들과 땅에 있는 자들과 땅 아래에 있는 자들로 모든 무릎을 예수의 이름에 꿇게 하시고

11 모든 입으로 예수 그리스도를 주라 시인하여 하나님 아버지께 영광을 돌리게 하셨느니라

1. 오늘 하나님께서 나에게 주신 깨달음은 무엇입니까?

2. 말씀을 어떻게 내 삶에 구체적으로 적용해야 합니까?

1) 또는 형체
2) 또는 보류
3) 또는 본체

77

5 그리스도 예수의 마음 바울은 빌립보 교회가 하나 되기 위해 겸손해야 하며 이러한 겸손의 모범으로 예수 그리스도의 마음을 제시한다. 기독교는 모든 윤리의 출발을 주님에게서 시작한다. 주님의 겸손이야 말로 우리가 추구해야 하는 겸손이며 이 세상에서는 다른 예를 찾아볼 수 없는 겸손이기 때문이다. 인간에게서 나온 것으로는 진정한 일치와 하나 됨을 가질 수 없다. 그리스도의 마음을 품는 것만이 교회의 진정한 일치의 시작이다.

6 그는 근본 하나님의 본체시나 하나님과 동등됨을 취할 것으로 여기지 아니하시고 6절부터 8절까지는 '그리스도의 낮아지심'을 3단계로 표현하고 있다. (1)그리스도는 하나님이시지만 하나님과 동등됨을 취하지 않으셨다. 예수님이 "근본 하나님의 본체"시라는 표현은 예수 그리스도께서 하나님과 같이 선재(先在)하시며 영원하신 하나님 자신이시라는 표현이다(요 1:1-3).

7-8 '그리스도의 낮아지심'은 하나님과 동등됨을 보류하신 것뿐만 아니라 황송하게도 (2)신이신 그리스도가 사람이 되셨고, (3)사람이 되신 것도 모자라서 십자가에 죽으셨다. 주님의 한없는 낮아지심을 "죽기까지 복종하심"으로 표현한다. 이 표현은 우리가 품어야 할 그리스도의 마음이 한계를 설정하고 낮아지는 단순한 겸손이 아님을 말하고자 한다. 그리스도를 진정으로 따르는 겸손은 어느 지점까지만 겸손하겠다고 설정하는 것이 아니다. 예수님을 닮은 지극한 낮아짐이 없이는 교회가 진정한 하나 됨을 이룰 수 없는 것이다.

9 예수 그리스도의 자기 비하(낮아지심)와 겸손은 십자가에서 죽으심으로 끝이 난 것이 아니다. "이러므로"(헬, 디오)라는 접속사를 사용하여 주님의 비하(낮아지심)와 죽으심이 가져온 결과를 기록한다. 앞에서 그리스도 예수의 마음을 빌립보 교인들에게도 품으라고 했기에 이런 마음을 품는 성도에게도 동일한 결과를 기대하게 한다. 주님의 낮아지심은 하나님의 지극한 높여 주심으로 완성된다. 그 때문에 자기를 낮추는 자에게는 하나님의 높여 주심이 기다리고 있다. 이처럼 우리는 스스로 자신을 높이려고 해서는 안 되며 우리가 그리스도를 따라 자신을 지극히 낮출 때 우리를 지극히 높여 주시는 하나님이 계심을 기억해야 한다(벧전 5:6).

10-11 모든 무릎을 예수의 이름에 꿇게 하시고 … 그리스도를 주라 시인하여 예수 그리스도의 비하(낮아지심)에 이은 승리의 내용을 언급한다. '모든 무릎을 꿇게' 하신다는 표현은 그리스도를 향한 경배를 말한다. 천상과 지상 그리고 지

5 예수님처럼 생각하고 행동합시다.

6 그분은 하나님과 똑같이 높은 분이셨지만, 결코 높은 자리에 있기를 원하지 않으셨습니다.

7 오히려 높은 자리를 버리시고, 낮은 곳으로 임하셨습니다. 사람의 모습으로 이 땅에 오시고 종과 같이 겸손한 모습을 취하셨습니다.

8 이 땅에 계신 동안 스스로 낮은 자가 되시며, 하나님께 순종하셨습니다. 예수님은 목숨을 버려 십자가에 달려 돌아가시기까지 하나님의 말씀을 따랐습니다.

9 그러므로 하나님은 예수님을 최고로 높은 자리에 올리시고, 모든 이름 위에 뛰어난 이름이 되게 하셨습니다.

10 하늘과 땅 위, 땅 아래 있는 모든 만물이 예수 그리스도 앞에 무릎을 꿇고

11 "예수 그리스도는 주님"이심을 선포하며, 하나님 아버지께 영광을 돌릴 것입니다.

하의 모든 피조물이 그리스도를 경배하게 하신다. 또한 그분을 '주로 시인'하게 하셨다는 표현은 예수 그리스도의 통치를 의미한다. 만물의 통치자이신 예수님은 오늘도 모든 만물의 주인이 되신다.

저자의 묵상

예수 그리스도의 마음을 품는 것이야 말로 성도의 유일한 삶의 소망이다. 바울은 교회가 한마음과 한 사랑을 품기 위해 그리스도 예수의 마음을 가져야 한다고 말한다. 이 세상의 어떤 인간적인 마음이나 이데올로기로도 사람을 하나로 묶을 수 없다. 오직 이 세상을 지으시고 또한 우리를 구속하시기 위해 끝까지 낮아지신 그리스도 예수의 마음이 아니고서는 교회가 하나 될 수 없다. 주님을 본받는 교회는 겸손의 정도를 스스로 정해 놓으면 안 된다. 주님의 3단계 비하(낮아지심)에서 보여지듯이 우리는 자신을 끝없이 낮추어야 한다. 또한 그럴 때 하나님의 높여 주심이 기다리고 있다. 성경은 우리를 높여 주시는 분이 하나님이심을 말씀한다(벧전 5:6). 그 때문에 진정한 높임은 나 스스로 자신을 높이거나 칭찬한다고 되는 것이 아니다. 우리가 할 일은 주님을 따라 낮추는 것뿐이며 그럴 때 하나님께서 우리를 높여 주신다는 사실을 믿고 따라야 한다.

> **무릎 기도** 하나님, 내 기준으로 적당히 낮아지는 것이 아니라 한없이 낮아지게 하시며 스스로 높아질 생각을 버리게 하소서.

ESV - Philippians 2

5 Have this mind among yourselves, which is yours in Christ Jesus,*

6 who, though he was in the form of God, did not count equality with God a thing to be grasped,*

7 but emptied himself, by taking the form of a servant,* being born in the likeness of men.

8 And being found in human form, he humbled himself by becoming obedient to the point of death, even death on a cross.

9 Therefore God has highly exalted him and bestowed on him the name that is above every name,

10 so that at the name of Jesus every knee should bow, in heaven and on earth and under the earth,

11 and every tongue confess that Jesus Christ is Lord, to the glory of God the Father.

* 2:5 Or which was also in Christ Jesus
* 2:6 Or a thing to be held on to for advantage
* 2:7 Or slave (for the contextual rendering of the Greek word doulos, see Preface)

6 equality 동등 grasp 붙잡다   8 humble oneself 낮추다 obedient 순종하는 to the point of …라고 할 정도로   9 exalt 높이다 bestow on …에게 헌정하다   11 confess 시인하다

22
월   일

구원을 이루라

빌립보서 2:12-18 • 새찬송 425장 | 통일 217장

• 말씀묵상 전에 성령님의 인도하심을 구하는 기도를 드리십시오.

본문요약 ㅣ 그리스도의 마음에 관한 말씀에 이어 두렵고 떨림으로 구원을 이루라는 권면이다. 하나님은 그들 가운데서 역사하시므로 모든 일을 원망과 시비가 없이 해야 한다. 바울은 성도들에게 빛된 자녀의 삶을 세상에 드러내고 자신의 자랑이 되기를 권한다. 바울은 그 모든 일에 자신이 전제와 같이 드려진다 해도 기뻐하겠노라고 말한다.

12 그러므로 나의 사랑하는 자들아 너희가 나 있을 때뿐 아니라 더욱 지금 나 없을 때에도 항상 복종하여 두렵고 떨림으로 너희 구원을 이루라
13 너희 안에서 행하시는 이는 하나님이시니 자기의 기쁘신 뜻을 위하여 너희에게 소원을 두고 행하게 하시나니
14 모든 일을 원망과 시비가 없이 하라
15 이는 너희가 흠이 없고 순전하여 어그러지고 거스르는 세대 가운데서 하나님의 흠 없는 자녀로 세상에서 그들 가운데 빛들로 나타내며
16 ¹⁾생명의 말씀을 ²⁾밝혀 나의 달음질이 헛되지 아니하고 수고도 헛되지 아니함으로 그리스도의 날에 내가 자랑할 것이 있게 하려 함이라
17 만일 너희 믿음의 제물과 섬김 위에 내가 나를 전제로 드릴지라도 나는 기뻐하고 너희 무리와 함께 기뻐하리니
18 이와 같이 너희도 기뻐하고 나와 함께 기뻐³⁾하라

1. 오늘 하나님께서 나에게 주신 깨달음은 무엇입니까?

2. 말씀을 어떻게 내 삶에 구체적으로 적용해야 합니까?

1) 헬, 생
2) 또는 붙들어
3) 또는 하느니라

절별 해설

12 너희 구원을 이루라 "구원을 이루라"는 말은 구원이 우리의 노력으로 이루어진다는 의미가 아니라 주께서 이루신 구원을 우리의 삶에 적용하여 영적 성숙을 이루고 끝까지 지켜 내라는 의미다. 예수께서 우리 죄를 위하여 죽으시고 이루신 단번의 구원을 '칭의'(의롭다 칭하심)의 구원이라고 한다면, 본문이 말하는 구원은 성도의 삶에 나타나는 '성화'(예수를 닮아 가는 거룩함)적 차원의 구원을 언급한 것이다.

13 자기의 기쁘신 뜻을 위하여 너희에게 소원을 두고 행하게 하시나니 하나님을 우리 안에서 행하시며 소원을 두고 행하시는 분으로 소개한다. 12절에서 "구원을 이루라"고 언급했는데 이는 자칫 구원이 인간 자신의 공적에 의한 것으로 생각될 수 있다. 그러므로 바울은 하나님께서 우리 안에서 활동하시며 우리의 결심과 소원까지 선하신 길로 인도하심을 말한다. 그렇다고 이 말이 인간의 자유 의지를 침해하는 것은 아니다. 하나님이 친히 행하시지만 모든 일에는 인간의 온전한 반응이 전제되어야 한다. 이 모든 일은 성령의 사역을 통하여 이루어진다(요 16:13).

14 모든 일을 원망과 시비가 없이 하라 "원망"은 남에 대한 불평을 의미하며 "시비"는 원망이 진행하여 다툼으로 발전된 양상을 말한다. 바울은 2장 초반에서 서로 같은 마음을 가지라고 강조했다. 이것은 무슨 일이든 "원망과 시비"가 없이 임할 것을 말씀함으로 12절에서 언급한 구원을 이루는 성도의 자세를 언급한다. 특히 "모든 일"을 그렇게 하라고 권면함으로 이런 일에 제한이 없음도 밝히고 있다.

15 이는 너희가 흠이 없고 순전하여 … 빛들로 나타내며 "순전"하다는 말은 불순물이 섞이지 않은 순수한 상태를 말한다. 이런 성도의 깨끗한 마음만이 어그러지고 죄 많은 세상에서 빛의 자녀로서 역할을 하게 한다. 성도의 삶은 자기 자신만을 위한 삶으로 그치지 않고 세상 가운데서 그들을 비추는 빛의 역할을 다해야 한다. 그러기 위해 그 출발은 자신이 먼저 흠이 없고 순전해야 한다.

16 바울은 자신의 사역을 "달음질"과 "수고"로 언급함으로써 그가 얼마나 많은 교회를 세우고 복음을 전하는 일에 진력하고 있는가를 보여준다. 그리스도께서 임하시는 날 드러날 바울의 자랑은 교회와 성도가 될 것을 말한다(살전 2:19). 교회와 성도를 사랑하는 그의 마음은 그의 서신서 곳곳에 나타난다(고후 11:28).

17-18 내가 나를 전제로 드릴지라도 "전제"는 제물에 포도주를 붓는 구약의 제사를 말한다(민 15:1-10). 여기서 바울은 어

12 사랑하는 형제 여러분, 항상 순종하는 마음을 가지십시오. 여러분과 함께 있는 동안, 여러분은 하나님께 순종하는 태도를 잘 보여주었습니다. 내가 곁에 없을 때, 그렇게 하는 것이 더 아름답고 귀한 일입니다. 하나님이 주신 구원을 이루기 위해 열심히 노력하며, 두려움과 떨림으로 늘 힘쓰기 바랍니다.

13 하나님께서는 여러분 안에서 하나님이 기뻐하시는 일을 할 수 있도록 돕고 계십니다. 또한 하나님은 할 수 있는 힘과 능력을 여러분에게 공급해 주실 것입니다.

14 무슨 일을 하든지 불평하거나 다투지 마십시오.

15 그렇게 하면 어느 누구도 여러분을 잘못했다고 비난할 수 없을 것이며, 여러분 역시 깨끗한 마음을 가질 수 있을 것입니다. 하지만 이 세상에는 비뚤어지고 악한 성향을 가진 사람들이 많이 살고 있습니다. 여러분은 어두운 세상에서 밝은 빛을 발하는 흠 없는 하나님의 자녀들이 되십시오.

16 생명의 말씀을 굳게 붙드십시오. 그리하면 그리스도께서 다시 오시는 날에 내 수고가 헛되지 않고, 열심히 달려온 내 삶이 승리로 가득하여 기뻐하고 또 기뻐할 것입니다.

17 여러분의 삶을 믿음과 봉사의 제물로 하나님께 바칠 때, 내 피를 그 위에 쏟아부으라고 할지라도 나는 여러분과 함께 기뻐하고 즐거워할 것입니다.

18 여러분도 나와 같이 기뻐하고 즐거워하게 되기를 원합니다.

81

느 정도 자신의 순교를 예견하며 그들의 믿음의 제물 위에 자신이 순교로 부어지고 드려질지라도 기뻐하겠노라고 선언한다.

저자의 묵상

바울은 빌립보 교회에 온전히 구원을 이루라고 촉구한다. 구원은 하나님께서 이루시는 것이지만 인간의 책임 있는 반응이 뒤따라야 함을 보여준다. 주께서 주신 구원을 끝까지 지키기 위해 항상 복종하여 두렵고 떨림으로 구원을 이루어 가야 한다. 성도의 마음속에는 두 가지 상반되는 마음이 늘 있어야 한다. 첫째는 구원은 절대로 포기되지 않는다는 사실이다. 그 어떤 것도 우리를 주님의 사랑에서 끊을 수 없다(롬 8:39). 그러나 두 번째로 동시에 두렵고 떨림으로 구원을 이루어야 한다(12절). 구원이 절대로 포기될 수 없으니 아무렇게나 살아도 구원받는다는 생각은 성경이 지지하지 않는다. 포기되지 않는 성도의 견인(인내)과 구원은 인간 쪽에서는 두렵고 떨림으로 그것을 행하는 것으로 나타난다. 이러한 두 가지 상반된 긴장감을 통하여 우리 구원을 늘 확인하고 끝까지 지켜 내는 삶이 성도의 삶이다.

> **무릎기도** 하나님, 주께서 이루신 구원을 온전한 복종과 떨림으로 끝까지 지켜 낼 수 있게 하소서.

ESV - Philippians 2

12 Therefore, my beloved, as you have always obeyed, so now, not only as in my presence but much more in my absence, work out your own salvation with fear and trembling,

13 for it is God who works in you, both to will and to work for his good pleasure.

14 Do all things without grumbling or disputing,

15 that you may be blameless and innocent, children of God without blemish in the midst of a crooked and twisted generation,

among whom you shine as lights in the world,

16 holding fast to the word of life, so that in the day of Christ I may be proud that I did not run in vain or labor in vain.

17 Even if I am to be poured out as a drink offering upon the sacrificial offering of your faith, I am glad and rejoice with you all.

18 Likewise you also should be glad and rejoice with me.

12 obey 복종하다 salvation 구원 tremble 떨다   14 grumble 불평하다 dispute 말다툼하다   15 innocent 순전한 blemish 흠 crooked 비뚤어진   16 labor in vain 헛수고를 하다   17 sacrificial offering 희생 제물 rejoice 기뻐하다

23

월   일

디모데의 파송 계획

빌립보서 2:19-24 • 새찬송 221장 | 통일 525장

• 말씀묵상 전에 성령님의 인도하심을 구하는 기도를 드리십시오.

본문요약 ㅣ 바울은 디모데를 속히 빌립보 교회에 파송할 계획을 언급한다. 그를 통해 빌립보 교회의 사정을 전해 듣고자 했기 때문이다. 디모데는 빌립보 교회를 진정으로 생각하는 사람일 뿐만 아니라 바울에게는 자식과 같은 사람이고 복음을 위해 함께 수고한 동역자다. 파송하기에 가장 적합한 사람임을 언급한다.

19 내가 디모데를 속히 너희에게 보내기를 주 안에서 바람은 너희의 사정을 앎으로 안위를 받으려 함이니

20 이는 뜻을 같이하여 너희 사정을 진실히 생각할 자가 이밖에 내게 없음이라

21 그들이 다 자기 일을 구하고 그리스도 예수의 일을 구하지 아니하되

22 디모데의 연단을 너희가 아나니 자식이 아버지에게 함같이 나와 함께 복음을 위하여 수고하였느니라

23 그러므로 내가 내 일이 어떻게 될지를 보아서 곧 이 사람을 보내기를 바라고

24 나도 속히 가게 될 것을 주 안에서 확신하노라

1. 오늘 하나님께서 나에게 주신 깨달음은 무엇입니까?

2. 말씀을 어떻게 내 삶에 구체적으로 적용해야 합니까?

19 **내가 디모데를 속히 너희에게 보내기를 주 안에서 바람은** 바울은 디모데를 속히 빌립보 교회에 파송하여 빌립보 교회의 사정을 알기 원했다. 비록 감옥에 갇혀 있지만 바울의 관심은 온통 교회를 향해 있었음을 알 수 있다. 바울은 디모데를 파송하기를 "주 안에서" 바란다고 했다. "주 안에서"는 바울 서신에 무려 164회나 등장하는 중요한 표현이다. 이러한 표현을 통해 바울이 어떤 일을 계획하고 실행하든 그것은 자신의 유익을 위한 것이 아니라 오직 주 안에서 계획하고 실행했음을 알 수 있다.

20 **"뜻을 같이하여"**라는 표현은 '같은 마음을 가지고'라는 뜻이다(2:2). 디모데는 바울의 2차 전도여행 때 바울과 동행하여 빌립보에서 사역하였기에(행 16:1-18) 빌립보 교인들과 일면식이 있었다. 그 때문에 그는 바울과 같은 심정으로 빌립보 교회를 보살필 수 있는 가장 적합한 인물이었을 것이다. 이처럼 바울은 편지를 써서 교회를 보살피는 것과 함께 신뢰하는 동역자들을 직접 파송하여 교회를 돌보게 하여 교회가 온전히 세워지는 것을 도왔다.

21 **그들이 다 자기의 일을 구하고 그리스도 예수의 일을 구하지 아니하되** 디모데를 특별히 빌립보 교회에 파송하고자 하는 이유를 밝힌다. 여기서 "그들"이 누구를 지칭하는지는 알 수 없다. 대체로 바울이 투옥되어 있을 때 바울 주변에서 활동하고 있었던 사람들 가운데 일부를 언급한 것으로 생각한다. 이를 통해 알 수 있는 것은 주의 일을 한다고 모여든 사람들 가운데에도 자신의 유익을 추구하기 위해 모여든 사람들이 당시에도 꽤 많았다는 사실이다. 주님을 위한 진실한 일꾼을 찾는 것은 그때나 지금이나 쉽지 않은 일이다.

22 **자식이 아버지에게 함같이** 결혼하여 자식을 낳은 적이 없는 바울은 디모데를 자신의 믿음의 아들이라고 소개한다(딤전 1:2). 그만큼 디모데가 바울을 아버지처럼 섬기며 주 안에서 수고하며 충성된 모습을 보였음을 짐작하게 하는 대목이다.

23 **내 일이 어떻게 될지를 보아서** 여기서 언급한 "내 일"은 바울의 재판을 의미한다. 그는 자신의 재판 결과가 나오는 대로 가급적 속히 디모데를 빌립보 교회에 보내기를 바라고 있다.

24 바울은 자신도 투옥에서 풀려나서 빌립보 교회를 방문하게 될 것을 확신하고 있다. 그가 이런 확신을 피력하는 이유는 자신의 풀려남과 방문이 빌립보 교회에 큰 유익을 줄 것을 확신했기 때문이다(1:24-25).

19 우리 주님의 뜻 안에서 가까운 시일 안에 디모데를 여러분에게 보내려고 합니다. 여러분에 관한 소식을 듣게 되면, 내 마음이 위로받을 것 같습니다.

20 디모데만큼 여러분에 대해 걱정하고 마음 쓰는 사람도 없을 것입니다.

21 다른 사람들은 모두 자기 일에만 정신이 팔려 있어서, 예수 그리스도의 일에는 관심이 없습니다.

22 여러분도 디모데의 인품에 대해서는 이미 알고 있을 것입니다. 그는 나와 함께 하나님의 복음을 전할 때, 마치 아들이 아버지를 섬기듯이 나를 도와주었습니다.

23 앞으로 나와 관련되는 일이 결정되는 대로 그를 여러분에게 보내겠습니다.

24 그리고 가까운 시일 안에 내가 여러분을 만날 수 있도록 주님께서 도와주실 것이라고 확신합니다.

저자의 묵상

바울은 비록 감옥에 갇혀 있어도 주님의 뜻 안에서 모든 일을 계획하고 행하는 삶을 지속했다. '주 안에서'라는 말은 바울 서신의 가장 큰 특징 중의 하나로 여겨진다. 이는 모든 일을 행함에 있어서 주님의 뜻을 먼저 묻고 행하는 모습이다. 바울이 감옥에서조차 주님의 뜻을 따라 행하기 원했다면 우리도 어떤 형편에서든지 주님의 뜻을 따라 순종하고 행동함이 생활화되어야 한다. 한편 바울이 선교를 진행한 방식은 가는 곳에 교회를 세우고 재방문하거나 그럴 수 없는 경우에는 편지를 써서 격려하는 방식이었다. 또한 자신이 신뢰하는 동역자들을 보내기도 하였다. 이 모든 것이 세워진 교회를 굳게 세우고 양육하기 위한 조처였다. 교회는 사람들이 모인 곳이므로 계속해서 돌보고 보살펴야 한다. 한 번 은혜를 받고 교회가 세워졌다고 모든 것이 다 된 것은 아니다. 때에 따라 문제가 발생하기도 해서 계속된 가르침과 돌봄이 요구된다.

> **무릎기도** 하나님, 주 안에서 함께 뜻을 나눌 디모데와 같은 동역자들을 만나고 교제하게 하소서.

ESV - Philippians 2

19 I hope in the Lord Jesus to send Timothy to you soon, so that I too may be cheered by news of you.

20 For I have no one like him, who will be genuinely concerned for your welfare.

21 For they all seek their own interests, not those of Jesus Christ.

22 But you know Timothy's* proven worth, how as a son* with a father he has served with me in the gospel.

23 I hope therefore to send him just as soon as I see how it will go with me,

24 and I trust in the Lord that shortly I myself will come also.

* 2:22 Greek his
* 2:22 Greek child

19 cheer 격려[위로]하다   20 be concerned for …을 걱정하다   genuinely 진실로   welfare 복지, 행복   22 worth 진가
serve 섬기다   gospel 복음   24 shortly 곧

24

월   일

에바브로디도

빌립보서 2:25-30 • 새찬송 317장 | 통일 353장

• 말씀묵상 전에 성령님의 인도하심을 구하는 기도를 드리십시오.

> **본문요약** ㅣ 바울은 디모데를 파송하기에 앞서 에바브로디도를 빌립보 교회에 돌려보내는 이유를 밝힌다. 그는 빌립보 교회를 대표하여 바울을 방문하고 돕다가 병들어 죽을 뻔했고 하나님의 기적적인 치유를 경험했다. 바울은 그를 서둘러 보냄으로 그를 걱정하는 빌립보 교회의 근심을 덜어 주고 자신의 근심도 덜려고 하였다.

25 그러나 에바브로디도를 너희에게 보내는 것이 필요한 줄로 생각하노니 그는 나의 형제요 함께 수고하고 함께 군사 된 자요 너희 사자로 내가 쓸 것을 돕는 자라
26 그가 너희 무리를 간절히 사모하고 자기가 병든 것을 너희가 들은 줄을 알고 심히 근심한지라
27 그가 병들어 죽게 되었으나 하나님이 그를 긍휼히 여기셨고 그뿐 아니라 또 나를 긍휼히 여기사 내 근심 위에 근심을 면하게 하셨느니라
28 그러므로 내가 더욱 급히 그를 보낸 것은 너희로 그를 다시 보고 기뻐하게 하며 내 근심도 덜려 함이니라
29 이러므로 너희가 주 안에서 모든 기쁨으로 그를 영접하고 또 이와 같은 자들을 존귀히 여기라
30 그가 그리스도의 일을 위하여 죽기에 이르러도 자기 목숨을 돌보지 아니한 것은 나를 섬기는 너희의 일에 부족함을 채우려 함이니라

1. 오늘 하나님께서 나에게 주신 깨달음은 무엇입니까?

2. 말씀을 어떻게 내 삶에 구체적으로 적용해야 합니까?

25 "에바브로디도"는 '사랑스러운'이란 의미의 이름이다. 그는 빌립보 교회를 대표하여 바울을 방문하여 빌립보 교회의 선물인 헌금을 전달하고 바울을 돕는 목적을 가진 사람이었다. 그는 바울을 돕던 중 알 수 없는 중병에 걸려 생명이 위독하였으나 하나님의 긍휼하심으로 치유된 사람이다. 바울은 디모데에 앞서 에바브로디도와 함께 빌립보서를 보냄으로써 빌립보 교회의 걱정을 덜어줬다.

26 심히 근심한지라 '근심하다'(헬, 아데모네오) 이 표현은 예수께서 겟세마네에서 기도하시며 고민하실 때 사용된 표현이다("고민하고"_마 26:37). 에바브로디도가 자신이 병든 것을 빌립보 교회가 알게 되므로 얼마나 마음에 노심초사하며 심적 부담이 컸는지를 암시하는 말이다.

27 에바브로디도의 병을 고친 것은 바울을 통해서 이루어진 일이 아니었다. 문맥을 보면 그의 병은 죽을 지경의 중병이었고 바울은 걱정했으나 하나님께서 긍휼을 베푸사 낫게 하신 것이다. 바울을 통해 많은 기적이 나타났으나 이는 어디까지나 하나님의 뜻을 나타내는 제한적이며 임시적임을 알 수 있다. 인간은 기적의 주체가 아님을 기억해야 한다.

28 내가 더욱 급히 그를 보낸 것은 "더욱 급히"는 바울이 에바브로디도를 예정보다 더 빨리 빌립보 교회로 돌려보냄을 말하는 것이다. 빌립보 교회가 에바브로디도를 걱정하고 있었고 그런 빌립보 교회를 바울도 걱정했다. 그러므로 에바브로디도를 속히 돌려보냄으로 이 모든 것을 해결하려 한 것이다. 자신을 돕게 하기 위한 개인적인 입장보다는 교회의 유익을 우선으로 고려하는 바울의 사역자다운 면모를 볼 수 있다.

29 모든 기쁨으로 그를 영접하고 바울이 빌립보 교회에 에바브로디도를 기쁨으로 영접하고 존귀하게 여기라고 말한 것은 혹시나 있을 그에 대한 오해를 불식하기 위함이다. 에바브로디도가 병에 걸리고 그래서 자신의 소임을 제대로 실행치 못하고 돌아온 듯한 인상을 누구도 갖지 않기 원해서다. 바울의 세심한 배려를 읽을 수 있다.

30 나를 섬기는 너희의 일에 부족함을 채우려 이 말은 빌립보 교회가 바울을 섬기는 것이 부족했다는 의미가 아니다. 단지 거리상 이유로 빌립보 교회가 로마에 있는 바울을 더 섬기지 못하는 것에 대해 에바브로디도가 이를 메꾸어 주었다는 의미다.

25 에바브로디도 역시 주님 안에서 내 형제와도 같은 사람입니다. 그리스도의 군사로서 지금까지 나와 함께 일하며 수고해 왔습니다. 내가 가장 필요로 하는 순간에 여러분은 그를 내게 보내 주었습니다. 이제 나는 여러분에게 그를 돌려보내려고 합니다.

26 그는 여러분 모두를 너무나 그리워하고 있으며, 자기가 아팠다는 소식이 여러분에게 전해졌음을 알고 도리어 걱정하고 있습니다.

27 사실 그는 병이 나서 거의 죽을 지경까지 갔으나, 하나님께서 그의 아픔을 돌아보셔서 더 이상 내게 슬픔이 없도록 도와주셨습니다.

28 그러므로 서둘러 그를 여러분에게 보냅니다. 여러분이 그를 다시 보게 되면 기뻐하게 될 것이며, 나 역시 여러분을 향한 근심을 덜게 될 것입니다.

29 주님 안에서 큰 기쁨으로 그를 맞이하고, 에바브로디도와 같은 사람들을 귀하게 여겨 주십시오.

30 그는 그리스도를 위해 위험을 무릅쓰고 일하다가 거의 죽을 뻔한 지경에 이르렀습니다. 멀리 있는 여러분을 대신하여 나를 도운 사람이므로 감사함과 존경하는 마음으로 맞이해 주십시오.

대사도이며 산전수전을 다 겪은 바울이지만 그도 한낱 하나님의 도구였음을 느끼게 해 주는 본문이다. 사도행전을 보면 바울은 많은 희한한 기적을 일으킨 사람이지만 정작 필요할 때 에바브로디도의 중병을 보며 근심할 수밖에 없었다. 이를 통해 그도 오직 하나님의 도구로 쓰임 받은 사람임을 알 수 있다. 우리는 누구도 인간을 숭배해서는 안 된다. 그가 어떤 업적을 이루었을지라도 그것은 하나님의 도구로 쓰임 받은 결과이므로 그 일을 행하신 하나님께 영광을 돌려야 한다. 또한 바울의 에바브로디도를 향한 인간적인 근심과 걱정을 보면서 이 또한 우리들이 가져야 할 태도임을 알 수 있다. 복음에 부름을 받아 살든지 죽든지 그리스도의 영광을 드러내는 삶이지만(1:20) 그런 투사와 같은 삶에도 형제를 향한 인간적인 배려와 사랑이 있었다. 믿음과 헌신만을 요구하기보다는 사람을 대하는 기본적인 따스함을 가지는 것이 그리스도의 정신임을 기억하자.

> **무릎기도** 하나님, 주를 위해 헌신하는 사람들을 존귀하게 여기되 어디까지나 하나님의 도구로 여기게 하소서.

ESV - Philippians 2

25 I have thought it necessary to send to you Epaphroditus my brother and fellow worker and fellow soldier, and your messenger and minister to my need,

26 for he has been longing for you all and has been distressed because you heard that he was ill.

27 Indeed he was ill, near to death. But God had mercy on him, and not only on him but on me also, lest I should have sorrow upon sorrow.

28 I am the more eager to send him, therefore, that you may rejoice at seeing him again, and that I may be less anxious.

29 So receive him in the Lord with all joy, and honor such men,

30 for he nearly died* for the work of Christ, risking his life to complete what was lacking in your service to me.

* 2:30 Or he drew near to the point of death; compare verse 8

25 necessary 필요한　fellow worker 동역자　26 long for …를 사모하다　distress 근심하게 하다　27 sorrow 슬픔　28 be eager to do …하고 싶어 하다　anxious 근심하는　30 risk one's life 목숨을 걸다　be lacking in …이 부족하다

25
월   일

육체를 신뢰하는 자들을 삼가라

빌립보서 3:1-6 • 새찬송 80장 | 통일 101장

• 말씀묵상 전에 성령님의 인도하심을 구하는 기도를 드리십시오.

> **본문요약 |** 주 안에서 기뻐하라고 권면하는 바울은 반복해서 육체를 신뢰하는 유대주의적 율법주의자들을 삼가라고 권면한다. 진정한 할례자들은 육체가 아닌 그리스도를 신봉하는 사람들이라고 말하면서 율법으로는 자신도 육체를 신뢰할 만한 사람이고 흠이 없는 사람임을 밝힌다.

1 끝으로 나의 형제들아 주 안에서 기뻐하라 너희에게 같은 말을 쓰는 것이 내게는 수고로움이 없고 너희에게는 안전하니라
2 개들을 삼가고 행악하는 자들을 삼가고 몸을 상해하는 일을 삼가라
3 하나님의 성령으로 봉사하며 그리스도 ¹⁾예수로 자랑하고 육체를 신뢰하지 아니하는 우리가 곧 할례파라
4 그러나 나도 육체를 신뢰할 만하며 만일 누구든지 다른 이가 육체를 신뢰할 것이 있는 줄로 생각하면 나는 더욱 그러하리니
5 나는 팔 일 만에 할례를 받고 이스라엘 족속이요 베냐민 지파요 히브리인 중의 히브리인이요 율법으로는 바리새인이요
6 열심으로는 교회를 박해하고 율법의 의로는 흠이 없는 자라

1. 오늘 하나님께서 나에게 주신 깨달음은 무엇입니까?

2. 말씀을 어떻게 내 삶에 구체적으로 적용해야 합니까?

1) 또는 예수 안에서

1 주 안에서 기뻐하라 "주 안에서 기뻐하라"는 말은 본서의 주제로 바울이 계속해서 강조해 온 말이다(1:18; 2:18). 진정한 기쁨은 조건이나 환경과 상관없이 주님을 믿는 믿음 안에서만 가능하다. 바울이 비록 감옥에 있었지만 주님은 복음 전파의 진보를 이루심으로 그에게 기쁨을 주셨다(1:12, 18). 이처럼 주님께서 주시는 기쁨은 우리가 처한 환경을 뛰어넘는 것이다. 같은 말을 쓰는 것이 여기 언급된 "같은 말"이 가리키는 것은 앞에서도 언급했고(1:27-30) 이제 바로 언급할 거짓 가르침을 삼가라는 권면을 의미한다. 바울은 반복해서 빌립보 교회에 거짓 교리를 조심하라고 권면함으로써 수고롭지만 빌립보 교회를 안전하게 만들고 싶었다.

2 개들을 삼가고 행악하는 자들을 삼가고 몸을 상해하는 일을 삼가라 "개"는 유대인들이 혐오하는 동물로 그들은 자신들이 싫어하는 존재들을 개에 비유했다(삼상 17:43; 계 22:15). 여기서는 유대교를 신봉하는 사람들을 의미한다. "행악하는 자"는 '악한 일꾼'이란 뜻으로 교회를 통하여 자신의 사욕을 챙기는 사람들을 말하며 "몸을 상해하는 일"은 할례의 온전한 영적인 의미를 상실한 채 육체적 의식만을 강조하는 사람들의 일을 지칭한다. 한편 "삼가라"는 표현을 반복해서 사용함으로 이들과 결별할 것을 강하게 권면한다.

3 하나님의 성령으로 봉사하며 … 우리가 곧 할례파라 진정한 할례자가 누구인가를 밝힌다. 한 마디로 자기 스스로를 신뢰하지 않고 "성령으로 봉사하며" 예수를 자랑하는 사람이다. "봉사"는 하나님을 섬기는 특권을 의미하며 예배를 통해 나타난다. 진정한 예배는 의식이나 겉치레에 있지 않고 성령을 의지하는 영적 예배다(요 4:24). 또한 유대주의적 율법주의자들은 율법과 행위를 자랑했으나 성도는 예수 그리스도를 자랑하는 사람이다. 결국, 육체적인 할례를 행한 유대인이 진정한 할례자인 것이 아니라, 참된 그리스도인이 진정한 할례자임을 드러내고 있다.

4 여기서부터 6절까지 사실 바울도 육신적으로는 누구도 범접할 수 없는 진정한 유대인인 것을 강조한다. 이것을 강조하는 이유는 자신이 육체적으로 누구보다도 충분한 자격이 있지만 진정한 복음이신 예수 그리스도를 위하여 이 모든 것을 자발적으로 버렸음을 강조하기 위해서다. 3절에서 언급한 진정한 할례자의 의미를 빌립보 교인들에게 증명하기 위해서 쓰고 있다.

5-6 보통 이방인이 유대인으로 개종할 경우 개종하는 시점에 할례를 행했지만, 바울은 나면서부터 정통 유대인으로 생후 8일 만에 할례를 받은 이스라엘의 유력한 베냐민 지파 사람이었다. 더욱이 그는 율법을 따라 초기에 교회를 박해하는 일에

1 형제 여러분, 주님 안에서 항상 기뻐하십시오. 같은 말을 여러 번 쓰는 것이 내게는 귀찮은 일이 아닙니다. 여러분을 위한 말이니 잘 들어주시기 바랍니다.

2 육체적인 할례를 받아야 한다고 주장하는 악한 자들을 조심하십시오. 그들은 마치 개와 같은 자들입니다.

3 우리는 참 할례를 받은 사람들로서 하나님의 영으로 예배드리며 예수 그리스도 안에서만 자랑합니다. 우리는 우리 스스로가 얼마나 믿을 수 없는 존재인지 잘 압니다.

4 사실 육체적으로 보면 나 스스로를 믿을 수도 있습니다. 이 세상 어느 누구보다도 인간적인 조건을 더욱 많이 갖춘 사람이 바로 나입니다.

5 나는 태어난 지 팔 일 만에 할례를 받았습니다. 이스라엘 민족 중에서도 베냐민 지파의 자손이며, 히브리인 중에서도 히브리인입니다. 모세의 율법은 내 인생의 안내자 역할을 하여, 나는 율법을 가장 엄격히 지키는 바리새인이 되었습니다.

6 율법을 지키는 것에 너무나 열심이었으므로 교회를 핍박하기까지 하였습니다. 내가 모세의 율법을 지키고 따르는 데 있어서는 그 어느 누구도 허점을 찾을 수 없을 정도였습니다.

열심을 냈던 사람이었다. 이것을 말하는 이유는 자신이 과거에 누구보다도 율법을 숭배했으나 지금은 아님을 강조하기 위해서다.

저자의 묵상

바울은 주 안에서 기뻐하라는 권면을 이어 간다. 그러면서 이러한 기쁨을 앗아가는 요소로 유대주의적 율법주의자들의 거짓 복음을 삼가라고 권면한다. 잘못된 가르침은 기쁨을 빼앗아 간다. 진정한 기쁨은 주님을 만나고 주께서 주시는 자유함 가운데 맛볼 수 있다. 율법주의자들이 말하는 것처럼 율법을 지키고 몸에 할례를 행한다고 이루어지는 것이 아니다. 예수 그리스도를 신뢰하는 인생에 진정한 기쁨이 있다. 예수를 믿지만 기쁨이 없는 신앙생활을 하는 사람들이 있다. 가만히 살펴보면 전통에 젖어 있고 행위에 집착하는 사람들이다. 나의 행위가 물론 중요하지만 그것이 복음의 핵심은 아니다. 내가 한 행위 안에서 만족을 찾으려는 신앙은 새로운 의미의 율법주의가 될 수 있다. 말씀을 순종하고 행하지만 예수 그리스도 안에서 그분을 신뢰하며 계속해서 나 자신을 부인하고 버릴 때 우리는 진정한 기쁨을 누리는 신앙생활을 할 수 있다.

> **무릎기도** 하나님, 나를 신뢰하려는 생각에서 벗어나 그리스도 안에서 누리는 참 자유를 누리게 하소서.

ESV - Philippians 3

1 Finally, my brothers,* rejoice in the Lord. To write the same things to you is no trouble to me and is safe for you.

2 Look out for the dogs, look out for the evildoers, look out for those who mutilate the flesh.

3 For we are the circumcision, who worship by the Spirit of God* and glory in Christ Jesus and put no confidence in the flesh—

4 though I myself have reason for confidence in the flesh also. If anyone else thinks he has reason for confidence in the flesh, I have more:

5 circumcised on the eighth day, of the people of Israel, of the tribe of Benjamin, a Hebrew of Hebrews; as to the law, a Pharisee;

6 as to zeal, a persecutor of the church; as to righteousness under the law,* blameless.

* 3:1 Or brothers and sisters; also verses 13, 17
* 3:3 Some manuscripts God in spirit
* 3:6 Greek in the law

2 look out 조심하다 evildoer 악인 mutilate 상하게 하다   3 circumcision 할례 confidence 자랑 flesh 육체   5 as to …에 관해서는 pharisee 바리새인   6 zeal 열심 persecutor 박해자 righteousness 의 blameless 흠 없는

26

가장 고상한 지식

빌립보서 3:7-12 • 새찬송 94장 | 통일 102장

• 말씀묵상 전에 성령님의 인도하심을 구하는 기도를 드리십시오.

> **본문요약** | 바울은 그리스도를 안 뒤 이전에 자신이 자랑했던 모든 육체적인 것들을 해로 여기고 배설물로 여긴다고 선언한다. 그것은 예수 그리스도를 아는 지식이 가장 고상하기 때문이다. 바울은 그리스도 안에 있는 사람으로 인정받고 부활에 참여하기 위하여 예수께 사로잡혀 그것을 잡으려고 달려가고 있다고 말한다.

7 그러나 무엇이든지 내게 유익하던 것을 내가 그리스도를 위하여 다 해로 여길뿐 더러

8 또한 모든 것을 해로 여김은 내 주 그리스도 예수를 아는 지식이 가장 고상하기 때문이라 내가 그를 위하여 모든 것을 잃어버리고 배설물로 여김은 그리스도를 얻고

9 그 안에서 발견되려 함이니 내가 가진 의는 율법에서 난 것이 아니요 오직 그리스도를 믿음으로 말미암은 것이니 곧 믿음으로 하나님께로부터 난 의라

10 내가 그리스도와 그 부활의 권능과 그 고난에 1)참여함을 알고자 하여 그의 죽으심을 본받아

11 어떻게 해서든지 죽은 자 가운데서 부활에 이르려 하노니

12 내가 이미 얻었다 함도 아니요 온전히 이루었다 함도 아니라 오직 내가 그리스도 예수께 잡힌 바 된 그것을 잡으려고 달려가노라

1. 오늘 하나님께서 나에게 주신 깨달음은 무엇입니까?

2. 말씀을 어떻게 내 삶에 구체적으로 적용해야 합니까?

1) 또는 교제

7 무엇이든지 내게 유익하던 것을 "내게 유익하던 것"은 예수를 만나기 이전에 유대인으로서 그가 누리고 있던 인간적인 특권들을 망라하는 말이다(3:4-6). 바울은 그러한 것들이 오히려 예수 그리스도를 아는 데 해가 된다고 말한다. 당시 유대주의적 율법주의자들은 예수를 믿어도 할례를 포함하여 구약의 율법을 준수해야만 구원을 얻을 수 있다고 가르쳤다. 이것만 보아도 율법에 얽매인 삶이 예수 그리스도를 믿음으로만 구원을 얻는 이신칭의 구원관을 방해하는 것임을 분명히 알 수 있다.

8 예수를 아는 지식이 가장 고상하기 때문이라 여기서 "지식"은 단순히 지적인 앎이 아니라 경험적인 만남을 포함하는 개념이다. 바울은 다메섹 도상에서 예수님을 만난 이후 이방인의 사도가 되었으므로 그가 예수님을 직접 만난 사실을 포함하는 개념이다. 이러한 지식은 그가 경험한 지식 중 당연히 가장 고상한 지식이며, 때문에 그 외의 세상적 특권들은 배설물로까지 여긴다.

9 오직 그리스도를 믿음으로 말미암은 것이니 바울은 '오직 믿음으로 구원을 얻는다'는(이신칭의) 구원관을 역설한다. 율법의 행위로는 의에 도달할 사람이 없고(롬 3:20) 오직 믿음으로만 가능하며 믿을 때 하나님께서 선물로 주시는 의다. 더 나아가 바울 서신을 보면 믿음까지도 하나님께서 주시는 선물로 기록함으로(엡 2:8) 구원이 철저히 인간의 행위가 아닌 하나님의 선물임을 강조한다.

10-11 바울은 그리스도를 본받아 부활에 이르려는 자신의 신앙관을 피력한다. 그가 바라는 것은 그리스도를 더욱 알고 부활의 능력을 체험하며 그리스도와 함께 고난받고 죽는 데까지 이르는 것이다. 이러한 그리스도 중심적 삶은 바울이 추구한 삶이고 이러한 삶을 지나 주님처럼 부활에 이르려 하는 것이 그의 진정한 인생의 목적임을 밝히고 있다.

12 예수께 잡힌 바 된 그것을 잡으려고 달려가노라 11절에서 바울이 말하는 종말론적 구원과 전망은 이미 얻은 것이 아니며 온전히 이룬 것도 아니다. 그 때문에 그는 그것을 향해 진력한다고 적는다. 여기 사용된 "달려가노라"(헬, 디오코)는 최선을 다하는 모습을 나타내는 말로 3장 6절에 언급된 "박해하고"(헬, 디오코)와 같은 단어가 원문에 쓰였다. 그가 예전에 예수를 믿는 사람들을 죽이려고 다메섹을 향해 가는 살기등등한 박해의 열심을 가진 사람이었다면 이제는 동일한 열심으로 예수를 믿고 달려간다고 말하는 것이다. 한편 "예수께 잡힌 바 된 그것"은 다메섹 도상의 회심 사건을 염두에 두고 쓰고 있는 것으로 그때를 기준으로 그는 주님의 제자가 되었다.

7 그때는 이 모든 것이 내게 너무나 소중하고 가치 있는 것들이었습니다. 그러나 예수 그리스도를 만난 이후, 그 모든 것이 아무 쓸모없는 것임을 알았습니다.

8 그것들뿐만 아니라 이 세상 그 어떤 것도 내 주 예수 그리스도를 아는 것과 비교가 되지 않습니다. 예수 그리스도를 위하여 나는 모든 것을 버렸습니다. 모든 것이 쓰레기처럼 아무런 가치가 없다는 것을 이제 압니다. 이로써 나는 그리스도를 알게 되었습니다.

9 또한 그리스도 안에 하나가 되는 기쁨을 얻었습니다. 내가 율법을 지켜서 하나님께 구원을 얻은 것이 아닙니다. 하나님은 내 믿음을 보시고, 나를 의롭다 하시며 자녀 삼아 주신 것입니다.

10 이제 내가 바라는 것은 그리스도를 알고, 죽음에서 부활하신 그 능력을 체험하며, 그리스도와 함께 고난받고, 그분과 같이 죽는 것입니다.

11 그분을 따를 수만 있다면, 나도 마지막 날 부활의 기쁨에 참여할 수 있을 것입니다.

12 내가 하나님께서 원하시는 모습으로 이미 완성되었다고 말하는 것이 아닙니다. 나는 아직 목표에 이르지 못했습니다. 나는 그 목표를 향해 열심히 달리고 있으며, 그리스도 예수께 잡힌 바 된 그것을 잡으려고 좇아가고 있습니다.

저자의 묵상

바울은 그리스도를 아는 지식이 세상의 어떤 가치와도 바꿀 수 없는 유일한 것임을 역설한다. 그 때문에 예수 믿기 이전에 자신이 누리고 알았던 모든 것은 예수님을 아는 지식에 비하면 배설물과 같이 쓸모없는 것들이라고 단언한다. 바울의 인생관을 한마디로 말한다면 '그리스도 안에서의 삶'이라고 할 것이다. 모든 삶의 이유가 그리스도와 연결되어 있으며 그리스도를 통하여 바라보고 있다. 오늘날 성도들에게도 시사하는 바가 크다. 우리의 신앙생활도 오직 그리스도를 통하여 이루어져야 하며, 우리의 삶이 그리스도와 동행할 때만 진정한 의미를 가질 수 있음을 알아야 한다. 그리스도 외에는 그 무엇도 우리의 자랑의 대상이 되어서는 안 된다. 이러한 그리스도 중심의 삶이 이 세상을 이기는 원동력이 된다는 사실도 알아야 한다. 우리가 그리스도 중심의 삶을 살 때 바울처럼 고난도 두려워하지 않고 세상을 이길 수 있는 것이다(요일 5:4).

무릎기도 | 하나님, 인간적인 자랑을 멀리하고 주님만을 자랑하며 주님 중심의 신앙생활을 추구하게 하소서.

ESV - Philippians 3

7 But whatever gain I had, I counted as loss for the sake of Christ.

8 Indeed, I count everything as loss because of the surpassing worth of knowing Christ Jesus my Lord. For his sake I have suffered the loss of all things and count them as rubbish, in order that I may gain Christ

9 and be found in him, not having a righteousness of my own that comes from the law, but that which comes through faith in Christ, the righteousness from God that depends on faith—

10 that I may know him and the power of his resurrection, and may share his sufferings, becoming like him in his death,

11 that by any means possible I may attain the resurrection from the dead.

12 Not that I have already obtained this or am already perfect, but I press on to make it my own, because Christ Jesus has made me his own.

7 count as …이라 간주하다 loss 손해 for the sake of …을 위해서 8 surpass …보다 낫다 rubbish 쓰레기 9 righteousness 의 depend on …에 의해 결정되다 10 resurrection 부활 11 by any means 어떻게 해서든 attain 성취하다 12 obtain 얻다 press on (단호하게) 밀고 나가다

27

월   일

푯대를 향하여 달리는 삶

빌립보서 3:13-16 • 새찬송 491장 | 통일 543장

• 말씀묵상 전에 성령님의 인도하심을 구하는 기도를 드리십시오.

> **본문요약 ㅣ** 바울은 자신이 그리스도의 고난과 부활에 동참하려고 예수께 사로잡혀 그것을 잡으려 하지만 아직 잡은 줄로 여기지 않는다. 과거의 것은 잊어버리고 앞의 푯대를 향하여 달려가고 있다고 선언하면서 다른 성도들도 이처럼 생각하여 어디까지 이르렀든지 그대로 진행할 것을 권고한다.

13 형제들아 나는 아직 내가 잡은 줄로 여기지 아니하고 오직 한 일 즉 뒤에 있는 것은 잊어버리고 앞에 있는 것을 잡으려고

14 푯대를 향하여 그리스도 예수 안에서 하나님이 ¹⁾위에서 부르신 부름의 상을 위하여 달려가노라

15 그러므로 누구든지 우리 온전히 이룬 자들은 이렇게 생각할지니 만일 어떤 일에 너희가 달리 생각하면 하나님이 이것도 너희에게 나타내시리라

16 오직 우리가 어디까지 이르렀든지 그대로 행할 것이라

1. 오늘 하나님께서 나에게 주신 깨달음은 무엇입니까?

2. 말씀을 어떻게 내 삶에 구체적으로 적용해야 합니까?

1) 또는 위로

95

13 잡은 줄로 여기지 아니하고 3장 12절에서 바울은 예수께 사로잡혀 그것을 잡으려고 달려간다고 했다. 그가 주님께 잡힌 것은 다메섹을 향하여 그리스도인들을 잡아들이려고 살기가 등등해서 가다가 오히려 주님께 사로잡힌 것을 염두에 둔 표현이다(행 9:1-9). 그러나 그는 완전히 그것을 잡았다고 여기지 않았다. 이 표현은 그가 구원에 대한 확신이 부족하다는 말이 아니라 예수 그리스도를 향한 신앙의 전진을 의미하는 말이다.

뒤에 있는 것은 잊어버리고 주 예수께 소망을 둔 사람은 과거의 자신의 공과(성과, 결실)에 얽매이지 않고 전진해야 함을 말한다. 특히 자신의 공적에 매이지 않아야 한다. 과거의 헌신과 영광에 집착하면 자칫 현재를 망칠 수 있다.

14 푯대를 향하여 그에게 있어서 "푯대"("목표점"-표준새번역)는 그리스도로 말미암는 부활의 영광에 참여하는 것이다(3:11). 이는 천국의 백성이 되는 것을 의미한다.

부름의 상 성도에게 주어지는 "부름의 상"은 영생이요 생명의 면류관을 말한다(딤후 4:8; 약 1:12). 그 때문에 성도에게 푯대와 상은 동일하다고 말할 수 있다. 이 경우 "푯대"는 목표를 향한 현재의 노력을 부각시켜 주며, "상"은 목적지에 도달한 후 받게 될 영광스러움에 마음을 두게 한다(롬 8:18).

15 우리 온전히 이룬 자들 "우리 온전히 이룬 자들"이란 표현은 구원의 완성을 이루었다는 뜻이 아니라 상대적으로 성숙한 신앙의 상태에 도달한 그리스도인들을 가리킨다. 바울은 특히 "우리"라는 말을 사용함으로 자신과 함께 이 편지를 받고 있는 빌립보 교인들을 성숙한 그리스도인으로 지칭하며 그들의 신앙을 아름답게 격려하고 있다.

너희가 달리 생각하면 하나님이 이것도 너희에게 나타내시리라 성숙한 성도라 할지라도 때때로 의견이 다를 수 있다. 그러나 바울은 그러한 자들을 정죄하기보다는 그들이 기다림을 통해 하나님께서 온전하게 하시는 날을 경험하게 될 것이라고 말한다. 의견은 다를 수 있으나 그렇다고 나뉘어서 싸우기보다는 하나님이 그 뜻을 나타내시는 날을 기다리는 지혜가 필요하다.

16 오직 우리가 어디까지 이르렀든지 그대로 행할 것이라 성도마다 성숙도는 다르며 때문에 각자가 처한 상황도 다르다. 그러나 어디까지 이른 것이 중요한 것이 아니라 주님을 향한 목표가 동일하다는 것이 중요하다. 그 때문에 어디까지 이르렀든지 그대로 행하라고 권면한다. 주신 생각 이상의 생각을 품지 말고 각자의 "믿음의 분량"대로 행동해야 한다(롬 12:3).

13 형제 여러분. 내가 아직 목표에는 이르지 못했으나 여러분에게 한 가지 자신 있게 말씀드릴 수 있는 것은 내가 과거의 것은 잊어버리고, 앞에 있는 목표를 향해 힘껏 달리고 있다는 것입니다.

14 나는 목적지에 이르렀을 때 상을 받을 것입니다. 그 상은 하나님께서 내게 주시려고 그리스도를 통하여 친히 내리신 것입니다.

15 영적으로 성숙한 사람으로서 우리 모두 좀 더 신중히 생각하고 판단합시다. 혹시 서로 생각이 다르더라도 하나님께서는 그 부분을 분명하게 바로 가르쳐 주실 것입니다.

16 그러니 이제 우리가 함께 나눈 진리를 따라 살아가도록 합시다.

저자의 묵상

바울은 본문에서 그리스도의 푯대를 향하여 "달려가노라"(헬, 디오코)는 표현을 12절에 이어 14절에도 쓰고 있다. 흥미로운 것은 이 단어가 6절에 사용된 "박해하고"(헬, 디오코)와 같은 헬라어라는 사실이다(3:12 해설 참조). 바울은 '달려간다'라는 단어를 사용함으로써 그가 예수를 향한 삶을 최선을 향해 가고 있음을 표현한 것이다. 원래 이 단어는 사냥개가 사냥감을 급박하게 몰아가는 형국을 설명하는 말로 급히 추구하는 모습을 의도한 단어다. 우리가 주님을 섬기고 따름에 있어서 얼마나 열심을 가지고 나아가야 하는지를 보여준다. 특히 이 단어는 그가 예수를 믿기 전에 가졌던 박해하는 열심이 어떻게 주를 위한 열심으로 바뀌었는지를 설명해 준다. 주의 일에 열심을 내야 한다. 바울은 다메섹으로 향하는 공문까지 받아 가면서 박해하는 일에 열심을 냈던 것처럼 예수를 전하는 일에도 열심을 냈다고 한다. 주의 일에 어느 정도의 열심과 적극성을 가져야 하는지를 바울은 이 단어를 통해 표현하고 있다.

 무릎기도 하나님, 우리도 바울처럼 주님을 향해 달려가는 열심을 품고 주를 섬기게 하소서.

ESV - Philippians 3

13 Brothers, I do not consider that I have made it my own. But one thing I do: forgetting what lies behind and straining forward to what lies ahead,

14 I press on toward the goal for the prize of the upward call of God in Christ Jesus.

15 Let those of us who are mature think this way, and if in anything you think otherwise, God will reveal that also to you.

16 Only let us hold true to what we have attained.

13 consider 간주하다 strain 노력하다   14 press on 밀고 나아가다   15 mature 성숙한 reveal 나타내다   16 hold true 딱 들어맞다 attain 이르다, 도달하다

28
월   일

하늘 시민권
빌립보서 3:17-21 • 새찬송 249장 | 통일 249장

• 말씀묵상 전에 성령님의 인도하심을 구하는 기도를 드리십시오.

> **본문요약** ㅣ 바울은 빌립보 성도들에게 자신과 그 일행 및 경건한 자들을 본받으라고 권하면서 "십자가의 원수"가 되지 말라고 한다. 세상을 따라가며 땅의 일을 생각하는 자들은 마침내 멸망하게 될 것이다. 성도는 하늘 시민권을 가진 자들이므로 하늘로부터 예수 그리스도를 기다리며 영광스럽게 될 날을 기다리는 사람들이다.

17 형제들아 너희는 함께 나를 본받으라 그리고 너희가 우리를 본받은 것처럼 그와 같이 행하는 자들을 눈여겨보라
18 내가 여러 번 너희에게 말하였거니와 이제도 눈물을 흘리며 말하노니 여러 사람들이 그리스도의 십자가의 원수로 행하느니라
19 그들의 마침은 멸망이요 그들의 신은 배요 그 영광은 그들의 부끄러움에 있고 땅의 일을 생각하는 자라
20 그러나 우리의 시민권은 하늘에 있는지라 거기로부터 구원하는 자 곧 주 예수 그리스도를 기다리노니
21 그는 만물을 자기에게 복종하게 하실 수 있는 자의 역사로 우리의 낮은 몸을 자기 영광의 몸의 형체와 같이 변하게 하시리라

1. 오늘 하나님께서 나에게 주신 깨달음은 무엇입니까?

2. 말씀을 어떻게 내 삶에 구체적으로 적용해야 합니까?

17 바울은 본절에서 자신과("나") 자신의 일행("우리") 및 경건한 자들을("그와 같이 행하는 자들") 본받으라고 권면한다. 바울이 본받으라고 권하는 내용은 3장 1-16절에서 언급한 육신의 일을 버리고 오직 예수 그리스도를 향하여 푯대를 따라가는 삶을 말한다. 한편 바울은 서신에서 자신을 본받으라는 말을 종종 한다(고전 11:1). 이것은 영적 자랑이나 우월함을 과시하는 것이 아니라 사도로서 좀 더 책임 있는 자세로 복음을 제시하는 것이다. 자신이 따르지 않는 복음을 성도들에게 가르칠 수 없기 때문이다.

18 눈물을 흘리며 말하노니 여러 사람들이 그리스도의 십자가의 원수로 행하느니라 바울이 말하는 '그리스도의 십자가의 원수로 행하는 사람들'이 누구였을까? 빌립보 교회에는 이방인 대적자들과 유대주의적 율법주의자들인 유대인들이 어려움을 주고 있었다. 이방인들은 당시의 행태를 따라 반도덕주의자적인 경향을 띠며 육체의 쾌락을 추구했을 것이며 유대주의자들은 율법을 추구함으로 그리스도의 십자가에 역행했을 것이다. 바울은 이러한 자들을 따르지 말 것을 눈물로 호소한다.

19 그들의 마침은 멸망이요 그들의 신은 배요 18절에서 언급한 대적자들의 행태를 제시한다. "그들의 신은 배요"라는 말에서 언급하듯이 대적자들은 자신의 뱃속(잇속)을 채우기 위해서 살아가는 사람들이다. 그들은 결코 하나님을 인생의 푯대요 목적으로 살아가는 사람들이 아니다. 이렇듯 세상적인 영광을 추구하고 땅의 일을 추구하는 자들의 마지막은 멸망으로 끝을 맺을 수밖에 없다.

20 시민권 특정 국가나 나라에 속해 있는 시민의 권리를 뜻한다. 바울은 로마 시민권자였다. 당시 로마 시민권자는 죄를 정하지 않고 채찍질할 수 없었으며(행 22:25), 자신이 가이사에게 재판을 받을 것을 호소할 경우 로마에서 재판을 받을 수 있었다. 이런 시대적 배경을 염두에 두고 바울은 그리스도인의 시민권이 하늘에 속한 영광스러운 특권임을 강조하고 있다.

21 주께서 재림하실 때 그리스도인의 몸은 주님의 영광스러운 몸과 같이 변화하게 될 것이다(고전 15:51-52). 이러한 변화는 살아 있는 자나 죽은 자 모두에게 미치는 것으로 만물을 복종하게 하시는 그리스도의 능력으로 이루어진다.

17 형제 여러분, 나를 본받도록 애쓰십시오. 또한 내가 여러분에게 보여준 삶을 좇아 살아가는 사람들을 살펴보십시오.

18 오히려 많은 사람들이 그리스도 십자가의 원수처럼 살아가고 있습니다. 전에도 여러 번 얘기했지만, 이제 다시 여러분에게 눈물로 호소합니다.

19 그들의 삶은 결국 멸망으로 이어질 것입니다. 하나님을 섬기기보다는 배*가 원하는 대로 살아가며, 수치스러운 일을 하고서도 도리어 자랑으로 여기고 있습니다. 그들은 오직 세상일에만 관심을 둡니다.

20 그러나 우리의 시민권은 하늘에 있습니다. 우리 구주 예수 그리스도께서 하늘로부터 다시 오시는 날을 우리는 기다립니다.

21 그분은 우리의 죽을 몸을 변화시키셔서, 그분의 영광스런 몸과 같이 바꾸어 주실 것입니다. 모든 만물을 다스리시는 그분의 능력이 우리를 변화시키실 것입니다.

* 3:19 '배'는 '육체의 욕망'을 말한다.

바울 당시 로마 시민권은 특권에 속했다. 로마가 점령한 지역이라면 어디서든지 그 특권과 지위를 누릴 수 있었다. 다시 말해서 로마의 힘이 미치는 지역까지가 시민권의 유효 범위가 되는 것이다. 성경에서 '하나님의 나라'라고 할 때 '나라'(헬, 바실레이아)의 어원적 의미는 '통치권'이다. 나라의 개념이 단지 영토나 토지의 한정적 개념으로만 사용된 것이 아니라 그 나라의 통치권이 미치는 지역이 나라다. 예수께서 "나라가 임하시오며 뜻이 하늘에서 이루어진 것같이 땅에서도 이루어지이다"(마 6:10)를 말씀하신 것도 하나님의 뜻이 하늘에서 이루어지듯이 이 땅에서도 하나님의 통치를 받아들이는 성도들을 통해 하나님의 나라가 이루어지시길 바라는 기도였다. 성도의 시민권은 하늘에 있다. 그 때문에 성도는 비록 이 땅에서 살아가고 있지만 하나님의 통치를 받아들이는 사람이다. 하나님의 통치권을 받아들이는 여기가 바로 하나님 나라요 하늘 시민권의 힘과 영광이 나타나는 곳임을 잊지 말자.

> **무릎 기도** | 하나님, 하늘 시민권자로서 하나님의 통치를 내 삶에 받아들이고 말씀에 순종하게 하소서.

ESV - Philippians 3

17 Brothers, join in imitating me, and keep your eyes on those who walk according to the example you have in us.

18 For many, of whom I have often told you and now tell you even with tears, walk as enemies of the cross of Christ.

19 Their end is destruction, their god is their belly, and they glory in their shame, with minds set on earthly things.

20 But our citizenship is in heaven, and from it we await a Savior, the Lord Jesus Christ,

21 who will transform our lowly body to be like his glorious body, by the power that enables him even to subject all things to himself.

17 imitate 본받다　18 enemy 원수　19 destruction 멸망　belly 배　20 citizenship 시민권　savior 구원자　21 transform 변형시키다　glorious 영광스러운　enable 가능하게 하다

29

주 안에서 항상 기뻐하라

빌립보서 4:1-7 · 새찬송 95장 | 통일 82장

• 말씀묵상 전에 성령님의 인도하심을 구하는 기도를 드리십시오.

> **본문요약 |** 바울은 빌립보 교회가 주 안에서 설 것을 명하고 구체적으로 유오디아와 순두게에게 같은 마음을 품으라고 권한다. 이어지는 권면에서 "주 안에서 항상 기뻐하라"고 말하면서 모든 사람을 향하여는 관용을 베풀고 세상 근심 걱정에 대해서는 하나님께 기도와 간구로 나가라고 한다. 하나님의 평강이 그들을 지켜 주실 것이기 때문이다.

1 그러므로 나의 사랑하고 사모하는 형제들, 나의 기쁨이요 면류관인 사랑하는 자들아 이와 같이 주 안에 서라
2 내가 유오디아를 권하고 순두게를 권하노니 주 안에서 같은 마음을 품으라
3 또 참으로 나와 멍에를 같이한 네게 구하노니 복음에 나와 함께 힘쓰던 저 여인들을 돕고 또한 글레멘드와 그 외에 나의 동역자들을 도우라 그 이름들이 생명책에 있느니라
4 주 안에서 항상 기뻐하라 내가 다시 말하노니 기뻐하라
5 너희 관용을 모든 사람에게 알게 하라 주께서 가까우시니라
6 아무것도 염려하지 말고 다만 모든 일에 기도와 간구로, 너희 구할 것을 감사함으로 하나님께 아뢰라
7 그리하면 모든 지각에 뛰어난 하나님의 평강이 그리스도 예수 안에서 너희 마음과 생각을 지키시리라

1. 오늘 하나님께서 나에게 주신 깨달음은 무엇입니까?

2. 말씀을 어떻게 내 삶에 구체적으로 적용해야 합니까?

1 나의 기쁨이요 면류관인 사랑하는 자들아 빌립보 교회를 향한 애정을 드러낸다. 특별히 "면류관"이란 표현은 사역의 열매를 지칭하는 것으로 바울이 다른 교회에도 사용하는 표현이다 (살전 2:19). 빌립보 교회를 통하여 아름다운 사역의 열매가 드러났다는 의미와 함께 장차 주님이 오실 때 그들로 말미암아 영광의 면류관을 받게 될 것을 말하는 것이다.

주 안에 서라 "서라"(헬, 스테코) 원문은 '굳게 서다'(stand firm)는 의미로 전쟁에 임하는 병사들의 자세를 언급할 때 사용되던 말이다.

2 "유오디아"와 "순두게"는 각각 '순조로운 여행'과 '일치, 행운'이라는 의미의 여성 이름이다. 이들은 문맥상 빌립보 교회의 여성 지도자들이었던 것으로 보인다. 빌립보 교회는 자색 옷감 장사를 하는 루디아로부터 시작되었고 여성도들의 역할이 처음부터 두드러졌던 교회다(행 16:13-15). 그 때문에 교회 내 여성들의 위상이 높았고, 유오디아와 순두게는 바울이 직접적으로 언급할 정도로 서로 불화한 관계에 있던 지도자들이었던 것 같다.

3 나와 멍에를 같이한 네게 구하노니 … 나의 동역자들을 도우라 그 이름들이 생명책에 있느니라 바울과 멍에를 같이한 사람이 누구인지 알 수 없으나 바울은 그 사람에게 2절의 두 여인을 돕고 중재할 것을 요청하고 있다. 유오디아와 순두게는 복음에 힘쓰던 자들이며 그 이름이 "생명책"에 있다고 말함으로 두 사람을 정죄하기보다는 하나 되게 만들려는 부드러운 의도를 드러낸다.

4 주 안에서 항상 기뻐하라 바울은 거듭해서 주 안에서 기뻐하라는 표현을 한다. "주 안에서"라는 표현은 바울 서신에 매우 흔하게 등장하는 표현이다. 항상 기뻐하는 것이 세상적인 것에서는 불가능하며 오직 주 안에서만 가능함을 보여준다. 한편 이러한 기쁨은 환경과 조건을 뛰어넘는 것으로 바울은 이 편지를 쓰는 로마 감옥에서 뿐만 아니라 빌립보 감옥에서도 그 본을 보인 바가 있다(행 16:25).

5 너희 관용을 모든 사람에게 알게 하라 "관용"은 인내, 자비, 양보, 친절 등의 다양한 의미를 함축하는 말이다. 그리스도인들은 주님이 가까우심을 깨닫고 관용을 타인에게 베풂으로 주 안에서의 기쁨을 유지할 수 있는 것이다.

6-7 아무것도 염려하지 말고 "염려"는 기쁨을 해치는 적으로 하나님의 인도하심에 대한 신뢰가 결여될 때 나타나는 행동이다. 이것을 극복할 방법은 기도와 간구로 하나님께 나아가는 것이며 그럴 때 하나님은 성도에게 세상이 알 수 없는 하나님의 평강으로 함께해 주신다.

1 내가 사랑하고 또 보고 싶어 하는 형제 여러분, 여러분은 내게 기쁨이며 자랑입니다.* 내가 여러분에게 말한 것과 같이 주님을 계속 따르십시오.

2 유오디아와 순두게에게 권합니다. 주님 안에서 화해하십시오.

3 나의 진실한 협력자이며 친구인 여러분에게도 부탁합니다. 이 여인들이 서로 화해하도록 도와주십시오. 그들은 글레멘드를 비롯한 여러 동역자들과 함께 복음을 전하며 수고한 사람들입니다. 그들 이름 역시 생명책에 기록되어 있지 않습니까?

4 주님 안에서 항상 기뻐하십시오. 다시 말하거니와 기뻐하십시오.

5 여러분이 선하고 친절하다는 것을 모든 사람이 알도록 행동하십시오. 주님께서 곧 오실 것입니다.

6 걱정하지 말고 필요한 것을 하나님께 구하고 아뢰십시오. 감사하는 마음으로 하나님께 말씀드리십시오.

7 그러면 우리 주 예수 그리스도 안에서 그 어느 누구도 측량할 수 없는 평안이 여러분의 마음과 생각 가운데 풍성히 임할 것입니다.

* 4:1 면류관입니다.

저자의 묵상

바울은 본문에서 성도가 주 안에서 항상 기뻐할 수 있는 두 가지 방법을 제시하고 있다. 첫째는 타인을 향한 관용이다(5절). 아량과 배려로도 이해되는 이 말은 상대방을 향한 용서와 자비가 바탕이 될 때 가능한 삶의 태도다. 그리스도인은 기본적으로 상대방에게 친절하며 자비와 아량을 베풂으로써 그리스도의 향기를 내야 한다. 이런 관용은 주님이 가까우시다는 사실을 인식할 때 가능하다. 주님을 곧 만날 것을 생각한다면 용서하고 아량을 베풀지 못할 일이 없다. 두 번째 방법은 염려하지 않고 하나님께 기도와 간구로 나가는 것이다(6절). 염려는 기쁨을 앗아간다. 염려는 하나님께서 그 백성을 친히 인도하시고 모든 필요를 아신다는 믿음이 결여될 때 나타난다(마 6:31-32). 그러므로 염려할 시간에 대신 기도해야 한다. 그럴 때 사람의 생각을 넘어서는(모든 지각에 뛰어난) 하나님의 평강이 우리를 지켜 주신다(7절).

> **무릎 기도** 하나님, 주 안에서 항상 기뻐하기 위해 관용과 기도의 삶을 계속 살아가길 원합니다.

ESV - Philippians 4

1 Therefore, my brothers,* whom I love and long for, my joy and crown, stand firm thus in the Lord, my beloved.

2 I entreat Euodia and I entreat Syntyche to agree in the Lord.

3 Yes, I ask you also, true companion,* help these women, who have labored* side by side with me in the gospel together with Clement and the rest of my fellow workers, whose names are in the book of life.

4 Rejoice in the Lord always; again I will say, rejoice.

5 Let your reasonableness* be known to everyone. The Lord is at hand;

6 do not be anxious about anything, but in everything by prayer and supplication with thanksgiving let your requests be made known to God.

7 And the peace of God, which surpasses all understanding, will guard your hearts and your minds in Christ Jesus.

* 4:1 Or brothers and sisters; also verses 8, 21
* 4:3 Or loyal Syzygus; Greek true yokefellow
* 4:3 Or strived (see 1:27)
* 4:5 Or gentleness

1 long for …을 사모하다 stand firm 굳건히 서다   2 entreat 간청하다 agree in …에 있어서 일치하다   3 companion 친구, 동역자   5 reasonableness 온당함   6 supplication 간구 request 요청   7 surpass 뛰어나다

30

월   일

모든 것을 할 수 있는 신앙

빌립보서 4:8-14 • 새찬송 299장 | 통일 418장

• 말씀묵상 전에 성령님의 인도하심을 구하는 기도를 드리십시오.

본문요약 | 바울은 성도들의 삶의 덕목을 소개하고 이를 행하라고 한다. 또한 빌립보 교회가 자신을 다시 생각하게 된 것을 기뻐하고 감사하면서 자신이 그리스도 안에서 어떤 상황에도 자족하고 있으며 모든 것을 할 수 있다고 밝힌다. 그러나 동시에 빌립보 교인들의 동참에 매우 감사하고 있다.

---

8 끝으로 형제들아 무엇에든지 참되며 무엇에든지 경건하며 무엇에든지 옳으며 무엇에든지 정결하며 무엇에든지 사랑받을 만하며 무엇에든지 칭찬받을 만하며 무슨 덕이 있든지 무슨 기림이 있든지 이것들을 생각하라

9 ¹⁾너희는 내게 배우고 받고 듣고 본 바를 행하라 그리하면 평강의 하나님이 너희와 함께 계시리라

10 내가 주 안에서 크게 기뻐함은 너희가 나를 생각하던 것이 이제 다시 싹이 남이니 너희가 또한 이를 위하여 생각은 하였으나 기회가 없었느니라

11 내가 궁핍하므로 말하는 것이 아니니라 어떠한 형편에든지 나는 자족하기를 배웠노니

12 나는 비천에 처할 줄도 알고 풍부에 처할 줄도 알아 모든 일 곧 배부름과 배고픔과 풍부와 궁핍에도 처할 줄 아는 일체의 비결을 배웠노라

13 내게 능력 주시는 자 안에서 내가 모든 것을 할 수 있느니라

14 그러나 너희가 내 괴로움에 함께 ²⁾참여하였으니 잘하였도다

1. 오늘 하나님께서 나에게 주신 깨달음은 무엇입니까?

2. 말씀을 어떻게 내 삶에 구체적으로 적용해야 합니까?

1) 또는 너희는 배우고 …… 내 안에서 본 바를
2) 또는 교제

8 **무엇에든지 칭찬받을 만하며 무슨 덕이 있든지** 여기 언급된 덕목들은 바울이 편지를 마무리하면서 성도들이 갖추어야 할 것들을 밝힌 것이다. 모든 덕목 앞에 "무엇에든지"나 "무슨"이란 말을 넣어서 이런 덕목들이 어떤 처지나 형편 속에서도 그리스도인의 삶에서 생각하고 추구되어야 할 덕목들임을 밝힌다.

9 **너희는 내게 배우고 받고 듣고 본 바를 행하라** 바울은 4개의 동사를 사용하여("배우고 받고 듣고 본") 자신이 가르치고 본을 보인 모든 것을 행하라고 강조한다. 그리하면 하나님의 평강이 그들과 함께할 것도 말한다. 4장 6~7절에서 성도가 주님께 기도하고 아뢸 때 하나님의 평강이 함께할 것을 말했다. 그 때문에 이 둘을 연결해 보면 성도는 기도할 때뿐만 아니라 말씀을 행할 때 하나님의 평강을 맛보게 됨을 알 수 있다.

10 **너희가 나를 생각하던 것이 이제 다시 싹이 남이니** 바울은 빌립보 교회가 자신을 다시 생각하게 된 것을 크게 기뻐한다. 빌립보 교회는 바울의 사역에 함께하며 헌금하며 도왔다(고후 11:9). 그러나 바울이 예루살렘에서 투옥되고 로마로 호송되는 동안 기회를 얻지 못하다가 로마에 투옥된 후 에바브로디도 편에 바울을 돕게 된 것이다. 이러한 도움은 빌립보서를 기록하게 된 직접적인 동기가 되었다.

11 **내가 궁핍하므로 말하는 것이 아니니라** 바울은 자신의 감사가 단지 물질적인 도움에 대한 감사 때문만은 아님을 밝힌다. 바울은 빌립보 교인들의 물질적인 선물도 감사하지만 자신은 어떠한 형편에서도 자족을 배웠다고 말함으로써 자신이 가지고 있는 영적 부요함의 비밀을 소개한다.

12 **일체의 비결을 배웠노라** 11절에서 언급한 "자족"에 대한 자세한 설명이다. 한 마디로 형편이 되든지 안 되든지 상관없이 어떤 형편도 감당할 수 있다고 말한다. 이것이 진정한 성도의 모습이다. 성도는 없다고 불평하거나 있다고 교만하지 않는다. 오히려 없거나 부족할 때는 하나님의 뜻을 기다리고, 풍족할 때는 주를 위해 사용함으로써 우리가 이 땅의 가치에 매이지 않고 영원한 하나님의 백성임을 드러내야 한다.

13-14 **내게 능력 주시는 자 안에서 내가 모든 것을 할 수 있느니라** 바울은 주님 안에서 모든 것을 할 수 있다고 고백함으로써 자신의 부요함의 원천이 그리스도이심을 말한다. 그러나 동시에 빌립보 교인들이 자신을 생각하여 후원한 것에 감사함으로써 균형 있는 신앙인의 모습을 보여준다.

8 형제 여러분, 선함을 추구하며 가치가 있는 것들에 마음을 쏟기 바랍니다. 참되고, 고상하고, 옳고, 순결하며, 아름답고, 존경할 만한 것들을 생각하십시오.

9 여러분이 내게서 배운 것과 받은 것들을 행동으로 옮기십시오. 그러면 평화의 하나님께서 여러분과 함께하실 것입니다.

10 여러분이 다시 나를 기억하고 도와주니, 내 마음은 기쁨으로 가득합니다. 어쩌면 여러분이 늘 가져왔던 관심을 표현할 길이 없었을지도 모르겠습니다.

11 내 처지가 힘들어서 이렇게 말하는 것은 아닙니다. 나는 내가 가진 것에 만족하고 있으며, 어떠한 환경에서도 감사하는 법을 배웠습니다.

12 가난을 이겨 낼 줄도 알고, 부유함을 누릴 줄도 압니다. 배부를 때나 배고플 때나, 넉넉할 때나 궁핍할 때나, 어떤 형편에 처해서도 기뻐하고 즐거워합니다.

13 내게 능력 주시는 그리스도를 통하여 나는 모든 것을 할 수 있습니다.

14 그러나 필요한 순간에 여러분이 도와주어 정말 고마웠습니다.

저자의 묵상

바울은 그리스도인의 삶의 정수를 언급한다. 영원하신 예수 그리스도를 믿는 성도는 이 세상의 상황과 형편에 끌려다니지 않는다. 빈곤할 때 원망하고 풍부할 때 교만한 것이 세상의 이치다. 그러나 그리스도인은 그런 삶을 살지 않아야 한다. 특별히 바울은 상반되는 가치들을 언급하며 어떠한 형편에도 처할 줄 알아야 한다고 말한다. 사람들이 흔히 오해하는 부분은 가난하고 청빈한 것이 훌륭한 신앙인의 미덕이라고 생각하는 것이다. 그러면서 은연중에 부한 것에 대해 부정적인 입장을 취하는 사람들이 있다. 바울은 그런 치우친 견해를 본문에서 주장하지 않는다. 풍부할 때는 풍부한 대로 주를 위해 사용하고 누릴 줄 알고, 부족할 때는 부족해도 주님과 주변을 원망하지 않으며 균형 있게 살아야 한다. 이런 모습이야말로 진정한 그리스도인의 가치관이다. 진정한 신앙은 양쪽 가치 모두를 포용한다. 부유함과 가난함에 대해서 주 안에서 모든 것을 누리고 감당할 수 있는 치우치지 않는 신앙인이 되어야 한다.

> **무릎기도** 하나님, 가난할 때도 부유할 때도 주를 섬기는 것에 변함이 없는 신앙이 되게 하소서.

ESV - Philippians 4

8 Finally, brothers, whatever is true, whatever is honorable, whatever is just, whatever is pure, whatever is lovely, whatever is commendable, if there is any excellence, if there is anything worthy of praise, think about these things.

9 What you have learned* and received and heard and seen in me—practice these things, and the God of peace will be with you.

10 I rejoiced in the Lord greatly that now at length you have revived your concern for me. You were indeed concerned for me,

but you had no opportunity.

11 Not that I am speaking of being in need, for I have learned in whatever situation I am to be content.

12 I know how to be brought low, and I know how to abound. In any and every circumstance, I have learned the secret of facing plenty and hunger, abundance and need.

13 I can do all things through him who strengthens me.

14 Yet it was kind of you to share* my trouble.

> * 4:9 Or these things—9 which things you have also learned
> * 4:14 Or have fellowship in

8 commendable 칭찬할 만한 worthy of ···할 만한   10 at length 마침내, 드디어 opportunity 기회   11 in need 궁핍한 content 만족하는   12 be brought low 몰락하다 circumstance 상황 abundance 풍부   13 strengthen 강하게 하다   14 share 함께하다

31
월   일

풍성하게 채우시리라

빌립보서 4:15–23 · 새찬송 313장 | 통일 352장

• 말씀묵상 전에 성령님의 인도하심을 구하는 기도를 드리십시오.

> **본문요약** | 바울은 빌립보 교회가 여러 번 물질적으로 후원한 것을 감사한다. 그러면서 더 이상의 선물을 구하지 않음을 밝히면서 에바브로디도 편에 보내준 선물에 대해 '풍성하며 이는 하나님이 받으실 만한 제물'이라고 말한다. 하나님께서 빌립보 성도들을 풍성하게 채우실 것을 끝으로 언급하며 문안 인사로 마친다.

15 빌립보 사람들아 너희도 알거니와 복음의 시초에 내가 마게도냐를 떠날 때에 주고 받는 내 일에 1)참여한 교회가 너희 외에 아무도 없었느니라

16 데살로니가에 있을 때에도 너희가 한 번 뿐 아니라 두 번이나 나의 쓸 것을 보내었도다

17 내가 선물을 구함이 아니요 오직 너희에게 유익하도록 풍성한 열매를 구함이라

18 내게는 모든 것이 있고 또 풍부한지라 에바브로디도 편에 너희가 준 것을 받으므로 내가 풍족하니 이는 받으실 만한 향기로운 제물이요 하나님을 기쁘시게 한 것이라

19 나의 하나님이 그리스도 예수 안에서 영광 가운데 그 풍성한 대로 너희 모든 쓸 것을 채우시리라

20 하나님 곧 우리 아버지께 세세 무궁하도록 영광을 돌릴지어다 아멘

21 그리스도 예수 안에 있는 성도에게 각각 문안하라 나와 함께 있는 형제들이 너희에게 문안하고

22 모든 성도들이 너희에게 문안하되 특히 가이사의 집 사람들 중 몇이니라

23 주 예수 그리스도의 은혜가 너희 심령에 있을지어다

1. 오늘 하나님께서 나에게 주신 깨달음은 무엇입니까?

2. 말씀을 어떻게 내 삶에 구체적으로 적용해야 합니까?

1) 또는 교제

15 복음의 시초에 바울이 복음을 전하기 위하여 빌립보를 방문했던 2차 전도여행 때를 말한다(행 16:12). 바울은 감옥에 갇히는 어려움 중에도 복음을 전하며 교회를 세웠고, 이렇게 세워진 빌립보 교회는 바울을 재정적으로 후원했다. 바울은 자신이 직접 선교비를 벌어 쓰는 '자비량 선교'(tent maker)를 했지만 때에 따라 이렇게 교회의 도움을 받았다.

16 2차 전도여행 때 빌립보를 거쳐 바울은 데살로니가에 이르러 3주간 복음을 전했다(행 17:1-9). 데살로니가에서도 바울은 사람들에게 재정적 부담을 주지 않기 위해 자신이 손수 일하면서 복음을 전했지만(살전 2:9), 이때도 빌립보 교인들의 재정적 후원이 있었다.

17 내가 선물을 구함이 아니요 연이은 감사의 표시가 혹시나 더 많은 후원의 요구처럼 들릴 수 있음을 감지한 바울은 자신이 선물을 구하기 위해서 이 편지를 쓰는 것이 아님을 강조해서 분명하게 표현한다. 아울러 그가 그들의 헌신을 언급한 이유는 주를 위한 헌신이 그들에게 풍성한 것을 가져올 것을 말하기 위해서다. 주님을 위해 쓰면 주님은 또한 풍성히 채워 주신다(고후 9:10).

18 풍부한지라 … 향기로운 제물이요 하나님을 기쁘시게 한 것이라 다시 한번 바울은 자신은 이미 빌립보 교회가 에바브로디도 편에 보내 준 것으로 풍족하다고 말함으로써 자신이 더 많은 후원을 바라고 빌립보 교회를 칭찬하는 것이 아님을 분명히 한다. 빌립보 교회의 헌신이 귀한 이유는 그것이 하나님을 기쁘시게 한 제물이기 때문이다.

19 나의 하나님 바울은 하나님을 자신의 개인적인 하나님으로 고백한다. 그와 함께하셔서 충분히 경험한 구체적이고 친근하고 실제적인 하나님을 표현한 것이다. 성도는 하나님을 '그 누구의 하나님'이 아닌 내가 직접 체험하고 만난 분으로 고백할 수 있어야 한다(참조. 하나님과 멀어진 사울은 하나님을 사무엘의 하나님이란 의미로 "당신의 하나님"이라 부른다_삼상 15:21, 30).

21-22 모든 성도들이 너희에게 문안하되 특히 가이사의 집 사람들 중 몇이니라 바울 서신 마지막에서 흔히 발견하듯이 그는 문안 인사로 끝을 맺는다. 특별히 로마의 성도들 중 "가이사 집 사람들 몇"을 언급함으로써 바울이 로마에 갇혀 있는 것이 복음의 진보를 이루었음을 보여주고 있다(1:12-13). 이것은 바울의 투옥을 걱정하는 빌립보 교인들에게 크나큰 위로가 되었을 것이다.

15 여러분은 내가 처음 그곳에 복음을 전한 때를 기억하고 있을 것입니다. 마케도니아를 떠날 때에 내게 도움을 준 교인은 여러분 빌립보 사람들뿐이었습니다.

16 내가 데살로니가에 있을 때도 여러분은 여러 번에 걸쳐 내게 필요한 물건들을 보내 주었습니다.

17 여러분들로부터 뭔가 선물을 기대하고 말하는 것이 아니라, 내게 베푸는 큰 기쁨이 여러분 가운데 차고 넘치기를 원합니다.

18 이제 나는 모든 것이 풍족합니다. 여러분이 에바브로디도 편에 보내 준 선물 때문에 부족한 것이 없습니다. 여러분의 선물은 하나님께 드려질 향기로운 제물입니다. 하나님께서는 그 제물을 기쁘게 받으실 것입니다.

19 하나님께서 그리스도 예수 안에서 여러분이 필요로 하는 모든 것을 풍족히 채워 주실 것입니다.

20 우리 하나님 아버지께 영원토록 영광을 돌려드립니다. 아멘.

21 그곳에 있는 모든 성도들에게 문안드립니다. 여기 나와 같이 있는 형제들도 여러분에게 안부를 전합니다.

22 모든 성도들이 여러분에게 문안하고, 로마 황실 안에서 믿는 몇몇의 성도들이 여러분에게 또한 인사드립니다.

23 주 예수 그리스도의 은혜가 여러분과 함께하기를 기도합니다.

저자의 묵상

바울은 서신을 마무리하면서 빌립보 교회의 후원에 감사한다. 그러나 그의 감사가 단순히 물질적 감사나 혹은 더 많은 후원을 요구하는 것으로 비치지 않기 위해 매우 조심스럽게 편지를 마무리한다. 성도들이 바울에게 한 것은 하나님께 한 것이며 하나님께서 채우실 것임을 강조한다. 여기서 바울의 관점을 배워야 한다. 바울은 성도들의 후원을 바울 개인에게 한 것이 아니라 하나님께 한 것으로 언급한다. 복음과 교회 안에서 이루어지는 일은 하나님의 일임을 알아야 한다. 그 때문에 내가 드러나거나 생색을 내려 해서는 안 될 것이며 오직 나의 행위를 통해 주의 영광만 드러나야 한다. 이런 헌신에는 하나님의 채우심이 있다(19절). 축복을 계속하여 경험하는 방법은 사명을 계속 감당하는 데 있다. 최선의 방어가 공격이란 말이 있듯이 주를 위해 사는 것이 가장 나를 복되게 하는 방법임을 명심해야 한다.

> **무릎 기도** │ 하나님, 주를 위해 헌신하게 하시며 오직 주님께만 영광을 돌리는 신앙인이 되길 원합니다.

ESV - Philippians 4

15 And you Philippians yourselves know that in the beginning of the gospel, when I left Macedonia, no church entered into partnership with me in giving and receiving, except you only.

16 Even in Thessalonica you sent me help for my needs once and again.

17 Not that I seek the gift, but I seek the fruit that increases to your credit.*

18 I have received full payment, and more. I am well supplied, having received from Epaphroditus the gifts you sent, a fragrant offering, a sacrifice acceptable and pleasing to God.

19 And my God will supply every need of yours according to his riches in glory in Christ Jesus.

20 To our God and Father be glory forever and ever. Amen.

21 Greet every saint in Christ Jesus. The brothers who are with me greet you.

22 All the saints greet you, especially those of Caesar's household.

23 The grace of the Lord Jesus Christ be with your spirit.

* 4:17 Or I seek the profit that accrues to your account

15 enter into partnership with …와 협력하다   16 once and again 여러 번 되풀이하여   18 payment 보상 fragrant 향기로운 offering 제물 sacrifice 제물 acceptable 받아들일 만한   21 saint 성도   22 household 가족

골로새서를 묵상하기 전에

저자와 저작 연대

저자는 편지의 서두에 나타난 것처럼 바울이다(1:1). 서신의 제목은 이 서신을 수신하는 골로새 교회의 이름에서 유래되었다. 그러나 이 서신은 골로새 교회뿐만 아니라 주변 교회들에게도 회람되었다(4:16). 본 서신은 빌레몬서, 에베소서와 거의 같은 시기인 AD 60-62년경에 기록되었다. 바울은 이 서신을 로마에서 죄수로 갇혀 지내던 가택 연금 상태에서 기록했다. 바울이 이때 네 편의 서신서를 쓰게 되는데 그것을 옥중서신이라고 부른다. 에베소서, 빌립보서, 골로새서 그리고 빌레몬서 네 서신이 여기에 해당된다.

기록 목적과 배경

골로새는 소아시아에 속한 브루기아에 위치해 있었다. 에베소에서 동쪽으로 161km 떨어진 곳이었다. 골로새 주민의 대부분은 이방인이었지만 안티오코스 대왕(BC 223-187년) 시대 이후 적지 않은 유대인이 정착하고 있었다.

골로새 교회는 바울이 에베소에 3년간 머물면서 사역하던 시기에 시작되었다. 그러나 골로새 교회를 세운 사람은 바울이 아니었다(2:1). 에베소를 방문했다가 그리스도를 영접한 에바브라가 골로새로 돌아와 교회를 세운 것으로 추정된다(행 19:10; 골 1:5-7). 골로새 교회가 설립되고 얼마 지나지 않아 거짓 교사들에 의해 교회 내에 이단 사상이 퍼지게 되었다. 그들은 영지주의와 유사한 사상을 가르쳤다. 거짓 교사들은 물질적인 것은 영적인 것보다 열등하며, 그런 이유에서 이 땅에 온 예수 그리스도는 하나님보다 열등한 존재라고 생각했다. 또한 참된 구원에 이르기 위해서는 성경의 가르침보다 고차원적이고 비밀스러운 지식과 체험이 필요하다고 가르쳤다. 심지어는 천사를 숭배하며 여러 신비한 체험을 강요하기도 했다. 동시에 거짓 교사들은 신앙의 성장을 위해 유대 율법주의에 근거한 각종 예식 준수와 금욕주의가 필요하다고 가르쳤다.

골로새 교회에 급격히 퍼져 가는 이단 사상들을 염려한 에바브라는 로마에 투옥되어 있는 바울을 방문한 것 같다. 상황을 들은 바울은 골로새 교회 성도들에게 거짓 교사들의 이단 사상을 엄히 경계하고, 올바른 교리를 가르치고 이단을 반박하기 위해 이 서신을 기록했다. 바울에 의해 기록된 서신은 두기고에 의해 골로새 교회에 전해졌으며 주변 교회에도 회람되었다(4:7,16).

주요 내용

주요 내용은 이단 사상에 대비하기 위한 교리적 가르침과 이에 따른 성도의 삶으로 구성되어 있다. 1-2장에서 바울은 거짓 교사들의 가르침을 바로잡기 위해 그리스도의 신성과 그리스도의 온전한 구원 사역에 대해 기술했다. 이후 3-4장에서 성도가 어떻게 믿음에 합당한 삶을 살아야 하는지 구체적으로 서술했다. 본서에서 바울이 강조하고 있는 신학적 내용은 다음과 같다.

1. 예수 그리스도의 온전한 신성(1:15-20; 2:2-10; 3:1)
   예수 그리스도는 하나님의 아들이며, 온 우주를 다스리는 주님이시다.
2. 그리스도의 완전한 구원과 화해(1:13,14,20-23; 2:13-15; 3:9-11)
   하나님은 예수 그리스도를 통해 온전한 구원을 이루셨다. 그 결과 인간은 하나님과의 화해를 이루며, 예수님 안에서 생명을 얻고, 그분과 함께 부활하여 영광을 누리게 되었다.
3. 믿음에 합당한 성도의 삶(1:10-12,28; 3:1-4:6)
   성도는 자신의 신앙을 구체적인 삶의 방식으로 표현해야 한다. 늘 기도로 깨어 있어야 하며 구원의 은혜를 베푸신 하나님께 감사와 찬송을 드려야 한다. 동시에 성도의 신앙은 자신의 가정과 주변 사람들과의 관계에서 선한 영향력으로 나타나야 한다.

단락 구분

I. 개인적 인사와 기도(1:1-14)
   A. 바울의 인사(1:1-2)
   B. 바울의 감사(1:3-8)
   C. 바울의 기도(1:9-14)

II. 교리적 가르침(1:15-2:23)
   A. 그리스도에 대한 찬양(1:15-23)
   B. 바울의 수고(1:24-2:7)
   C. 거짓 가르침에 대한 경고(2:8-23)

III. 성도의 삶에 대한 가르침(3:1-4:6)
   A. 성도의 올바른 신앙생활(3:1-17)
   B. 성도의 올바른 가정과 사회생활(3:18-4:1)
   C. 성도의 올바른 기도와 언어생활(4:2-6)

IV. 개인적 인사와 맺음말(4:7-18)

32 복음의 소망

월   일

골로새서 1:1-8 • 새찬송 323장 | 통일 355장

• 말씀묵상 전에 성령님의 인도하심을 구하는 기도를 드리십시오.

> **본문요약** ㅣ 바울은 로마에서 가택 연금된 상태에서 골로새 교회에 편지를 썼다. 바울은 비록 골로새 지역을 방문한 적은 없지만 에바브라를 통해 골로새 교회에 대해 알게 되었고, 신실한 하나님의 사도로서 골로새 교회를 위해 기도하며 본 서신을 통해 믿음의 도리를 제시하고자 했다.

1 하나님의 뜻으로 말미암아 그리스도 예수의 사도 된 바울과 형제 디모데는
2 골로새에 있는 1)성도들 곧 그리스도 안에서 신실한 형제들에게 편지하노니 우리 아버지 하나님으로부터 은혜와 평강이 너희에게 있을지어다
3 우리가 너희를 위하여 기도할 때마다 하나님 곧 우리 주 예수 그리스도의 아버지께 감사하노라
4 이는 그리스도 예수 안에 너희의 믿음과 모든 성도에 대한 사랑을 들었음이요
5 너희를 위하여 하늘에 쌓아 둔 소망으로 말미암음이니 곧 너희가 전에 복음 2)진리의 말씀을 들은 것이라
6 이 복음이 이미 너희에게 이르매 너희가 듣고 참으로 하나님의 은혜를 깨달은 날부터 너희 중에서와 같이 또한 온 천하에서도 열매를 맺어 자라는도다
7 이와 같이 우리와 함께 종 된 사랑하는 에바브라에게 너희가 배웠나니 그는 너희를 위한 그리스도의 신실한 일꾼이요
8 성령 안에서 너희 사랑을 우리에게 알린 자니라

1. 오늘 하나님께서 나에게 주신 깨달음은 무엇입니까?

2. 말씀을 어떻게 내 삶에 구체적으로 적용해야 합니까?

1) 또는 성도들과
2) 헬, 참

1 하나님의 뜻으로 말미암아 그리스도 예수의 사도 된 바울 본 서신의 저자가 바울임이 나타난다. 바울은 당시 헬라식 서간문의 형태에 따라 먼저 자신이 누구인지를 밝힌다. 그는 자신을 '그리스도의 사도'라고 소개하는데, 사도의 문자적 의미는 '보냄을 받은 자'다. 즉, 자신을 복음 전파를 위해 보냄을 받은 자로 밝힌다. 이러한 바울의 분명한 정체성은 하나님의 은혜로 주어진 것이었다.

2 골로새에 있는 성도들 곧 그리스도 안에서 신실한 형제들에게 편지하노니 편지의 수신자는 골로새 교회의 성도들이다. 바울은 골로새를 방문한 적이 없으므로, 에바브라를 통해 골로새 교회를 알았을 것이다(1:7; 4:12). 자신이 개척한 교회는 아니지만 바울은 그리스도 예수의 사도로서, 거짓된 교훈으로 위협받고 있는 골로새 교회를 돌봐야 할 책임을 느끼고 있었다. 바울은 본격적으로 자신의 가르침을 펼치기 전에 은혜와 평강이 골로새 교인들에게 있기를 축복한다. 신의 보호와 평안을 비는 것은 헬라식 서간문의 일반적 형태였다. 그러나 바울은 이 은혜와 평강이 하나님으로부터 오는 것임을 특별히 강조했다.

3 너희를 위하여 기도할 때마다 하나님 곧 우리 주 예수 그리스도의 아버지께 감사하노라 바울은 비록 골로새 교인들과 함께 있을 수는 없었지만, 기도를 통해 그들과 함께했다. 그가 얼마나 자신에게 주어진 사도의 직분을 신실하게 수행하고 있는지를 보여준다.

4-5 너희의 믿음과 모든 성도에 대한 사랑을 들었음이요 너희를 위하여 하늘에 쌓아 둔 소망으로 말미암음이니 바울이 골로새 교회를 위해 기도할 때마다 하나님께 감사드린 이유는 골로새 교회가 가지고 있는 믿음, 사랑, 소망 때문이었다. 바울은 이 세 가지가 성숙한 성도와 교회에 항상 있어야 할 것이라고 가르쳤다(고전 13:13; 살전 1:3). 골로새 교회는 이 세 가지를 갖춤으로써 신앙의 균형을 이루고 있었다. 한편 5절 하반절에 나오는 '진리의 말씀'은 믿음을 허무는 '철학과 헛된 속임수'(2:8)와 대조를 이룬다.

6 온 천하에서도 열매를 맺어 자라는도다 바울은 골로새 성도들이 접한 복음이 그 지역에 한정된 것이 아니고, 지중해 연안 전역에 퍼져 나가고 있는 진리임을 언급한다. 바울이 이 서신을 쓰고 있는 당시 복음은 다메섹, 안디옥, 고린도, 에베소뿐만 아니라 로마까지 전파되고 있었다. 바울은 이 복음이 결국에는 세상 끝까지 전파되고, 그를 통해 수많은 사람들이 그리스도인이 될 것을 확신하고 있다.

7 우리와 함께 종 된 사랑하는 에바브라에게 너희가 배웠나니 에바브라는 에바브라디도의 축약형이다. 에바브라는 골로새 출신(4:12)이었으며 바울과 함께 투옥되기도 했다(몬 1:23). 골로새

1 하나님의 뜻에 따라 그리스도 예수의 사도가 된 바울과 형제 디모데는

2 골로새에 있는 거룩하고 신실한 성도들에게 편지합니다. 우리 아버지 하나님의 은혜와 평안이 함께하기를 빕니다.

3 여러분을 위해 기도할 때마다 우리 주 예수 그리스도의 아버지 하나님께 감사드립니다.

4 그것은 여러분이 예수 그리스도를 잘 믿고, 모든 성도를 사랑하고 있다는 소식을 들었기 때문입니다.

5 여러분의 이러한 믿음과 사랑은 하나님께서 여러분을 위해 하늘에 예비해 두신 것에 대한 소망에서 나온 것이 아닙니까? 이 소망에 대해서는 처음 여러분이 복음을 받을 때, 이미 들었던 것입니다.

6 복음이 전해지는 곳마다 하나님의 복이 더해지고 있습니다. 여러분 역시 복음을 받아들여 하나님의 은혜 가운데 이 진리를 깨닫고, 지금도 그 은혜를 누리고 있습니다. 이 복음은 온 세상에서 열매를 맺고 있습니다.

7 여러분에게 이 복음을 전한 사람은 에바브라였습니다. 그는 우리와 함께 복음을 전하는 일꾼이며, 그리스도의 신실한 종입니다.

8 여러분이 성령으로부터 받은 사랑을 이웃들에게 베풀며 살아가고 있다는 소식도 그를 통해 들었습니다.

교회의 성도들은 이 에바브라에게 말씀을 배웠고 그로 인해 교회가 시작되었다. 바울은 이런 에바브라를 사랑하는 동역자로 밝히는데, 이것은 에바브라가 골로새 교인들에게 가르친 복음이 참된 것임을 인정하는 말이기도 했다.

저자의 **묵상**

바울은 현재 로마에 의해 가택 연금된 상태지만 자신을 죄수로 여기지 않는다. 바울은 당당하게 자신을 하나님의 뜻으로 세움 받은 그리스도의 사도라고 소개한다. 우리는 어려운 현실에만 초점을 맞춘 채 하나님이 우리에게 주신 소명을 망각하는 실수를 범하지 말아야 한다. 바울처럼 끝까지 하나님의 부르심과 사명을 붙잡아야 한다. 바울은 비록 골로새를 방문한 적도 없고 그 교회를 자신이 세우지도 않았지만, 에바브라를 통해 골로새 교회에 대해 듣고 사도적 책임감을 느끼며 성도들을 위해 지속적으로 기도를 드렸다. 또한 골로새 교회가 겪을 수 있는 어려움을 감지하고 본 서신을 통해 진리의 기준을 분명히 제시했다.

내가 시작한 것도 아니고, 내가 주도한 것도 아니기에 헌신하고 싶지 않을 때가 많다. 이런 모습을 가진 우리에게, 자신의 사도직을 생각하며 기꺼이 골로새 교회를 영적으로 돌보았던 바울은 큰 영적 깨달음과 도전을 준다.

> **무릎 기도** | 하나님, 바울처럼 현실을 넘어 나를 부르신 소명을 붙잡는 주의 일꾼이 되게 하소서. 내게 맡겨진 영혼들을 진심으로 섬기는 신실한 종이 되게 하소서.

ESV - Colossians 1

1 Paul, an apostle of Christ Jesus by the will of God, and Timothy our brother,

2 To the saints and faithful brothers* in Christ at Colossae: Grace to you and peace from God our Father.

3 We always thank God, the Father of our Lord Jesus Christ, when we pray for you,

4 since we heard of your faith in Christ Jesus and of the love that you have for all the saints,

5 because of the hope laid up for you in heaven. Of this you have heard before in the word of the truth, the gospel,

6 which has come to you, as indeed in the whole world it is bearing fruit and increasing—as it also does among you, since the day you heard it and understood the grace of God in truth,

7 just as you learned it from Epaphras our beloved fellow servant.* He is a faithful minister of Christ on your* behalf

8 and has made known to us your love in the Spirit.

* 1:2 Or brothers and sisters. In New Testament usage, depending on the context, the plural Greek word adelphoi (translated "brothers") may refer either to brothers or to brothers and sisters
* 1:7 For the contextual rendering of the Greek word sundoulos, see Preface
* 1:7 Some manuscripts our

---

1 apostle 사도   2 saint 성도 faithful 충실한   5 lay up 비축하다 truth 진리 gospel 복음   6 bear fruit 열매를 맺다
7 servant 종 on one's behalf …을 위해

33

월   일

그칠 수 없는 기도와 감사의 이유

골로새서 1:9–14 • 새찬송 368장 | 통일 486장

• 말씀묵상 전에 성령님의 인도하심을 구하는 기도를 드리십시오.

본문요약 | 바울은 골로새 교인들을 위해 끊임없이 기도한다. 그들이 영적으로 성숙한 하나님의 자녀가 되기를 바랐기 때문이다. 또한 바울은 하나님께 깊은 감사를 올려 드렸다. 그것은 하나님께서 예수님을 통해 성도에게 행하신 놀라운 일 때문이었다.

---

9 이로써 우리도 듣던 날부터 너희를 위하여 기도하기를 그치지 아니하고 구하노니 너희로 하여금 모든 신령한 지혜와 총명에 하나님의 뜻을 아는 것으로 채우게 하시고

10 주께 합당하게 행하여 범사에 기쁘시게 하고 모든 선한 일에 열매를 맺게 하시며 하나님을 아는 것에 자라게 하시고

11 그의 영광의 힘을 따라 모든 능력으로 능하게 하시며 기쁨으로 모든 견딤과 오래 참음에 이르게 하시고

12 우리로 하여금 빛 가운데서 성도의 기업의 부분을 얻기에 합당하게 하신 아버지께 감사하게 하시기를 원하노라

13 그가 우리를 흑암의 권세에서 건져내사 그의 사랑의 아들의 나라로 옮기셨으니

14 그 아들 안에서 우리가 속량 곧 죄 사함을 얻었도다

1. 오늘 하나님께서 나에게 주신 깨달음은 무엇입니까?

2. 말씀을 어떻게 내 삶에 구체적으로 적용해야 합니까?

9 너희로 하여금 모든 신령한 지혜와 총명에 하나님의 뜻을 아는 것으로 채우게 하시고 본 절부터 골로새 성도들을 위한 바울의 간절하고 지속적인 기도가 시작된다. 먼저 바울은 골로새 성도들이 거짓 교사들의 잘못된 가르침에 빠지지 않고(2:4), 하나님의 뜻을 분별하기를 기도했다. 또한 세상의 철학과 거짓 교사들의 속임수(2:8)가 아닌, 영적인 지혜와 총명을 갖기를 간구했다.

10 주께 합당하게 행하여 범사에 기쁘시게 하고 모든 선한 일에 열매를 맺게 하시며 하나님을 아는 것에 자라게 하시고 바울은 영적인 지혜와 총명을 갖게 될 때 나타나는 자연스러운 결과를 말한다. 그렇게 되면 성도는 주님 앞에 합당하게 행하며, 모든 일에 하나님을 기쁘시게 한다. 또한 삶에서 선한 일에 열매를 맺으며 하나님에 대해 더 깊이 알아 간다.

11 그의 영광의 힘을 따라 모든 능력으로 능하게 하시며 기쁨으로 모든 견딤과 오래 참음에 이르게 하시고 바울은 성도들이 어떻게 어려움 속에서 넘어지지 않고 견딜 수 있는지 설명한다. 그것은 능력의 하나님께서 그들을 붙잡을 때 가능하다. 모든 능력은 인간의 모든 한계를 뛰어넘는 전능하신 하나님의 능력을 말한다. 견딤과 오래 참음에 이른다는 것은 목표를 향해 끝까지 인내하는 것을 말한다. 경주자가 종료 지점을 향해 마지막까지 최선을 다해 달려가는 것을 말하기도 한다(히 12:1).

12 성도의 기업의 부분을 얻기에 합당하게 하신 아버지께 감사하게 하시기를 원하노라 바울은 성도들이 하나님께 감사를 올려 드려야 하는 이유를 밝힌다. 그것은 하나님이 빛 가운데 성도의 기업의 부분을 얻게 하셨기 때문이다.
성도의 기업의 부분 그리스도 안에서 얻은 영적 유업을 말한다.

13 그가 우리를 흑암의 권세에서 건져내사 그의 사랑의 아들의 나라로 옮기셨으니 바울은 성도들이 감사해야 할 이유를 계속해서 말하고 있다. 하나님은 성도들을 흑암의 권세에서 구원해 주셨다. "흑암의 권세에서"는 앞 절의 "빛 가운데서"와 대조된 삶의 모습이다. 감사의 또 다른 이유는 하나님이 우리를 "사랑의 아들의 나라"로 옮겨 주셨기 때문이다. 여기서 '아들의 나라'는 '하나님 나라' 또는 '천국'과 같은 말이다(마 3:2; 4:17; 막 1:15). 주목해야 할 것은 우리를 옮기신 시점이 현재인 것이다. 예수님의 십자가 죽음과 부활로 천국이 이미 이 땅에 임하였다(마 12:28). 그러나 완전한 천국은 주님의 재림 때에 완성된다.

14 그 아들 안에서 우리가 속량 곧 죄 사함을 얻었도다 성도들이 하나님께 감사를 드려야 하는 또 다른 이유는 죄 사함을 받았기 때문이다.

9 그 소식을 들은 날부터 우리는 여러분을 위해 계속 기도하고 있습니다. 우리는 여러분이 하나님의 뜻을 분별하게 되기를 기도하고, 또한 하나님께서 영적인 지혜와 총명을 내려 주시기를 기도합니다.

10 그래서 모든 일에 하나님을 기쁘시게 하고, 영광 돌리는 삶을 살게 되길 원합니다. 또한 모든 선한 일에 열매를 맺으며, 하나님에 대해 더 많이 알아 가길 기대합니다.

11 하나님께서 그의 크신 능력으로 여러분을 강하게 붙들어 주실 때에, 여러분은 어떠한 어려움이 와도 넘어지지 않고 참고 견딜 수 있을 것입니다.

12 우리 아버지께 감사의 고백을 올려 드립니다. 하나님께서는 빛 가운데 살아 가는 자녀들을 위해 모든 것을 예비해 두셨습니다.

13 어둠의 세력에서 우리를 구원하셨으며, 그분이 사랑하는 아들의 왕국으로 우리를 옮겨 주셨습니다.

14 우리의 모든 죄에 대해 아들의 피로 대신 값을 치르시고, 우리를 용서해 주신 것입니다.

속량 죄인이나 노예를 돈을 지불하고 자유롭게 풀어 주는 것을 말한다. 예수님은 죄의 노예 되었던 우리를 자유롭게 하시기 위해 그의 피로 대가를 지불해 주셨다(롬 3:24; 엡 1:7).

저자의 묵상

바울은 골로새 교회 성도들에 대해 들은 날부터 그들을 위해 기도했다. 자녀가 잘 성장하기를 바라는 아버지의 마음으로 그들이 성령께서 주시는 지혜와 총명으로 하나님의 뜻을 알아 가길 소망했다. 또 선한 삶과 그 열매로 하나님을 기쁘시게 해 드리기를 바랐다. 우리에게도 이런 영적 아비의 마음이 있는가? 바울처럼 내게 맡겨진 영혼들을 위해 끊임없이 기도하는 모습이 있는가? 바울은 또한 하나님께 감사를 드린다. 예수님의 피를 통해 우리를 어둠의 권세에게 건지시고 그분의 나라로 이끄신 하나님을 찬양했다. 바울은 비록 로마에서 가택 연금된 상태였지만, 현실에 갇힌 자가 아니었다. 바울은 하나님의 놀라운 은혜를 보며 감사와 찬양을 드렸다. 현재 우리의 삶이 감옥 같을지라도, 바울처럼 하나님이 하신 일들을 기억하며 감사드릴 수 있는 영적 견고함이 있어야 한다.

> **무릎 기도** 하나님, 바울처럼 맡겨진 영혼을 위해 기도하게 하소서. 감옥 같은 현실 속에서도 주님의 역사를 바라보며 깊이 감사드릴 줄 아는 성숙한 성도가 되게 하소서.

ESV - Colossians 1

9 And so, from the day we heard, we have not ceased to pray for you, asking that you may be filled with the knowledge of his will in all spiritual wisdom and understanding,

10 so as to walk in a manner worthy of the Lord, fully pleasing to him: bearing fruit in every good work and increasing in the knowledge of God;

11 being strengthened with all power, according to his glorious might, for all endurance and patience with joy;

12 giving thanks* to the Father, who has qualified you* to share in the inheritance of the saints in light.

13 He has delivered us from the domain of darkness and transferred us to the kingdom of his beloved Son,

14 in whom we have redemption, the forgiveness of sins.

* 1:12 Or *patience, with joy giving thanks*
* 1:12 Some manuscripts *us*

9 cease 그만두다 spiritual 영적인　11 glorious 영광스러운 might 힘 endurance 인내 patience 인내　12 qualify 자격을 주다 inheritance 유산 saint 성도　13 deliver 구하다 domain 세력 범위 transfer 옮기다 beloved 사랑하는　14 redemption 구속 forgiveness 용서

34

그칠 수 없는 찬양의 이유

골로새서 1:15-23 • 새찬송 251장 | 통일 137장

• 말씀묵상 전에 성령님의 인도하심을 구하는 기도를 드리십시오.

> **본문요약** Ⅰ 바울은 만물의 주가 되시는 그리스도를 찬양한다. 또한 구속의 주님이신 그리스도를 찬양한다. 그리스도의 대속적 죽음으로 인해 성도는 하나님의 진노를 피하고 화해와 평화의 관계를 누리게 되었다.

15 그는 보이지 아니하는 하나님의 형상이시
요 모든 피조물보다 먼저 나신 이시니

16 만물이 그에게서 창조되되 하늘과 땅에서
보이는 것들과 보이지 않는 것들과 혹은
왕권들이나 주권들이나 통치자들이나 권
세들이나 만물이 다 그로 말미암고 그를
위하여 창조되었고

17 또한 그가 만물보다 먼저 계시고 만물이
그 안에 함께 섰느니라

18 그는 몸인 교회의 머리시라 그가 근본이시
요 죽은 자들 가운데서 먼저 나신 이시니
이는 친히 만물의 으뜸이 되려 하심이요

19 아버지께서는 모든 충만으로 예수 안에
거하게 하시고

20 그의 십자가의 피로 화평을 이루사 만물
곧 땅에 있는 것들이나 하늘에 있는 것들
이 그로 말미암아 자기와 화목하게 되기
를 기뻐하심이라

21 전에 악한 행실로 멀리 떠나 마음으로 원
수가 되었던 너희를

22 이제는 그의 육체의 죽음으로 말미암아
화목하게 하사 너희를 거룩하고 흠 없고
책망할 것이 없는 자로 그 앞에 세우고자
하셨으니

23 만일 너희가 믿음에 거하고 터 위에 굳게
서서 너희 들은 바 복음의 소망에서 흔들
리지 아니하면 그리하리라 이 복음은 천
하 1)만민에게 전파된 바요 나 바울은 이
복음의 일꾼이 되었노라

1) 헬, 모든 창조물에게

1. 오늘 하나님께서 나에게 주신 깨달음은 무엇입니까?

2. 말씀을 어떻게 내 삶에 구체적으로 적용해야 합니까?

15 그는 보이지 아니하는 하나님의 형상이시요 그리스도는 하나님의 완전한 형상이시며 하나님 자신이시다(빌 2:6).
모든 피조물보다 먼저 나신 이시니 단순히 시간적인 의미보다는 지위나 신분의 탁월성을 가리킨다. 그리스도는 만물보다 뛰어나신 분이시며 하나님과 동격이기 때문이다. 그리스도는 창조주 하나님과 함께 계셨고, 창조에 함께하셨다(요 1:1,2). 바울은 이 두 표현을 통해, 육신을 입고 이 땅 위에 오신 독생자 예수님이 보이지 아니하시는 하나님을 인류에게 온전한 모습으로 보여주신 분임을 강조한다.

18 그는 몸인 교회의 머리라 바울은 교회를 인간의 몸에 비유했다(고전 12:4-27). 그리스도는 몸의 머리 역할을 하신다(엡 1:22; 5:23). 몸의 모든 부분이 머리의 통제를 받듯이, 교회의 모든 방향은 그리스도를 통해 조정되고 움직여야 한다. **그가 근본이시요 죽은 자들 가운데서 먼저 나신 이시니 이는 친히 만물의 으뜸이 되려 하심이요** 죽음에서 부활하신 최초의 사람이신 예수 그리스도가 가장 위대하신 분임을 나타낸다. 동시에 미래에 성도들의 부활이 있을 것을 암시한다.

21 전에 악한 행실로 성도들이 그리스도를 통해 구원받기 전, 하나님이 주신 진리와 의로운 삶에 반대되는 삶을 살았음을 뜻한다(요 3:19,20; 15:18-25). 한편 바울은 21,22절을 통해 구원받기 이전과 이후의 성도들의 삶을 대조적으로 보여준다.
멀리 떠나 마음으로 원수가 되었던 너희를 하나님으로부터 분리되어 영적으로 소외된 것을 말한다(엡 2:12,13).

22 이제는 그의 육체의 죽음으로 말미암아 화목하게 하사 성도의 구원이 그리스도의 대속적 죽음을 통해 이루어졌음을 다시 한 번 강조한다(고후 5:18-21). 우리가 누리는 화평은 그리스도의 피 흘림이 있었기에 가능한 일이다.
너희를 거룩하고 흠 없고 책망할 것이 없는 자로 그 앞에 세우고자 하셨으니 그리스도의 죽음으로 성도가 얻게 된 칭의를 나타낸다(롬 3:24-26; 빌 3:8,9).

23 만일 너희가 믿음에 거하고 터 위에 굳게 서서 너희 들은 바 복음의 소망에서 흔들리지 아니하면 그리하리라 그리스도의 피로 구원받은 성도는 어떠한 상황에서도 그것을 믿음으로 굳게 지켜야 할 책임이 있다.
이 복음은 천하 만민에게 전파된 바요 나 바울은 이 복음의 일꾼이 되었노라 로마에 복음이 도달한 것을 말한다. 당시로서는 로마가 세계의 중심이었기에 온 세상에 복음이 전해지는 통로가 되었다.

15 아무도 하나님을 보지 못했으나, 예수님께서 하나님의 모습을 보여주셨습니다. 그리스도는 이 세상 만물보다 먼저 계신 분입니다.

16 그의 능력으로 하늘과 땅에 있는 모든 것과 눈에 보이는 것과 보이지 않는 것과 모든 권세와 지위, 주권, 능력이 생겨났습니다. 이 모든 것이 그리스도에 의해 창조되었으며, 또 그리스도를 위해 창조되었습니다.

17 그리스도는 모든 것이 생기기 전에 이미 계셨으며, 이 세상 모든 만물이 그분에 의해 유지되고 있습니다.

18 그분은 자신의 몸인 교회의 머리가 되십니다. 또한 모든 것이 그분으로부터 시작되었으며, 죽은 사람들 중에서 가장 먼저 살아나셨으므로 모든 것의 으뜸이 되십니다.

19 하나님께서는 자신에게 속한 모든 것이 그리스도 안에서 살아가는 것을 기뻐하셨습니다.

20 하나님께서는 이 땅에 있는 것이나 하늘에 있는 것이나, 모든 만물이 오직 그리스도를 통하여 하나님께 나아올 수 있도록 정해 놓으셨습니다. 그리스도께서 십자가에서 흘리신 보혈로 평화의 길을 열어 놓으신 것입니다.

21 이전에는 여러분이 하나님과 단절되어 있었습니다. 여러분의 악한 행실 때문에 하나님과 멀어져서 마음으로는 하나님과 원수가 되고 만 것입니다.

22 그러나 이제 그리스도께서 여러분을 하나님과 친구 사이로 화해시켜 주셨습니다. 여러분을 하나님께로 인도하기 위해 그분은 친히 사람의 몸을 입고 이 땅에 오셔서 십자가에 달려 돌아가셨습니다. 그분은 여러분을 아무 흠 없고 죄 없는 자로 만들어 하나님 앞에 세워 주셨습니다.

23 만일 여러분이 들은 복음을 굳게 믿고 그것을 붙들고 있으면 하나님은 그 모든 일을 이루실 것입니다. 믿음 안에서 흔들리지 말고 굳게 서 계십시오. 복음 안에서 받은 소망을 잊지 말기 바랍니다. 이제 그 복음이 온 세계로 퍼져 나가고 있습니다. 나 바울은 바로 이 복된 소식을 전하는 사람입니다.

저자의 묵상

바울은 세상 어떤 것과도 비교할 수 없는 찬란한 그리스도의 영광을 바라보며 찬양하고 있다. 당시 바울은 로마에 의해 가택 연금을 당해 자유롭지 못한 상태였다. 그러나 그의 영혼은 갇히거나 눌려 있지 않았다. 바울은 영적인 눈으로 존귀하신 그리스도를 보고 있었기 때문이다. 바울은 세상의 모든 것이 그리스도를 통해 창조되었고, 그리스도를 위해 창조되었으며, 그리스도로 인해 유지된다는 것을 깨달았다. 바울이 찬양하는 또 다른 이유는 존귀한 그리스도께서 영혼들을 위해 죽으셨기 때문이다. 바울은 자신과 성도들이 누리고 있는 구원이 그리스도의 대속적 죽음으로 주어진 것임을 알기에, 어떠한 환경 속에서도 감사를 그칠 수 없었다. 바울의 모습은 환경과 상황에 따라 너무도 쉽게 감사와 찬양을 그치는 우리에게 강한 도전을 준다. 오늘 하루 존귀하신 그리스도, 그런 그분이 우리를 위해 죽으셨다는 사실을 묵상하며 깊은 감사와 찬양을 올려 드리자.

> **무릎 기도** │ 하나님, 우리의 눈을 열어 그리스도의 존귀하심을 보게 하소서. 그런 그리스도께서 우리를 위해 죽으셨음에 그치지 않는 감사와 찬송을 드리게 하소서.

ESV - Colossians 1

15 He is the image of the invisible God, the firstborn of all creation.

16 For by* him all things were created, in heaven and on earth, visible and invisible, whether thrones or dominions or rulers or authorities—all things were created through him and for him.

17 And he is before all things, and in him all things hold together.

18 And he is the head of the body, the church. He is the beginning, the firstborn from the dead, that in everything he might be preeminent.

19 For in him all the fullness of God was pleased to dwell,

20 and through him to reconcile to himself all things, whether on earth or in heaven, making peace by the blood of his cross.

21 And you, who once were alienated and hostile in mind, doing evil deeds,

22 he has now reconciled in his body of flesh by his death, in order to present you holy and blameless and above reproach before him,

23 if indeed you continue in the faith, stable and steadfast, not shifting from the hope of the gospel that you heard, which has been proclaimed in all creation* under heaven, and of which I, Paul, became a minister.

* 1:16 That is, by means of; or in
* 1:23 Or to every creature

15 invisible 보이지 않는 firstborn 맏이 16 dominion 지배권 ruler 통치자 authority 권위자 17 hold together 단결하다 18 preeminent 탁월한 19 be pleased to do 기꺼이 …하다 dwell 살다 20 reconcile 화해시키다 21 alienate 멀리하다 hostile 적대하는 evil 악한 22 blameless 나무랄 데 없는 above reproach 나무랄 데 없는 23 stable 안정적인 steadfast 확고한 proclaim 선포하다

35

월   일

수고가 기쁨이 되는 순간

골로새서 1:24-29 · 새찬송 379장 | 통일 429장

• 말씀묵상 전에 성령님의 인도하심을 구하는 기도를 드리십시오.

> **본문요약** ㅣ 바울은 그리스도의 몸된 교회를 위해 수고하고 고통받는 것을 기쁨으로 여겼다. 바울은 자신이 하나님께 임명받은 교회의 일꾼임을 분명히 알고 있었다. 그래서 어떤 상황에서든 진리의 말씀을 담대히 전하며 영혼을 구원하는 삶을 살았다.

24 나는 이제 너희를 위하여 받는 괴로움을 기뻐하고 그리스도의 남은 고난을 그의 몸 된 교회를 위하여 내 육체에 채우노라
25 내가 교회의 일꾼 된 것은 하나님이 너희를 위하여 내게 주신 직분을 따라 하나님의 말씀을 이루려 함이니라
26 이 비밀은 만세와 만대로부터 감추어졌던 것인데 이제는 그의 성도들에게 나타났고
27 하나님이 그들로 하여금 이 비밀의 영광이 이방인 가운데 얼마나 풍성한지를 알게 하려 하심이라 이 비밀은 너희 안에 계신 그리스도시니 곧 영광의 소망이니라
28 우리가 그를 전파하여 [1]각 사람을 권하고 모든 지혜로 각 사람을 가르침은 각 사람을 그리스도 안에서 완전한 자로 세우려 함이니
29 이를 위하여 나도 내 속에서 능력으로 역사하시는 이의 역사를 따라 힘을 다하여 수고하노라

1. 오늘 하나님께서 나에게 주신 깨달음은 무엇입니까?

2. 말씀을 어떻게 내 삶에 구체적으로 적용해야 합니까?

1) 또는 모든 지혜로 각 사람을 권하고

121

24 나는 이제 너희를 위하여 받는 괴로움을 기뻐하고 바울은 이방인들에게 복음을 증거하면서 받았던 온갖 괴로움을 오히려 기쁨으로 여기고 있다. 이것은 교회와 성도들을 위해 기꺼이 괴로움과 고난을 감수하겠다는 고백이다.

그리스도의 남은 고난을 그의 몸된 교회를 위하여 내 육체에 채우노라 바울은 '교회'를 '그리스도의 몸'이라고 말한다. "그리스도의 남은 고난"이란 그리스도의 몸 된 교회를 세우는데, 즉 그리스도의 복음이 전파되는 과정에서 찾아오는 고난을 가리킨다. 그 고난을 "내 육체에 채운다"라는 것은, 교회를 믿음으로 세우고 유지하기 위해 바울이 인내하고 고통을 견디는 것을 말한다(고후 1:8-10 참조). 바울이 교회를 위해 고난을 받는 것은 그리스도가 세우신 교회가 불안정해서가 아니다. 그리스도의 죽음은 완전한 것이었다. 그리스도의 완전한 대속의 죽음과 성도들의 믿음의 고백 위에 교회가 세워졌다. 그러나 예수님이 다시 오시기 전까지 이 땅에서 교회를 지키기 위한 성도들의 수고는 계속될 것이다.

25 내가 교회의 일꾼 된 것은 바울의 정체성이 분명하게 드러나는 고백 중 하나다. 바울은 서두에서는 자신을 '예수의 사도'(1:1)로, 23절에서는 '복음의 일꾼'으로, 본 절에서는 더욱 구체적으로 특별한 사명을 받은 '교회의 일꾼'으로 표현한다. 죄수로 갇혀 있었지만 그의 정체성은 결코 흔들리지 않았다. 오히려 바울은 그리스도를 위한 일꾼으로 살다가 고난받는 것을 영광으로 생각했다.

26 이 비밀은 만세와 만대로부터 감추어졌던 것인데 바울이 말하는 비밀은 소수의 종파에서 주장하는 신비롭고 은밀한 비밀이 아니다. '감추어졌다'는 표현은 아직 계시될 때가 이르지 않아 드러나지 않았음을 의미한다. 그러나 예수님이 오심으로 때가 찼고, 예수 그리스도의 사역을 통해 복음의 비밀이 모든 사람들에게 전파되게 되었다. 여기서 복음의 비밀이란 하나님의 구원 계획과 그리스도를 통해 이루어지는 구원의 과정을 말한다.

이제는 그의 성도들에게 나타났고 구약의 많은 선지자들과 의인들은 이 비밀을 알고자 했지만 깨달을 수 없었다(마 13:17). 그러나 이제 예수님이 이 땅에 오심으로 하나님의 모든 구원의 계획과 성취 과정을 알 수 있는 축복의 길이 열렸다(마 13:11,16).

27 이 비밀은 너희 안에 계신 그리스도시니 26절에 언급된 비밀이 무엇인지 구체적으로 설명한다. 이 비밀은 바로 우리 안에 계신 그리스도시다. 하나님은 그리스도를 통해 구원의 진리를 만민에게 알려 주셨다. 이제 유대인뿐만 아니라 이방인들도 그리스도를 통해 하나님을 알고 그를 통해 구원받게 된 것이다.

24 나는 여러분을 위해 받는 고난을 기뻐합니다. 자신의 몸인 교회를 위해 그리스도께서 겪으셔야 할 고난의 남은 부분을 내가 겪을 수 있으니, 그것을 기쁨으로 견뎌 냅니다.

25 나는 특별한 사명을 받고 여러분을 돕기 위해 보내진 교회의 일꾼입니다. 내가 할 일은 하나님의 말씀을 숨김없이 여러분에게 전하는 것입니다.

26 이 말씀은 이 세상 처음부터 모든 사람들에게 숨겨져 왔던 비밀이었는데, 이제 하나님을 사랑하는 백성들에게 알려 주셨습니다.

27 모든 사람을 위한 풍성하고도 영광스런 진리의 말씀을 하나님께서는 이 세상 만민에게 알리신 것입니다. 이 진리는 바로 그리스도 자신이며, 여러분 안에 계십니다. 그분만이 우리의 영광스런 소망이 되십니다.

28 그러므로 우리는 어디를 가든지 어느 누구에게나 그리스도를 전파합니다. 우리가 할 수 있는 대로 힘껏 사람들을 가르치고 바른길로 인도하는 것은 모든 사람이 그리스도 안에서 성숙한 자로 하나님 앞에 서게 되기 원하기 때문입니다.

29 이 일을 위해 힘쓰고 애쓰며, 내 안에서 능력을 주시는 그리스도를 의지하여 힘차게 나아갑니다.

영광의 소망 우리가 그리스도를 믿고 구원을 받은 후 얻게 된 영광스러운 미래에 대한 보장을 말한다(롬 8:11; 엡 1:13; 벧전 1:3,4).

28 각 사람을 그리스도 안에서 완전한 자로 세우려 함이니 완전한 자로 세워진다는 것은 날마다 그리스도를 닮아 가며 온전한 신앙인으로 세워져 가는 것을 말한다. 이것은 그리스도께 초점을 맞추고, 우리의 구체적인 삶으로 예수님의 사랑을 실천하는 과정을 통해 이루어진다(빌 3:12-14; 요일 2:6; 3:2). 성도가 완전한 자로 세워지는 것은 그리스도의 재림 때에 이루어진다.

저자의 묵상

바울은 교회를 위해 수고하고 고난받는 것을 두려워하지 않았다. 오히려 그것을 기쁘게 여겼다. 바울은 교회를 세우기 위해 하나님께 부름받았다는 확신이 있었고, 자신이 해야 할 일은 진리의 말씀을 가감 없이 전하는 것임을 분명히 알고 있었다. 그래서 어디를 가든지, 누구를 만나든지 그리스도를 전파하며 많은 영혼들이 그리스도를 믿어 천국 백성이 되기를 소망했다. 본문에 나타난 바울의 모습은 지금 우리가 얼마나 영혼을 소중하게 여기고 교회를 사랑하는지를 돌아보게 만든다. 영혼을 섬기는 일은 말로 하는 것이 아니다. 끊임없이 수고하고 때로는 어려움도 견뎌야 한다. 그럴 때 우리가 속한 공동체가 진리 위에 서고 은혜 가운데 성장할 수 있다. 우리가 과연 이런 수고와 고난을 기꺼이 감당하며 견딜 수 있을까? 우리의 힘으로는 불가능하다. 그러나 바울이 말했던 것처럼 내 안에 계신 그리스도를 의지할 때 그것이 가능함을 경험하게 될 것이다.

> **무릎 기도** 하나님, 바울처럼 영혼을 섬기는 일을 위해 수고하게 하소서. 교회를 위해 기꺼이 고난까지 받게 하소서. 그것을 영광과 기쁨으로 생각할 수 있는 진정한 믿음을 주소서.

ESV - Colossians 1

24 Now I rejoice in my sufferings for your sake, and in my flesh I am filling up what is lacking in Christ's afflictions for the sake of his body, that is, the church,

25 of which I became a minister according to the stewardship from God that was given to me for you, to make the word of God fully known,

26 the mystery hidden for ages and generations but now revealed to his saints.

27 To them God chose to make known how great among the Gentiles are the riches of the glory of this mystery, which is Christ in you, the hope of glory.

28 Him we proclaim, warning everyone and teaching everyone with all wisdom, that we may present everyone mature in Christ.

29 For this I toil, struggling with all his energy that he powerfully works within me.

24 suffering 고통 flesh 육체 lacking 부족한 affliction 고통 for the sake of …을 위해서 25 stewardship 책무 26 for ages 오랫동안 reveal 드러내다 saint 성도 27 gentile 이방인 28 proclaim 선포하다 warn 경고하다 mature 성숙한 29 toil 애쓰다 struggle 애쓰다

36

월   일

깊게 뿌리내리고 자라 가라

골로새서 2:1-7 • 새찬송 182장 | 통일 169장

• 말씀묵상 전에 성령님의 인도하심을 구하는 기도를 드리십시오.

> **본문요약 |** 바울은 골로새 교회뿐만 아니라 라오디게아 교회 성도들에 대한 자기의 관심과 염려를 토로한다. 바울은 그들의 믿음이 자라고 사랑 안에서 하나 되기를 소망했다. 또한 그들이 예수님을 온전히 알아 헛된 속임수에 빠지지 않고 계속 믿음 안에 굳게 서기를 바랐다.

1 내가 너희와 라오디게아에 있는 자들과 무릇 내 육신의 얼굴을 보지 못한 자들을 위하여 얼마나 힘쓰는지를 너희가 알기를 원하노니

2 이는 그들로 마음에 위안을 받고 사랑 안에서 연합하여 확실한 이해의 모든 풍성함과 하나님의 비밀인 그리스도를 깨닫게 하려 함이니

3 그 안에는 지혜와 지식의 모든 보화가 감추어져 있느니라

4 내가 이것을 말함은 아무도 교묘한 말로 너희를 속이지 못하게 하려 함이니

5 이는 내가 육신으로는 떠나 있으나 심령으로는 너희와 함께 있어 너희가 질서 있게 행함과 그리스도를 믿는 너희 믿음이 굳건한 것을 기쁘게 봄이라

6 그러므로 너희가 그리스도 예수를 주로 받았으니 그 안에서 행하되

7 그 안에 뿌리를 박으며 세움을 받아 교훈을 받은 대로 믿음에 굳게 서서 감사함을 넘치게 하라

1. 오늘 하나님께서 나에게 주신 깨달음은 무엇입니까?

2. 말씀을 어떻게 내 삶에 구체적으로 적용해야 합니까?

절별 해설

1 내가 너희와 라오디게아에 있는 자들과 라오디게아는 소아시아에 속한 브루기아의 중심 도시로 히에라볼리 남쪽에 위치해 있었으며, 골로새에서 약 14.5km 거리에 있었다. 골로새 교회는 이 라오디게아, 히에라볼리 교회들과 신앙적으로 유대 관계에 있었다(4:13).

무릇 내 육신의 얼굴을 보지 못한 자들을 위하여 얼마나 힘쓰는 지를 너희가 알기를 원하노니 운동선수가 경기를 마치기 위해 모든 힘을 다 쏟는 것처럼, 바울은 복음을 전파하고 성도를 성숙시키기 위해 영적으로, 실제적으로 고투했다.

3 그 안에는 지혜와 지식의 모든 보화가 감추어져 있느니라 바울은 앞에서 골로새 교회 성도들이 신령한 지혜와 총명으로 하나님의 뜻을 깨닫기를 기도했었다(1:9-10). 이 신령한 지혜와 총명은 그리스도 안에 있다. 바울은 이것을 본 절에서 "지혜와 지식의 모든 보화"라고 표현했다. 골로새 교회를 어지럽게 했던 거짓 교사들은 자신들 같은 특정인들만 하늘의 비밀스런 지혜와 지식을 가질 수 있다고 가르쳤다. 그러나 바울은 모든 지혜와 지식이 그리스도 안에 있고, 그분을 믿기만 하면 그것들을 얻을 수 있다고 말했다.

4 내가 이것을 말함은 아무도 교묘한 말로 너희를 속이지 못하게 하려 함이니 본 절을 통해 골로새 교회 성도들을 미혹하는 거짓 교사들이 있었음을 알 수 있다. 그들의 말은 그럴듯하고, 성도들을 위하는 것 같지만 거짓된 궤변이었다. 바울은 성도들이 거짓된 유혹에 절대 속지 말아야 한다고 강조한다.

5 너희가 질서 있게 행함과 그리스도를 믿는 너희 믿음이 굳건한 것을 기쁘게 봄이라 바울은 골로새 교인들의 '질서 있게 행함'과 '믿음이 굳건한 것'에 대해 칭찬했다. 이 둘은 전쟁을 위해 모집된 군인들이 맡겨진 자리를 지킬 때 사용하는 군사 용어다. 바울은 골로새 교인들이 믿음으로 영적 질서를 유지하며 견고히 서 있다는 소식을 듣고 사역자로서 큰 기쁨을 느꼈다.

7 그 안에 뿌리를 박으며 세움을 받아 교훈을 받은 대로 믿음에 굳게 서서 감사함을 넘치게 하라 6절의 "그 안에서 행한다"는 것이 구체적으로 무엇인지 보여준다. '그 안에 있다'는 것은 그리스도 안에 깊이 믿음의 뿌리를 내리는 것이다. 성도의 삶은 그 신앙의 뿌리를 토대로 계획되어야 한다. 그리스도 없는 인생의 계획은 뿌리 없는 나무처럼 실패할 것이다. 성도는 늘 예수 그리스도의 모범을 따라, 그리스도를 붙잡고 믿음으로 세상을 이겨야 한다. 또한 우리에게 소중한 삶을 주신 하나님께 감사드리는 것도 잊지 말아야 한다.

1 나는 여러분이, 내가 여러분을 돕기 위해 최선을 다하고 있음을 알아주기 원합니다. 또 라오디게아 교회와 나를 전혀 본 적이 없는 사람들을 위해서도 애쓰고 있습니다.

2 나는 그들이 그리스도를 깨달아 믿음이 강하여지고, 더 풍성해지며, 사랑으로 하나 되기를 진정으로 바라고 있습니다. 여러분이 하나님의 놀랍고 비밀스런 진리, 즉 그리스도 그분 자신을 완전히 알게 되기를 내가 얼마나 바라는지 알아주십시오.

3 그리스도 그분 안에는 모든 지혜와 지식의 보물이 감추어져 있습니다.

4 보기에는 좋아 보이나 실제로는 거짓말인 유혹들에 여러분이 속지 않기를 바라는 뜻에서 이렇게 여러분에게 말합니다.

5 비록 내 몸은 여러분과 함께 있지 않으나 내 마음은 언제나 그곳에 있다는 것을 잊지 마십시오. 여러분의 선한 삶과 그리스도를 믿는 믿음 안에 굳게 서 있는 모습을 보니 내 마음이 더없이 행복합니다.

6 그리스도 예수를 주님으로 믿었으니, 그분 안에서 계속 살아가십시오.

7 그분 안에 깊이 뿌리를 내리고, 그 위에 여러분의 삶을 계획하시길 바랍니다. 가르침을 받은 대로 믿음에 굳게 서서 늘 감사한 생활을 하십시오.

저자의 묵상

바울의 영혼에 대한 사랑은 끝이 없었다. 바울은 골로새 교회뿐만 아니라 라오디게아 교회 성도들의 믿음을 굳게 하기 위해서도 몹시 마음을 쓰며 염려했다. 바울은 그들의 믿음이 그리스도 안에 견고히 뿌리내리고 지속적으로 자라나서 어떠한 거짓 교훈에도 흔들리지 않기를 기도했다. 그리고 그리스도 안에 있는 모든 지혜와 지식의 보화를 발견하기 위해 힘쓰라고 권면한다. 바울은 어두운 곳에 죄수가 되어 매여 있었지만, 그의 마음은 영혼에 대한 사랑으로 환하게 빛나고 있었다. 지금 우리의 마음에는 무엇이 있는가? 세상에 대한 욕심, 해결되지 않은 복잡한 감정, 상처 등이 있다면 하나님의 은혜로 그것들을 정리하게 해 달라고 기도하자. 바울의 권면대로 그리스도 안에서 믿음의 뿌리를 깊게 내리고 그분을 더욱 깊이 알아 가며 성장하자. 그래서 세상 가운데 흔들리지 않는 믿음의 사람으로 맡겨 주신 영혼들을 섬기며 사랑하자.

> **무릎 기도** | 하나님, 당신께서 베풀어 주신 지혜와 지식으로 내 안에 있는 헛된 것과 더러운 것들을 사라지게 하소서. 믿음의 사람이 되어 끊임없이 영혼을 사랑하는 사람이 되게 하소서.

ESV - Colossians 2

1 For I want you to know how great a struggle I have for you and for those at Laodicea and for all who have not seen me face to face,

2 that their hearts may be encouraged, being knit together in love, to reach all the riches of full assurance of understanding and the knowledge of God's mystery, which is Christ,

3 in whom are hidden all the treasures of wisdom and knowledge.

4 I say this in order that no one may delude you with plausible arguments.

5 For though I am absent in body, yet I am with you in spirit, rejoicing to see your good order and the firmness of your faith in Christ.

6 Therefore, as you received Christ Jesus the Lord, so walk in him,

7 rooted and built up in him and established in the faith, just as you were taught, abounding in thanksgiving.

1 struggle 노력   2 encourage 격려하다   knit 결합시키다   assurance 확실성   4 delude 속이다   plausible 그럴듯한
argument 논쟁   5 absent 없는   firmness 견고   7 be rooted in ···에 뿌리박고 있다   build up 쌓아 올리다   establish 세우
다   abound in ···이 가득하다

37

월 일

십자가만이 우리의 능력이다

골로새서 2:8-15 • 새찬송 353장 | 통일 391장

• 말씀묵상 전에 성령님의 인도하심을 구하는 기도를 드리십시오.

본문요약 | 바울은 다시금 골로새 교인들에게 거짓 교사들의 거짓 철학과 헛된 속임수에 빠지지 말라고 강조한다. 그리고 하나님께서 그리스도 안에서 베풀어 주신 은혜를 깨닫고 십자가의 능력을 굳게 붙잡으라고 권면한다.

8 누가 철학과 헛된 속임수로 너희를 사로잡을까 주의하라 이것은 사람의 전통과 세상의 초등학문을 따름이요 그리스도를 따름이 아니니라

9 그 안에는 신성의 모든 충만이 육체로 거하시고

10 너희도 그 안에서 충만하여졌으니 그는 모든 통치자와 권세의 머리시라

11 또 그 안에서 너희가 손으로 하지 아니한 할례를 받았으니 곧 육의 몸을 벗는 것이요 그리스도의 할례니라

12 너희가 ¹⁾세례로 그리스도와 함께 장사되고 또 죽은 자들 가운데서 그를 일으키신 하나님의 역사를 믿음으로 말미암아 그 안에서 함께 일으키심을 받았느니라

13 또 범죄와 육체의 무할례로 죽었던 너희를 하나님이 그와 함께 살리시고 우리의 모든 죄를 사하시고

14 우리를 거스르고 불리하게 하는 법조문으로 쓴 증서를 지우시고 제하여 버리사 십자가에 못 박으시고

15 통치자들과 권세들을 ²⁾무력화하여 드러내어 구경거리로 삼으시고 십자가로 그들을 이기셨느니라

1. 오늘 하나님께서 나에게 주신 깨달음은 무엇입니까?

2. 말씀을 어떻게 내 삶에 구체적으로 적용해야 합니까?

1) 헬, 또는 침례
2) 또는 폐하여

8 누가 철학과 헛된 속임수로 너희를 사로잡을까 주의하라 철학(philosophy)은 '지혜에 대한 사랑'이란 뜻의 그리스어 'Philasophia'에서 유래했다. 신약에서는 본 절에서만 나타난다. 여기서 철학이란 신과 사람과 그 사람이 살아가는 세계에 대한 이론 체계로, 거짓 교사들은 자신들의 가르침을 고상한 지식과 정연한 체계를 갖춘 철학이라고 주장했던 것 같다. 바울은 골로새 교인들을 현혹시킨 거짓 교사들의 가르침을 거짓 철학과 헛된 속임수라고 말한다.

이것이 사람의 전통과 세상의 초등학문을 따름이요 그리스도를 따름이 아니니라 세상의 학문에도 '일반은총'으로 나타난 지혜가 일부분 담겨 있으나, 그런 것들을 통해서는 하나님을 알 수도, 영생에 이를 수도 없다. 그런 의미에서 바울은 하나님의 영적 진리에서 벗어난 세상적인 학문이나 가르침을 초등학문이라고 표현했다.

9 그 안에는 신성의 모든 충만이 육체로 거하시고 헬라 철학의 기준에서 신이 인간의 육체를 입고 이 땅에 왔다는 것은 이해될 수 없는 것이었다. 더욱이 그 육체에 신의 성품이 담길 수 있다는 것은 불가능한 일이었다. 헬라 철학의 영향을 받은 거짓 교사들은 스스로 영적 비밀을 깨달은 자로 자처하면서, 그리스도의 충만하신 신성과 주권을 부인했다. 그러나 바울은 분명 하나님의 모든 성품이 그리스도 안에 담겨 있다고 말했다. 그리스도는 보이지 않는 하나님의 완전한 현현(顯現)이시다.

10 너희도 그 안에서 충만하여졌으니 그리스도와의 연합으로 이루어지는 놀라운 결과를 말한다. 구체적으로는 그리스도 안에서 얻게 된 영생과 누리게 될 영화를 말한다. 분명 영생과 영화의 삶은 인간적인 노력으로 얻을 수 없는 것들이다. 하나님께서 오직 그리스도 안에서 우리에게 주실 수 있는 것이다.

11 또 그 안에서 너희가 손으로 하지 아니한 할례를 받았으니 곧 육의 몸을 벗는 것이요 그리스도의 할례니라 여기서 "손으로 하지 아니한 할례"란 육신의 죄를 회개하고 그 세력에서 벗어나는 영적인 할례를 말한다(빌 3:3; 행 2:38). 구약의 할례는 손으로 육체에 행한 것인데, 그리스도를 믿음으로 우리는 더 이상 육신의 할례를 받을 필요가 없게 되었다.

13 또 범죄와 육체의 무할례로 죽었던 너희를 하나님이 그와 함께 살리시고 바울은 구원받기 전의 우리의 모습을 "범죄와 육체의 무할례로 죽었던 너희"라고 묘사했다. "무할례" 곧 할례를 받지 못했다는 것은 영적인 죽음의 상태에 그대로 머물러 있다는 의미다. 죄 가운데 죽었던 우리는 십자가에 죽으신 예수 그리스도를 통해 영원한 생명을 얻게 되었다.

8 헛된 말과 거짓 철학에 속아 잘못된 길로 가지 않도록 주의하십시오. 그것들은 모두 사람의 생각에서 비롯되었으며 아무 가치도 없습니다. 결코 그리스도로부터 나온 것이 아니므로 멀리하시기 바랍니다.

9 하나님의 모든 성품은 이 땅에서 사람의 모습으로 사신 그리스도께 완전히 나타난 바 되었습니다.

10 여러분은 그리스도 안에서만 진정으로 완전한 삶을 누릴 수 있습니다. 그분은 모든 지배자와 권세자들의 머리가 되시는 분입니다.

11 그리스도를 믿었을 때, 여러분은 새로운 할례를 받았습니다. 이것은 손으로 행하는 육체적인 할례가 아니라, 그리스도에 의해 죄의 세력에서 벗어나게 되었음을 의미합니다.

12 여러분은 세례를 받음으로 그리스도와 함께 죽었고, 믿음 안에서 다시 그리스도와 함께 살아났습니다. 이 믿음은 모든 죽은 사람 가운데에서 그리스도를 다시 살리신 하나님의 능력을 믿는 것입니다.

13 여러분은 죄 때문에 영적으로 죽은 사람이었으며, 죄 된 욕망에서 벗어나지도 못하였습니다. 그러나 하나님께서는 여러분을 그리스도와 함께 살리시고, 우리의 모든 죄를 용서해 주셨습니다.

14 하나님께서는 우리를 거스르는 기록된 빚의 문서들을 우리 가운데서 취하셔서 그것들을 십자가에 못박아 깨끗이 없애 주셨습니다.

15 이렇게 하여 하나님께서는 세상의 주권과 능력을 꺾으시고, 온 세상 사람들에게 십자가를 통한 승리를 보여주셨습니다.

15 통치자들과 권세들을 무력화하여 드러내어 구경거리로 삼으시고 십자가로 그들을 이기셨느니라 하나님은 힘으로 세상의 주권과 능력을 꺾으신 것이 아니었다. 바로 그리스도의 십자가를 통해서였다. 그렇기에 성도가 세상을 이길 수 있는 길은 십자가 외에는 없다.

저자의 묵상

바울은 골로새 교인들에게 거짓 철학과 헛된 속임수에 빠지지 말 것을 당부한다. 이러한 것들은 하나님의 지혜에서 온 것이 아니요, 인간의 사상에서 나온 것들이기 때문이다. 세상의 모든 학문이 악하고 필요 없다는 말이 아니다. 그것들 안에도 '일반은총'으로 나타나는 지혜의 일부가 담겨 있다. 그러나 그런 것들을 통해서는 하나님을 알 수도, 영생에 이를 수도 없다. 그런 의미에서 바울은 참 진리에서 벗어난 세상적인 학문을 초등학문이라고 표현했다. 우리가 영원히 묵상하고 추구해야 할 것은 하나님의 진리다. 우리는 하나님이 그리스도 안에 부어 주신 충만한 은혜와 십자가의 능력으로 살아가야 한다. 지금 나의 삶이 무엇의 이끌림을 받고 있는지 생각해 보자. 하나님 없는 세상적인 학문과 세속적인 가치에 이끌려 가지 않도록 주의하자. 우리의 소중한 믿음이 세상의 문화와 방식에 우리 자신도 모르는 사이에 흔들리지 않도록 영적으로 깨어 있자. 우리의 죄를 그리스도의 십자가에 못 박고, 그분께서 주신 새 삶을 의미 있게 살아가자.

> **무릎 기도** 하나님, 소중한 삶을 세상의 헛된 사상과 가치관에 빠져 허비하지 않게 하소서. 믿음으로 견고히 서서 십자가를 바라보며, 내게 주신 소명을 이루어 가게 하소서.

ESV - Colossians 2

8 See to it that no one takes you captive by philosophy and empty deceit, according to human tradition, according to the elemental spirits* of the world, and not according to Christ.

9 For in him the whole fullness of deity dwells bodily,

10 and you have been filled in him, who is the head of all rule and authority.

11 In him also you were circumcised with a circumcision made without hands, by putting off the body of the flesh, by the circumcision of Christ,

12 having been buried with him in baptism, in which you were also raised with him through faith in the powerful working of God, who raised him from the dead.

13 And you, who were dead in your trespasses and the uncircumcision of your flesh, God made alive together with him, having forgiven us all our trespasses,

14 by canceling the record of debt that stood against us with its legal demands. This he set aside, nailing it to the cross.

15 He disarmed the rulers and authorities* and put them to open shame, by triumphing over them in him.*

* 2:8 Or elementary principles; also verse 20
* 2:15 Probably demonic rulers and authorities
* 2:15 Or in it (that is, the cross)

8 see to it that 반드시 …하도록 하다　take… captive …를 포로로 잡다　philosophy 철학　deceit 속임수　elemental 기본적인
9 deity 신성　dwell 살다　10 rule 통치　authority 권위자　11 circumcision 할례　flesh 육체　12 baptism 세례　13 trespass
범죄　14 record 기록　debt 빚　demand 요구　nail 못을 박다　15 disarm 무장 해제시키다　triumph over …을 이겨 내다

38

월   일

거짓을 떨쳐 내고 참되게 자라 가라

골로새서 2:16-23 • 새찬송 357장 | 통일 397장

• 말씀묵상 전에 성령님의 인도하심을 구하는 기도를 드리십시오.

> **본문요약 |** 바울은 골로새 교회를 어지럽게 한 거짓 교사들의 문제점을 구체적으로 지적한다. 바울은 그들의 교만과 인간적 허영, 율법적 구속에 대해 비판하면서, 성도의 참된 영적 성장은 예수 그리스도와의 연합에서 이루어짐을 강조했다.

16 그러므로 먹고 마시는 것과 절기나 초하루나 안식일을 이유로 누구든지 너희를 비판하지 못하게 하라

17 이것들은 장래 일의 그림자이나 몸은 그리스도의 것이니라

18 아무도 꾸며낸 겸손과 천사 숭배를 이유로 너희를 정죄하지 못하게 하라 그가 그 본 것에 의지하여 그 육신의 생각을 따라 헛되이 과장하고

19 머리를 붙들지 아니하는지라 온 몸이 머리로 말미암아 마디와 힘줄로 공급함을 받고 연합하여 하나님이 자라게 하시므로 자라느니라

20 너희가 세상의 초등학문에서 그리스도와 함께 죽었거든 어찌하여 세상에 사는 것과 같이 규례에 순종하느냐

21 (곧 붙잡지도 말고 맛보지도 말고 만지지도 말라 하는 것이니

22 이 모든 것은 한때 쓰이고는 없어지리라) 사람의 명령과 가르침을 따르느냐

23 이런 것들은 자의적 숭배와 겸손과 몸을 괴롭게 하는 데는 지혜 있는 모양이나 오직 육체 따르는 것을 금하는 데는 조금도 유익이 없느니라

1. 오늘 하나님께서 나에게 주신 깨달음은 무엇입니까?

2. 말씀을 어떻게 내 삶에 구체적으로 적용해야 합니까?

16 그러므로 먹고 마시는 것과 절기나 초하루나 안식일을 이유로 누구든지 너희를 비판하지 못하게 하라 거짓 교사들은 영적 성장을 위해 유대교 의식과 음식 규정 등을 지켜야 한다고 가르쳤다. 절기는 유대력에 따른 종교 기념일을, 초하루 규례는 매달 첫째 날에 드려지던 제사를 말한다(민 28:11-15). 유대인들은 모세의 율법에 따라 안식일을 지켰으나, 기독교인들은 예수님의 부활을 기념하며 주일을 지키고 있다.

17 이것들은 장래 일의 그림자이나 몸은 그리스도의 것이니라 율법의 의식과 규정들은 그리스도를 보여주는 그림자였다(히 8:5; 10:1). 바울은 실체이신 그리스도가 이 땅에 오셨기에 더 이상 그림자를 볼 필요가 없다고 말한다. 그리스도 안에서 얻은 진리와 자유를 무익한 율법주의로 바꾸어서는 안 된다.

18 아무도 꾸며낸 겸손과 천사 숭배를 이유로 너희를 정죄하지 못하게 하라 골로새 교회를 어지럽힌 영적 문제는 거짓 교사들의 꾸며낸 겸손과 천사 숭배였다. 거짓 교사들과 그들을 따르는 무리들은 영적인 안전과 보호를 위해 천사의 도움이 필요하다며 천사를 숭배했다. 그러나 이것은 명백히 성경에서 금지하고 있는 우상 숭배였다(마 4:10; 계 22:8,9).
그가 그 본 것에 의지하여 "그 본 것"이란 일종의 신비적 환상을 말한다. 거짓 교사들은 자신들이 본 환상으로 그들의 영적 우월성을 주장하며 그들의 교리를 전파했다. 그리스도가 이 땅에 오심으로 하나님의 뜻과 계획에 대한 완전하고 충분한 계시가 전해졌다. 그것이 기록된 것이 성경이다. 이것을 벗어난 더 특별한 계시는 없다.

20 너희가 세상의 초등학문에서 그리스도와 함께 죽었거든 "세상의 초등학문"은 거짓 교사들이 만들어 낸 사람의 생각에 기초한 가르침과 규율을 말한다(22절). 성도는 그러한 것들에 대해 그리스도와 함께 죽었다. 즉 성도는 그리스도와 연합되어 그런 것들과는 전혀 관계가 없다는 것이다. 그렇다면 성도는 더 이상 초등학문에 매일 필요가 없다.

23 이런 것들은 자의적 숭배와 겸손과 몸을 괴롭게 하는 데는 지혜 있는 모양이나 오직 육체 따르는 것을 금하는 데는 조금도 유익이 없느니라 바울은 거짓 교사들과 그들을 따르는 자들의 율법주의와 금욕주의가 자의적인 것임을 지적했다. 그들이 만들어 낸 것은 사람의 눈에는 지혜롭게 보이지만 결국 종교적 관습이요, 자기를 드러내기 위한 수단이었다. 예수님도 이런 종교관습주의의 문제인 외식에 대해 이미 경고하신 바 있다(마 6:5,16-18).

16 그러므로 여러분은 먹고 마시는 것이나, 명절이나 초하루와 안식일을 지키는 문제에 있어서, 사람들의 말에 얽매이지 말기 바랍니다.

17 이런 것들은 오실 그리스도를 보여주려는 그림자에 불과합니다.

18 겸손한 체하며 천사를 숭배하는 무리들이 있습니다. 환상을 보았다고도 하는 그들의 말에 귀를 기울이지 마십시오. 그들은 자신들의 인간적인 생각과 어리석은 교만으로 들떠 있으며

19 머리 되신 그리스도를 따르지 않고 마음대로 행하고 있습니다. 몸은 머리에 붙어 있어야 합니다. 그래야 몸의 각 마디가 서로 도와 영양분을 받아 유지하고, 하나님이 바라시는 모습으로 자라 갈 수 있는 것입니다.

20 그리스도와 함께 죽은 여러분은 이 세상의 헛된 규칙들로부터 자유로운 사람들입니다. 그런데 왜 이 세상에 속한 사람들처럼 행동하십니까?

21 왜 아직도 "이것은 붙잡으면 안 된다", "저것은 맛보아서도 안 된다", "만지지도 마라" 하는 등의 규칙에 얽매여 있는 것입니까?

22 이런 규칙들은 먹으면 없어지고, 쓰면 사라지고 마는 세상 것들에 대한 인간적인 규칙이요, 가르침일 뿐입니다.

23 그것을 따르는 사람들이 훌륭해 보일지 모르나, 그것은 다 사람들이 만든 종교적 관습들입니다. 거짓된 겸손으로 자기 몸을 괴롭히기만 할 뿐, 마음속에 파고드는 악한 욕망과 죄를 이겨 내게 할 수는 없습니다.

바울은 골로새 교인들을 현혹시킨 거짓 교사들의 문제점이 무엇인지 구체적으로 지적한다. 거짓 교사들은 유대 율법주의와 금욕주의를 통해 신앙을 성장시켜야 한다고 주장했고, 악한 것들로부터 보호받기 위해 천사를 숭배해야 한다고 가르쳤다. 또한 거짓 교사들은 신령한 것을 보았다고 말하면서 자신들의 우월한 영적 체험과 지식을 자랑했다. 바울은 이 모든 것들이 인간의 헛된 생각과 교만에서 나온 것임을 지적한다. 이런 것들은 성도의 영혼을 병들게 하고 구속한다.

　우리의 신앙은 외적 행위가 아니라 그리스도와의 연합을 통해 성장한다. 신앙의 외적 표현이 필요할 때도 있다. 그러나 그 중심에는 그리스도와의 연합이 전제되어야 한다. 또한 성경을 벗어난 특별한 계시가 있어야 신앙이 성장하는 것은 아님을 기억해야 한다. 하나님의 뜻은 예수님을 통해 밝히 드러났다. 또한 예수님이 말씀하시고 보여주신 삶은 성경에 분명하게 기록되었다. 우리가 예수님 안에 거하길 힘쓰며, 말씀을 배우고, 그 말씀대로 살아갈 때 참된 신앙의 성숙에 이르게 된다.

무릎 기도	하나님, 남에게 보여주기 위한 신앙이 되지 않게 하소서. 거짓된 교만이 아닌 참된 겸손으로 아버지와 사람들 앞에 서게 하소서. 그렇게 겸손과 성실로 자라 가는 성도가 되게 하소서.

ESV - Colossians 2

16 Therefore let no one pass judgment on you in questions of food and drink, or with regard to a festival or a new moon or a Sabbath.

17 These are a shadow of the things to come, but the substance belongs to Christ.

18 Let no one disqualify you, insisting on asceticism and worship of angels, going on in detail about visions,* puffed up without reason by his sensuous mind,

19 and not holding fast to the Head, from whom the whole body, nourished and knit together through its joints and ligaments, grows with a growth that is from God.

20 If with Christ you died to the elemental spirits of the world, why, as if you were still alive in the world, do you submit to regulations—

21 "Do not handle, Do not taste, Do not touch"

22 (referring to things that all perish as they are used)—according to human precepts and teachings?

23 These have indeed an appearance of wisdom in promoting self-made religion and asceticism and severity to the body, but they are of no value in stopping the indulgence of the flesh.

*2:18 Or *about the things he has seen*

16 with regard to …과 관련하여　Sabbath 안식일　17 substance 본질　18 disqualify 자격을 빼앗다　insist on …을 고집하다　asceticism 금욕주의　puffed up 교만한　19 nourish 영양분을 주다　knit 결합시키다　ligament 인대　20 submit 복종하다　regulation 규정　22 refer to …에 대해 언급하다　perish 사라지다　precept 교훈　23 severity 엄격　indulgence 방탕

39

월   일

어두운 옛 삶에서 빛나는 새 삶으로 나오라

골로새서 3:1-14 • 새찬송 366장 | 통일 485장

• 말씀묵상 전에 성령님의 인도하심을 구하는 기도를 드리십시오.

> **본문요약 |** 바울은 성도들에게 과거의 어둡고 죄에 속한 삶의 방식을 버리고 새로운 삶의 방식으로 살아가라고 말한다. 구원받은 자로서 세상의 악한 것들을 멀리하고, 성도 간에 서로 사랑하며, 잘못된 구별과 차별이 아닌 그리스도 안에서 하나 됨을 추구하라고 권면한다.

1 그러므로 너희가 그리스도와 함께 다시 살리심을 받았으면 위의 것을 찾으라 거기는 그리스도께서 하나님 우편에 앉아 계시느니라

2 위의 것을 생각하고 땅의 것을 생각하지 말라

3 이는 너희가 죽었고 너희 생명이 그리스도와 함께 하나님 안에 감추어졌음이라

4 우리 생명이신 그리스도께서 나타나실 그 때에 너희도 그와 함께 영광 중에 나타나리라

5 그러므로 땅에 있는 지체를 죽이라 곧 음란과 부정과 사욕과 악한 정욕과 탐심이니 탐심은 우상 숭배니라

6 이것들로 말미암아 하나님의 ¹⁾진노가 임하느니라

7 너희도 전에 그 가운데 살 때에는 그 가운데서 행하였으나

8 이제는 너희가 이 모든 것을 벗어 버리라 곧 분함과 노여움과 악의와 비방과 너희 입의 부끄러운 말이라

9 너희가 서로 거짓말을 하지 말라 옛 사람과 그 행위를 벗어 버리고

10 새 사람을 입었으니 이는 자기를 창조하신 이의 형상을 따라 지식에까지 새롭게 하심을 입은 자니라

11 거기에는 헬라인이나 유대인이나 할례파나 무할례파나 야만인이나 스구디아인이나 종이나 자유인이 차별이 있을 수 없나니 오직 그리스도는 만유시요 만유 안에 계시니라

12 그러므로 너희는 하나님이 택하사 거룩하고 사랑받는 자처럼 긍휼과 자비와 겸손과 온유와 오래 참음을 옷 입고

13 누가 누구에게 불만이 있거든 서로 용납하여 피차 용서하되 주께서 너희를 용서하신 것같이 너희도 그리하고

14 이 모든 것 위에 사랑을 더하라 이는 온전하게 매는 띠니라

1. 오늘 하나님께서 나에게 주신 깨달음은 무엇입니까?

2. 말씀을 어떻게 내 삶에 구체적으로 적용해야 합니까?

1) 어떤 사본에, '진노가' 아래 '순종하지 아니하는 자식들에게'가 있음

1 그러므로 너희가 그리스도와 함께 다시 살리심을 받았으면 위의 것을 찾으라 '위의 것'이란 우리가 부활하여 그리스도와 함께 누릴 영원한 복을 말한다(엡 1:3; 골 2:3). 그리스도와 함께 부활할 성도들은 땅의 것이 아닌 하늘 위의 것에 마음을 두어야 한다.

3 이는 너희가 죽었고 너희 생명이 그리스도와 함께 하나님 안에 감추어졌음이라 바울은 그리스도와의 연합에 대해 다시 이야기한다. 그것은 십자가의 은혜로 죄에 대해서는 죽고 의에 대해서는 사는 것을 말한다(롬 6:1-11; 갈 6:14). 바울은 그렇게 얻어진 삶을 하나님 안에서의 새로운 삶이라고 보았다.

5 그러므로 땅에 있는 지체를 죽이라 우리의 내면과 삶에 깊숙이 들어와 있는 죄와 적극적으로 싸워 이기라는 말이다. **곧 음란과 부정과 사욕과 악한 정욕과 탐심이니 탐심은 우상 숭배니라** 바울은 성도들의 경건한 삶에 해악을 끼치는 대표적인 죄들을 구체적으로 나열한다.

6 이것들로 말미암아 하나님의 진노가 임하느니라 바울은 하나님이 우리의 죄를 간과하지 않으시며 반드시 진노하신다는 사실을 강조했다(요 3:36; 롬 1:18).

9-10 옛 사람과 그 행위를 벗어 버리고 새 사람을 입었으니 옛 사람을 '벗고'(have taken off) 새 사람을 '입었으니'(have put on)는 모두 완료 시제를 사용하여 두 가지 행동이 이미 우리에게 일어난 일임을 나타내고 있다. 성도는 자신에게 일어난 이 변화에 맞게 각자 옛 삶의 방식을 벗어 버리고 새 삶의 방식을 입어야 한다. 새 사람을 입는다는 것은 갈 3:27에 따르면 그리스도로 옷 입는 것이다. 즉 그리스도께 속하고 그분이 원하시는 삶의 방식을 살아가는 것이다. **이는 자기를 창조하신 이의 형상을 따라 지식에까지 새롭게 하심을 입은 자니라** '새롭게 하심을 입은'(is being renewed, NIV)은 현재 진행 시제다. 이를 통해 성도의 변화가 이미 일어난 일인 동시에 지속적으로 진행되는 과정임을 알 수 있다. 지식을 포함한 우리 삶의 전 영역이 하나님이 원래 의도하신 모습으로 변해 가야 한다.

12-13 그러므로 너희는 하나님이 택하사 바울은 우리가 하나님의 거룩한 언약 백성이 된 것은 인간의 노력에 의해서가 아니라 하나님의 선택이라고 말한다. 이는 거짓 교사들이 강조했던 인간의 생각이나 노력(2:16-18)과는 분명한 대조를 이룬다.

1 여러분은 그리스도와 함께 다시 살아났습니다. 그러므로 하늘에 있는 것에 마음을 두십시오. 그곳에는 그리스도께서 하나님 우편에 앉아 계십니다.

2 하늘에 속한 것을 생각하고, 땅의 것에 마음을 두지 마십시오.

3 옛 사람은 죽었으며, 이제는 하나님 안에서 그리스도와 함께하는 새로운 삶이 감춰져 있습니다.

4 여러분 모두는 참 생명이신 그리스도께서 다시 오시는 날, 영광 가운데 그분과 함께 거하게 될 것입니다.

5 여러분의 생활 가운데 죄악된 것*은 다 버리십시오. 성적인 죄, 악한 행동, 나쁜 생각, 지나친 욕심 등은 하나님 이외의 것들을 더 소중히 여기는 마음가짐입니다. 특히 탐심은 우상 숭배입니다.

6 하나님은 이런 일을 하는 자들에게 화를 내실 것입니다.

7 여러분이 예전에는 이런 일들을 했을지 모릅니다.

8 그러나 여러분의 생활 가운데서 이런 것들을 몰아내려고 힘쓰십시오. 분한 생각, 화를 내는 것, 다른 사람의 마음을 아프게 하는 말이나 행동, 선하지 못한 말들도 마찬가지입니다.

9 서로에게 거짓말을 하지 마십시오. 이제는 과거의 잘못된 삶에서 진정으로 벗어나야 할 때입니다.

10 여러분의 삶 속에 새로운 삶이 시작되었습니다. 여러분은 새 생활 가운데 더욱더 새로워져 가고 있습니다. 이것은 여러분을 창조하신 그분의 모습을 닮아 가는 것입니다. 이 삶 속에서 하나님을 아는 참된 지식이 점점 더 자라날 것입니다.

11 새로운 생명을 받은 자들에게는 그리스인이든지 유대인이든지, 할례를 받은 사람이든지 그렇지 않은 사람이든지, 아무런 차

거룩하고 사랑받는 자처럼 긍휼과 자비와, 서로 용납하여 피차 용서하되 주께서 너희를 용서하신 것같이 너희도 그리하고 바울은 성도가 다른 사람들을 사랑하고 용서해야 하는 이유는 그들이 먼저 하나님께 무한한 사랑과 용서를 받았기 때문이라고 말한다.

이가 없습니다. 또한 야만인이든지 스구디아인*이든지, 종이든지 자유인이든지, 그것도 중요하지 않습니다. 오직 모든 믿는 자의 마음속에 계신 그리스도만이 이것들 중에서 가장 중요합니다.

12 여러분은 하나님의 선택을 받아 그분의 거룩한 백성이 되었습니다. 하나님의 사랑을 받는 만큼 다른 사람에게 너그러운 마음을 가지십시오. 친절함과 겸손함과 온유함으로, 그리고 인내하는 마음으로 다른 사람들을 대하십시오.

13 화를 내기보다는 용서하고, 여러분에게 해를 입히더라도 용서해 주기 바랍니다. 우리 주께서 우리를 용서하신 것같이, 우리도 다른 사람을 용서해 주어야 하지 않겠습니까?

14 이 모든 일을 하되, 무엇보다도 서로를 사랑하는 것이 중요합니다. 사랑은 모두를 완전하게 묶어 주는 띠입니다.

* 3:5 땅에 속한 것
* 3:11 '스구디아인'은 야만인, 미개인으로 취급되었다.

저자의 묵상

앞 장에서 거짓 교사들에 대해 경고한 바울은 이제 그리스도인들이 세상에서 어떻게 살아야 하는지 권면한다. 그리스도의 은혜를 입은 자들은 옛 사람을 벗어 버리고 새 사람을 입어야 한다. 과거에 따르던 세상의 방식이 아니라 은혜의 방식으로 살아야 한다. 이러한 새 삶의 방식은 구원을 이루기 위한 의무가 아니다. 이미 구원받은 자가 감사로 드려야 할 자연스럽고 자발적인 반응이다. 우리는 지금 어떤 모습으로 살아가고 있는가. 바울은 우리에게도 옛 사람과 옛 삶의 방식을 벗어 버리라고 말하고 있다. 내가 아직도 벗어 버리지 못한 옛 것들은 무엇인지 생각해 보자. 하나님께서 주시는 지혜와 용기로 과거의 어둡고 죄악된 것들을 끊어 버리도록 지속적으로 노력하자. 오늘 하루 우리에게 베풀어 주신 구원의 은혜를 생각하며 감사와 찬송을 드리자. 하나님을 기쁘시게 해 드리기 위해 우리가 무엇을 할 수 있는지 구체적으로 찾아보고 실천하자.

> **무릎기도** 하나님, 더 이상 어둡고 추악한 과거의 모습으로 살지 않게 하소서. 당신 안에서 옛 자아를 벗어 버리고 새 자아를 입게 하소서. 그래서 새 삶의 은혜가 늘 우리 삶에 넘치게 하소서.

1 If then you have been raised with Christ, seek the things that are above, where Christ is, seated at the right hand of God.

2 Set your minds on things that are above, not on things that are on earth.

3 For you have died, and your life is hidden with Christ in God.

4 When Christ who is your* life appears, then you also will appear with him in glory.

5 Put to death therefore what is earthly in you:* sexual immorality, impurity, passion, evil desire, and covetousness, which is idolatry.

6 On account of these the wrath of God is coming.*

7 In these you too once walked, when you were living in them.

8 But now you must put them all away: anger, wrath, malice, slander, and obscene talk from your mouth.

9 Do not lie to one another, seeing that you have put off the old self* with its practices

10 and have put on the new self, which is being renewed in knowledge after the image of its creator.

11 Here there is not Greek and Jew, circumcised and uncircumcised, barbarian, Scythian, slave,* free; but Christ is all, and in all.

12 Put on then, as God's chosen ones, holy and beloved, compassionate hearts, kindness, humility, meekness, and patience,

13 bearing with one another and, if one has a complaint against another, forgiving each other; as the Lord has forgiven you, so you also must forgive.

14 And above all these put on love, which binds everything together in perfect harmony.

* 3:4 Some manuscripts our
* 3:5 Greek therefore your members that are on the earth
* 3:6 Some manuscripts add upon the sons of disobedience
* 3:9 Greek man; also as supplied in verse 10
* 3:11 For the contextual rendering of the Greek word doulos, see Preface; likewise for Bondservants in verse 22

5 sexual immorality 성적 문란 impurity 부도덕 covetousness 탐욕스러움 idolatry 우상 숭배   6 on account of …때문에 wrath 분노   8 malice 악의 slander 비방 obscene 음란한   11 circumcise 할례를 하다 barbarian 야만인 slave 노예 12 compassionate 인정 많은 humility 겸손 meekness 온화 patience 인내   13 bear with …을 참다 complaint 불만

• MEMO •

40
월   일

성숙한 삶으로 신앙을 표현하라

골로새서 3:15-25 · 새찬송 50장 | 통일 71장

• 말씀묵상 전에 성령님의 인도하심을 구하는 기도를 드리십시오.

본문요약 ┃ 바울은 우리의 신앙이 구체적으로 어떻게 표현되어야 하는지 가르쳐 준다. 성도의 삶에는 평화와 감사와 찬양이 넘쳐야 한다. 또한 하나님이 주시는 지혜로 가족을 돌보고, 사람이 아닌 주님을 생각하면서 모든 일에 최선을 다해야 한다.

---

15 그리스도의 평강이 너희 마음을 주장하게 하라 너희는 평강을 위하여 한 몸으로 부르심을 받았나니 너희는 또한 감사하는 자가 되라

16 그리스도의 말씀이 너희 속에 풍성히 거하여 모든 지혜로 피차 가르치며 권면하고 시와 찬송과 신령한 노래를 부르며 ¹⁾감사하는 마음으로 하나님을 찬양하고

17 또 무엇을 하든지 말에나 일에나 다 주 예수의 이름으로 하고 그를 힘입어 하나님 아버지께 감사하라

18 아내들아 남편에게 복종하라 이는 주 안에서 마땅하니라

19 남편들아 아내를 사랑하며 괴롭게 하지 말라

20 자녀들아 모든 일에 부모에게 순종하라 이는 주 안에서 기쁘게 하는 것이니라

21 아비들아 너희 자녀를 노엽게 하지 말지니 낙심할까 함이라

22 종들아 모든 일에 육신의 상전들에게 순종하되 사람을 기쁘게 하는 자와 같이 눈가림만 하지 말고 오직 주를 두려워하여 성실한 마음으로 하라

23 무슨 일을 하든지 마음을 다하여 주께 하듯 하고 사람에게 하듯 하지 말라

24 이는 기업의 상을 주께 받을 줄 아나니 너희는 주 ²⁾그리스도를 섬기느니라

25 불의를 행하는 자는 불의의 보응을 받으리니 주는 사람을 외모로 취하심이 없느니라

1. 오늘 하나님께서 나에게 주신 깨달음은 무엇입니까?

2. 말씀을 어떻게 내 삶에 구체적으로 적용해야 합니까?

1) 또는 은혜로
2) 헬, 그리스도께 종노릇하느니라

절별 해설

15 그리스도의 평강이 너희 마음을 주장하게 하라 너희는 평강을 위하여 한 몸으로 부르심을 받았나니 참된 평강은 예수님께로부터 온다(요 14:27). 성도가 예수님을 영접하고 그분 안에 거할 때 그의 마음과 생각에 주님께서 주시는 평강이 가득 차게 된다(빌 4:7).
너희는 또한 감사하는 자가 되라 성도는 그리스도께 받은 평강을 누리는 사람들이기 때문에 어떤 상황에서도 감사할 수 있다.

18 아내들아 남편에게 복종하라 이는 주 안에서 마땅하니라 바울은 아내들이 남편에게 복종해야 한다고 가르쳤다. 이것은 하나님이 남편을 가정의 인도자로 세웠다는 것을 전제로 한다(고전 11:3). 바울은 이렇게 하는 것이 주님을 믿는 아내들이 당연히 해야 하는 일이라고 가르친다.

19 남편들아 아내를 사랑하며 괴롭게 하지 말라 남편은 그리스도가 교회를 사랑하듯 아내를 사랑해야 한다(엡 5:25). 바울은 로마 등의 이방 문화에서 종종 나타나는 여성을 무시하고 학대하는 행위를 금했다. 믿는 남편은 아내가 괴로움을 당하거나 상처 입지 않도록 귀히 여기고 보호해 주어야 한다(벧전 3:7).

20 자녀들아 모든 일에 부모에게 순종하라 이는 주 안에서 기쁘게 하는 것이니라 바울은 십계명 중 제5계명을 근거로 부모 순종을 가르쳤다. 바울에 따르면 부모에게 순종하는 것이 곧 주님을 기쁘시게 한다는 것이다(for this pleases the Lord-ESV).

21 아비들아 너희 자녀를 노엽게 하지 말지니 낙심할까 함이라 '노엽게 하다'는 화나게 하거나 분개하게 만드는 행동을 말한다. 부모들은 세상적인 가치나 방법을 아이들에게 강요해서, 그들의 마음에 분노가 일어나거나 좌절하도록 해서는 안 된다. 부모들은 세상적인 방법이 아닌 주의 교훈과 훈계로 아이들을 양육해야 한다(엡 6:4).

23-24 무슨 일을 하든지 마음을 다하여 주께 하듯 하고 사람에게 하듯 하지 말라 이는 기업의 상을 주께 받을 줄 아나니 너희는 주 그리스도를 섬기느니라 바울은 종들이 육신의 주인이 아니라 주님을 생각하면서 충성스럽게 일할 때, 하나님께서 그들에게 기업의 상을 주실 것이라고 했다. 기업의 상이란 믿는 자가 구원을 받고 천국에서 받게 될 상급을 말한다.

15 그리스도께 받은 평화로 여러분 마음을 다스리십시오. 여러분은 평화를 위해 부름을 받아 한 몸이 된 것입니다. 항상 감사하는 생활을 하십시오.

16 그리스도의 말씀으로 여러분의 삶을 풍성히 채우십시오. 주신 지혜로 서로를 가르치고 세워 주기 바랍니다. 시와 찬양과 신령한 노래로써 감사한 마음을 하나님께 아뢰십시오.

17 여러분은 모든 말과 행동을 우리 주 예수님을 위해 하는 것처럼 해야 합니다. 하나님 아버지께 이 모든 것으로 말미암아 감사를 드리기 바랍니다.

18 아내들은 남편에게 복종하십시오. 이것은 주님을 믿는 자로서 당연히 해야 할 일입니다.

19 남편들은 아내를 사랑하고, 부드럽게 대하며 아껴 주십시오.

20 자녀들은 모든 일에 부모에게 순종하십시오. 이것은 주님을 기쁘게 해 드리는 일입니다.

21 부모들은 자녀들에게 너무 엄하게 혼내지 마십시오*. 그들이 혹시 용기를 잃고 낙담할 수도 있습니다.

22 종들은 언제나 주인에게 복종하십시오. 주인에게 잘 보이려고 주인이 볼 때만 열심히 일하는 척해서는 안 됩니다. 주님을 두려워하는 마음으로 정직하게 주인을 섬기기 바랍니다.

23 여러분이 하는 모든 일에 최선을 다하며, 사람을 위해서가 아니라 주님을 위해 하듯이 열심히 일하십시오.

24 여러분은 우리 주님께서 그의 백성에게 약속하신 유업을 상으로 주실 것을 기억하기 바랍니다. 여러분이 바로 주님을 섬기는 일꾼들입니다.

25 또한 나쁜 짓을 하는 사람들은 그 대가를 받게 될 것을 기억하십시오. 주님은 모든 사람에게 공평하게 대하시는 분입니다.

* 3:21 부모들은 자녀들을 격분하게 하지 마십시오.

저자의 묵상

바울은 성도가 바른 신앙을 가지고 어떤 삶을 살아야 하는지 구체적으로 권면한다. 성도는 그리스도가 주시는 평강을 누리며 감사가 넘치는 삶을 살아야 한다. 또한 하나님의 말씀을 사모하며 그분께 끊임없이 찬양을 올려 드려야 한다. 우리의 신앙은 가장 가까운 관계에서 성숙하게 표현되어야 한다. 아내는 남편에게 복종하며, 남편은 아내를 깊이 사랑해야 한다. 자녀는 부모에게 순종하며, 부모는 자녀들을 지혜롭게 양육해야 한다. 종들은 육신의 주인이 아닌 주님을 바라보며 충성스럽게 모든 일에 최선을 다해야 한다. 바울은 우리의 신앙이 현실의 삶에서 구체적으로 표현되어야 한다는 점을 강조한 것이다. 우리의 삶이 지식에만 머물고 있지는 않은지 생각해 보자. 우리의 신앙이 매일의 삶에서 드러나도록 노력하자. 신앙은 마음 중심의 고백이지만 동시에 반드시 행동으로 표현되어야 할 삶의 원리이기도 하다는 것을 명심하자. 우리의 삶이 우리의 신앙을 말하게 하자.

> **무릎기도** 하나님, 나의 신앙이 구체적인 삶으로 드러나게 하소서. 나의 신앙을 내 가족, 내 주변 사람들에게 사랑과 섬김으로 표현하게 하소서. 성숙한 삶으로 신앙을 표현하게 하소서.

ESV - Colossians 3

15 And let the peace of Christ rule in your hearts, to which indeed you were called in one body. And be thankful.

16 Let the word of Christ dwell in you richly, teaching and admonishing one another in all wisdom, singing psalms and hymns and spiritual songs, with thankfulness in your hearts to God.

17 And whatever you do, in word or deed, do everything in the name of the Lord Jesus, giving thanks to God the Father through him.

18 Wives, submit to your husbands, as is fitting in the Lord.

19 Husbands, love your wives, and do not be harsh with them.

20 Children, obey your parents in everything,

for this pleases the Lord.

21 Fathers, do not provoke your children, lest they become discouraged.

22 Bondservants, obey in everything those who are your earthly masters,* not by way of eye-service, as people-pleasers, but with sincerity of heart, fearing the Lord.

23 Whatever you do, work heartily, as for the Lord and not for men,

24 knowing that from the Lord you will receive the inheritance as your reward. You are serving the Lord Christ.

25 For the wrongdoer will be paid back for the wrong he has done, and there is no partiality.

*3:22 Or *your masters according to the flesh*

15 rule 지배하다   16 dwell 살다   admonish 훈계하다   spiritual 영적인   18 submit 복종하다   19 harsh with …에게 가혹한
21 provoke 화나게 하다   lest …하지 않도록   discouraged 낙담한   22 bondservant 종   obey 순종하다   by way of …의 형태로   eye-service 눈앞에서만 일하기   sincerity 성실   23 work heartily 정성껏 일하다   24 inheritance 유산   25 wrongdoer 범죄자   pay back 돌려주다   partiality 편애

41

겸손하고 올바르게 기도하라

골로새서 4:1-9 • 새찬송 361장 | 통일 480장

• 말씀묵상 전에 성령님의 인도하심을 구하는 기도를 드리십시오.

> **본문요약** ǀ 바울은 골로새 교인들에게 자신을 위한 기도 요청을 한다. 전도의 기회가 열리고 복음의 비밀을 담대하게 전할 수 있게 해 달라는 것이 바울의 기도 제목이었다. 바울은 자신의 동역자인 두기고와 오네시모를 골로새 교회에 보내 자신의 상황을 알리고 성도들을 위로했다.

1 상전들아 의와 공평을 종들에게 베풀지니 너희에게도 하늘에 상전이 계심을 알지어다

2 기도를 계속하고 기도에 감사함으로 깨어 있으라

3 또한 우리를 위하여 기도하되 하나님이 ¹⁾전도할 문을 우리에게 열어 주사 그리스도의 비밀을 말하게 하시기를 구하라 내가 이 일 때문에 매임을 당하였노라

4 그리하면 내가 마땅히 할 말로써 이 비밀을 나타내리라

5 외인에게 대해서는 지혜로 행하여 ²⁾세월을 아끼라

6 너희 말을 항상 ³⁾은혜 가운데서 소금으로 맛을 냄과 같이 하라 그리하면 각 사람에게 마땅히 대답할 것을 알리라

7 두기고가 내 사정을 다 너희에게 알려 주리니 그는 사랑받는 형제요 신실한 일꾼이요 주 안에서 함께 종이 된 자니라

8 내가 그를 특별히 너희에게 보내는 것은 너희로 우리 사정을 알게 하고 너희 마음을 위로하게 하려 함이라

9 신실하고 사랑을 받는 형제 오네시모를 함께 보내노니 그는 너희에게서 온 사람이라 그들이 여기 일을 다 너희에게 알려 주리라

1. 오늘 하나님께서 나에게 주신 깨달음은 무엇입니까?

2. 말씀을 어떻게 내 삶에 구체적으로 적용해야 합니까?

1) 또는 말씀의 문을
2) 헬, 기회를 사라
3) 또는 감사하는 가운데서

2 기도를 계속하고 기도에 감사함으로 깨어 있으라 바울은 이제 골로새 교인들에게 마지막 믿음의 권면을 한다. 첫 권면은 기도하며 깨어 있으라는 것인데, 이것은 예수님이 제자들에게 했던 당부가 생각나게 한다(막 14:38). 바울은 성도들이 항상 기도하고 기도할 때마다 감사를 드려야 한다고 권면한다.

3 또한 우리를 위하여 기도하되 하나님이 전도할 문을 우리에게 열어 주사 그리스도의 비밀을 말하게 하시기를 구하라 "전도할 문"이란 전도의 기회를 말한다(고전 16:9; 고후 2:12). "그리스도의 비밀"은 그리스도를 통해 인류를 구원하시려는 하나님의 계획을 말한다(1:26,27). 바울의 기도 제목은 사적인 것이 아니었다. 전도의 문이 열리고 사람들에게 담대하게 그리스도의 비밀을 전하게 해 달라는 복음 전파에 관한 것이었다.

5 외인에게 대해서는 지혜로 행하여 세월을 아끼라 "외인"은 신앙 공동체 밖의 믿지 않는 불신자들을 말한다. 불신자들은 복음의 진리를 알지 못하기 때문에 믿는 자들의 생활을 보고서 우리의 신앙을 판단한다. 복음을 효과적으로 전하기 위해 우리는 그리스도인의 성실과 사랑을 그들에게 보여주어야 한다.

6 너희 말을 항상 은혜 가운데서 소금으로 맛을 냄과 같이 하라 소금으로 맛을 내듯 적절하게 꼭 필요한 말을 하라는 권면이다. 또한 소금의 기능처럼 부패를 막고 정결한 삶에 도움이 되는 말을 하라는 권면으로도 볼 수 있다(엡 4:29).

7 두기고가 내 사정을 다 너희에게 알려 주리니 그는 사랑받는 형제요 신실한 일꾼이요 주 안에서 함께 종이 된 자니라 두기고는 골로새 교인들에게 바울의 소식과 그의 가르침이 담겨 있는 편지를 전했다. 두기고는 이방인 개종자들 가운데 한 사람으로 소아시아 출신이며 바울의 중요한 동역자였다. 바울은 그를 사랑받는 형제요, 그리스도의 신실한 일꾼이라고 소개했다. 두기고는 이방인 교회의 대표로 바울과 예루살렘에 동행했다(행 20:4). 그는 디도와 디모데의 역할을 대신할 정도로 바울에게 신임을 받고 있었다(딤후 4:12; 딛 3:12). 두기고는 골로새 교회뿐만 아니라 에베소 교회와 빌레몬에게도 바울의 편지를 전달했다(엡 6:21).

9 신실하고 사랑을 받는 형제 오네시모를 함께 보내노니 그는 너희에게서 온 사람이라 그들이 여기 일을 다 너희에게 알려주리라 오네시모는 빌레몬의 종이었다(몬 16절). 오네시모는 범죄하여 도망쳤다가 바울을 감옥에서 만난 후 개종했다(몬 10절). 바울은 오네시모를 다시 빌레몬에게 보내면서 그를 용서하고 종이 아닌 형제로 맞으라고 당부하는 편지를 썼는데 이것이 빌레몬서다.

1 주인 된 자들은 종들에게 공정하게 대하며, 좋은 것으로 베푸십시오. 여러분 역시 하늘에 계신 주인을 섬기는 자들임을 기억하기 바랍니다.

2 항상 기도하며 깨어 있으십시오. 기도할 때마다 감사를 드리십시오.

3 우리를 위해서도 기도해 주십시오. 전도의 문을 열어 주셔서, 하나님께서 알려 주신 그리스도의 비밀을 말할 수 있도록 기도해 주십시오. 나는 말씀을 전하다가 지금 감옥에 갇혀 있습니다.

4 내가 이 복음을 확실하고 올바르게 전할 수 있도록 기도해 주시기 바랍니다.

5 믿지 않는 사람들을 대할 때는 지혜롭게 행동하십시오. 기회를 최대한 잘 사용하십시오.

6 말할 때도 친절하고 분별력이 넘치도록 힘써야 합니다. 그러면 어느 누구에게든지 적절한 대답을 할 수 있을 것입니다.

7 두기고는 그리스도 예수 안에서 나의 사랑하는 형제이며, 신실한 일꾼입니다. 그가 우리의 형편을 상세히 알려 줄 것입니다.

8 내가 그를 여러분에게 보내는 것은 여러분이 우리 소식을 듣고 격려를 받도록 하기 위해서입니다.

9 또한 여러분의 동료 오네시모도 함께 보냅니다. 오네시모 역시 우리가 사랑하는 신실한 형제입니다. 그들 둘 다 여러분에게 이곳 사정에 대해 자세히 말해 줄 것입니다.

저자의 묵상

바울은 죄수로 갇혀 있었지만, 그의 영혼에 대한 사랑은 결코 식지 않았다. 몸은 매여 있었지만, 어떻게든 자신을 통해 복음이 전파되기를 바랐다. 바울은 영적 지도자로서 골로새 교회를 위해 날마다 간절히 기도했다. 동시에 겸손히 골로새 교인들에게 자신을 위해 기도해 달라고 부탁했다. 우리는 바울의 이러한 영적 겸손을 배워야 한다. 우리는 영적 성장을 도왔던 성도들이나 교회 학교에서 가르쳤던 학생들에게도 기도를 부탁할 수 있어야 한다.

한편, 바울의 기도 제목은 자신에 관한 사적인 것이 아니었다. 그것은 바로 복음 전파의 문이 열리고 복음의 비밀을 세상에 담대하게 전하게 해 달라는 것이었다. 바울의 기도 요청을 보면서 우리의 기도 제목을 다시 생각해 보게 된다. 우리에게 필요한 것, 우리가 간절히 원하는 것을 위해 기도하는 것도 필요하다. 그러나 우리가 드려야 할 가장 중요한 기도는 복음에 관한 것이어야 한다. 우리는 복음을 부끄러워하지 않고, 기회가 있을 때마다 예수님을 전할 수 있도록 기도해야 한다.

> **무릎 기도** | 하나님, 제 주변 사람들에게 겸손히 기도를 부탁할 수 있는 사람이 되게 하소서. 나의 기도가 늘 나의 유익과 편안을 위한 기도가 아닌 하나님 나라를 위한 기도가 되게 하소서.

ESV - Colossians 4

1 Masters, treat your bondservants* justly and fairly, knowing that you also have a Master in heaven.

2 Continue steadfastly in prayer, being watchful in it with thanksgiving.

3 At the same time, pray also for us, that God may open to us a door for the word, to declare the mystery of Christ, on account of which I am in prison—

4 that I may make it clear, which is how I ought to speak.

5 Walk in wisdom toward outsiders, making the best use of the time.

6 Let your speech always be gracious, seasoned with salt, so that you may know how you ought to answer each person.

7 Tychicus will tell you all about my activities. He is a beloved brother and faithful minister and fellow servant* in the Lord.

8 I have sent him to you for this very purpose, that you may know how we are and that he may encourage your hearts,

9 and with him Onesimus, our faithful and beloved brother, who is one of you. They will tell you of everything that has taken place here.

* 4:1 For the contextual rendering of the Greek word *doulos*, see Preface; likewise for *servant* in verse 12
* 4:7 For the contextual rendering of the Greek word *sundoulos*, see Preface

---

1 master 주인 treat 대하다 bondservant 종   2 steadfastly 확고부동하게 watchful 주의하는   3 declare 선포하다 on account of ···때문에   4 ought to ···해야 하다   6 gracious 정중한 season 간을 하다   7 beloved 사랑하는 faithful 충실한 fellow 동료   8 purpose 목적 encourage 격려하다   9 take place 일어나다

42
동역자는 인생의 보석이다

월 일

골로새서 4:10-18 · 새찬송 154장 | 통일 139장

• 말씀묵상 전에 성령님의 인도하심을 구하는 기도를 드리십시오.

> **본문요약** ㅣ 바울은 그의 서신을 마무리하면서 자신과 함께 있는 동역자들의 인사를 골로새 교인들에게 남긴다. 또한 골로새 주변 지역의 동역자들에게 인사를 전한다. 바울은 자신을 기억해 달라는 당부와 함께, 하나님의 은혜가 그들과 함께하기를 축복하며 서신을 마무리한다.

10 나와 함께 갇힌 아리스다고와 바나바의 생질 마가와 (이 마가에 대하여 너희가 명을 받았으매 그가 이르거든 영접하라)

11 유스도라 하는 예수도 너희에게 문안하느니라 그들은 할례파나 이들만은 하나님의 나라를 위하여 함께 역사하는 자들이니 이런 사람들이 나의 위로가 되었느니라

12 그리스도 예수의 종인 너희에게서 온 에바브라가 너희에게 문안하느니라 그가 항상 너희를 위하여 애써 기도하여 너희로 하나님의 모든 뜻 가운데서 완전하고 확신 있게 서기를 구하나니

13 그가 너희와 라오디게아에 있는 자들과 히에라볼리에 있는 자들을 위하여 많이 수고하는 것을 내가 증언하노라

14 사랑을 받는 의사 누가와 또 데마가 너희에게 문안하느니라

15 라오디게아에 있는 형제들과 눔바와 그 여자의 집에 있는 교회에 문안하고

16 이 편지를 너희에게서 읽은 후에 라오디게아인의 교회에서도 읽게 하고 또 라오디게아로부터 오는 편지를 너희도 읽으라

17 아킵보에게 이르기를 주 안에서 받은 직분을 삼가 이루라고 하라

18 나 바울은 친필로 문안하노니 내가 매인 것을 생각하라 은혜가 너희에게 있을지어다

1. 오늘 하나님께서 나에게 주신 깨달음은 무엇입니까?

2. 말씀을 어떻게 내 삶에 구체적으로 적용해야 합니까?

절별 해설

10 나와 함께 갇힌 아리스다고와 바나바의 생질 마가와 아리스다고는 바울의 동역자 중 한 명으로 데살로니가 출신의 유대인이었다(행 20:4; 27:2). 그는 에베소에서 폭동이 일어났을 때 바울과 함께 붙잡혔다(행 19:29). 아리스다고는 바울의 예루살렘 여행과 로마의 항해에 동행했다(행 27:2). 여기에 등장하는 마가는 바나바의 사촌 '마가 요한'이다(행 15:37). 마가는 밤빌리아에 있을 때 어떤 이유인지는 모르나 선교를 포기하고 예루살렘으로 돌아갔다(행 13:13). 이로 인해 1차 선교여행 때 바울과 바나바 사이에 다툼이 일어났고, 바나바는 마가를 데리고 구브로로 갔다(행 15:36-39). 그 후 마가는 한동안 바울과 불편한 관계에 있었는데 여기서 다시 동역자로 언급된다. 이것을 통해 이들의 갈등이 해결되었음을 알 수 있다. 몇 년 후 바울은 마가를 가리켜 '나의 일에 유익한 자'라고 칭했다(딤후 4:11).

12 그리스도 예수의 종인 너희에게서 온 에바브라가 너희에게 문안하느니라 에바브라는 에바브로디도의 축약형이다. 에바브라는 골로새 출신이었다. 그는 어떤 이유에서인지 분명치 않지만 바울과 함께 투옥되기도 했다(몬 23절). 골로새 교회의 성도들은 에바브라에게 복음을 듣고 진리의 말씀을 배웠으며, 이로 인해 교회가 시작되었다. 바울은 이런 에바브라를 사랑하는 동역자로 생각했다.

13 라오디게아에 있는 자들과 히에라볼리에 있는 자들 이들은 골로새와 가까이 있는 도시에 있는 사람들이었다. 골로새 교회는 라오디게아와 히에라볼리에 있는 교회들과 좋은 신앙적 유대를 가지고 있었다. 라오디게아는 골로새에서 약 14.5km 떨어진 소아시아에 속한 브루기아의 중심 도시로 히에라볼리 남쪽에 위치하고 있었다. 히에라볼리는 골로새에서 서쪽으로 약 32km, 라오디게아에서 북쪽으로 약 9.6km 떨어진 곳에 있었다. 바울 당시에 유명한 광천을 가진 도시로 잘 알려져 있었다.

15 집에 있는 교회 대부분의 경우 초대 교회들은 보통 신실한 성도의 가정에서 모였다. 아굴라와 브리스가(롬 16:5; 고전 16:19), 빌레몬(몬 2절) 등이 그 예다.

16 이 편지를 너희에게서 읽은 후에 라오디게아인의 교회에서도 읽게 하고 초대 교회는 회중이 모인 자리에서 사도의 편지를 크게 낭독하는 관습이 있었다. 바울의 당부를 참고할 때, 골로새서는 골로새뿐만 아니라 라오디게아 교회에도 함께 돌려가며 읽도록 쓰여진 회람 서신이었음을 알 수 있다.

10 나와 함께 감옥에 갇혀 있는 아리스다고가 여러분에게 안부를 전합니다. 바나바의 사촌 마가도 여러분에게 안부를 전합니다(전에도 당부했듯이 마가가 그곳으로 가게 되면, 그를 따뜻하게 맞아 주십시오).

11 유스도라고도 하는 예수 역시 여러분에게 안부를 전합니다. 유대인 가운데 하나님의 나라를 위해 이곳에서 나와 함께 일하는 자들은 이 사람들뿐입니다. 이들은 내게 참으로 큰 위로가 되고 있습니다.

12 예수 그리스도의 종이며, 여러분의 동료인 에바브라도 여러분에게 인사합니다. 그는 여러분의 신앙이 성숙해져서 모든 일에 하나님의 뜻을 잘 알 수 있도록, 여러분을 위해 늘 열심히 기도하고 있습니다.

13 나는 그가 여러분을 위해서, 또한 라오디게아와 히에라볼리에 있는 사람들을 위해서 얼마나 열심히 일했는지 잘 알고 있습니다.

14 데마와 의사인 우리 친구 누가도 여러분에게 안부를 전합니다.

15 라오디게아에 있는 형제들에게 안부를 전해 주십시오. 눔바와 그녀 집에 모이는 교회 사람들에게도 안부를 전해 주십시오.

16 이 편지를 다 읽고 난 후, 라오디게아 교회에서도 읽을 수 있도록 해 주기 바랍니다. 또한 내가 라오디게아에 보내는 편지도 여러분이 읽을 수 있을 것입니다.

17 아킵보에게 주님께서 맡기신 일을 충실히 잘하라고 전해 주십시오.

18 나 바울은 여러분에게 나의 친필로 이렇게 문안합니다. 내가 감옥에 갇혀 있다는 것을 잊지 마십시오. 하나님의 은혜가 여러분과 함께하기를 기도드립니다.

18 나 바울은 친필로 문안하노니 바울은 자신이 교회에 전할 말을 불러 주고 디모데와 같은 동역자들이 그것을 받아 적게 했다. 그러나 편지 끝의 문안은 친필로 썼다.

저자의 묵상

바울은 편지를 마치면서 자신과 함께 있는 동역자들의 인사를 골로새 교인들에게 남겼다. 바울의 사역 초기부터 지금까지 그의 곁에는 늘 좋은 동역자가 있었다. 바울은 이들과 팀을 이루어 가는 곳마다 복음을 효과적으로 전할 수 있었다. 바울처럼 지성과 영성을 갖춘 지도자가 동역자와 함께 일했던 것을 잊지 말아야 한다. 우리에게 맡겨진 하나님의 일은 결코 혼자 감당할 수 없다. 하나님께서 붙여 주시는 동역자와 함께 사역해야 한다. 바울의 동역자들이 다양한 지역과 다양한 지위에 있었던 사람들이었다는 사실도 주목해야 한다. 우리가 지연, 학연, 혈연 등에 얽매여서 내가 좋아하는 특정 사람들과만 일하는 것은 성경적으로 볼 때 옳지 않다. 그런 세상적 요소를 초월해서 복음이라는 본질 안에서 하나 되어 협력할 수 있어야 한다. 그럴 때 다양성과 일치성이 조화를 이루며 복음이 효과적으로 전해질 수 있다. 우리 모두 바울처럼 동역자들을 귀히 여기며 그들과 함께 사역할 수 있어야 한다.

> **무릎 기도** 하나님, 내게 맡겨진 일을 홀로 감당하다가 쓰러지지 않게 하소서. 우리에게 동역자를 보내 주소서. 오늘도 내게 주신 동역자를 귀히 여기며 함께 일하는 기쁨을 경험하게 하소서.

ESV - Colossians 4

10 Aristarchus my fellow prisoner greets you, and Mark the cousin of Barnabas (concerning whom you have received instructions — if he comes to you, welcome him),

11 and Jesus who is called Justus. These are the only men of the circumcision among my fellow workers for the kingdom of God, and they have been a comfort to me.

12 Epaphras, who is one of you, a servant of Christ Jesus, greets you, always struggling on your behalf in his prayers, that you may stand mature and fully assured in all the will of God.

13 For I bear him witness that he has worked hard for you and for those in Laodicea and in Hierapolis.

14 Luke the beloved physician greets you, as does Demas.

15 Give my greetings to the brothers* at Laodicea, and to Nympha and the church in her house.

16 And when this letter has been read among you, have it also read in the church of the Laodiceans; and see that you also read the letter from Laodicea.

17 And say to Archippus, "See that you fulfill the ministry that you have received in the Lord."

18 I, Paul, write this greeting with my own hand. Remember my chains. Grace be with you.

* 4:15 Or brothers and sisters

10 fellow 동료 prisoner 죄수 greet 맞이하다 instruction 지시   11 circumcision 할례 comfort 위로   12 servant 종 struggle 애쓰다 on behalf of …을 위하여 mature 성숙한 assured 확실한 will 뜻 13 bear witness 증언을 하다   14 beloved 사랑하는 physician 의사 16 see that 꼭 …하게 하다 17 fulfill 이행하다 ministry 직무

저자 및 기록 시기

에베소서, 빌립보서, 골로새서와 더불어 바울의 4대 옥중 서신이라고 불리는 빌레몬서는 바울이 로마의 감옥에 갇혀 있는 시기에 쓰인 것이다(행 28:18-20). 기록 시기는 바울이 로마의 감옥에 투옥되어 있었던 약 AD 60-61년경이다. 바울은 빌레몬에게 그의 노예였던 종 오네시모에 대한 부탁을 하게 된다. 오네시모는 바울이 감옥에 있을 때 바울을 섬겨(1:13) 바울의 사역에 유익했던 동역자다(1:11). 바울이 기록한 골로새서와 빌레몬서는 아킵보(골 4:17), 마가, 아리스다고, 데마, 누가(1:24)의 인물이 겹치는 것으로 보아 같은 장소에서 기록했을 뿐 아니라 빌레몬서의 수신자인 빌레몬 역시 골로새 교인인 것을 알 수 있다. 특히 본 서신의 수신자인 빌레몬은 '사랑을 받는 자'란 의미로서, 교회를 신실하게 섬김으로 많은 성도들에게 사랑을 나누고(1:7) 생명의 교제를 함께했다. 바울은 감옥에 갇혀 있는 몸으로 편지를 쓰고 있다(1:1,9-10,13,23). 빌레몬을 사랑하는 친구이며 동역자(1:1)라고 표현하는 것으로 보아, 이 서신은 단순히 개인적인 친분을 나누는 것 이상의 동역을 요청하는 편지임을 알 수 있다. "네 집에 있는 교회"(1:2)라고 말함으로써 빌레몬은 골로새의 가정 교회에 속한 성도들(1:5) 중의 한 명으로서 노예를 소유할 정도의 상당한 재력가나 영향력 있는 사람으로 추측된다.

주요 내용

바울은 자신이 예수 그리스도의 복음의 사람이고 현재 그 복음으로 말미암아 로마 감옥에 갇혀 있는 자신의 상황 설명(1:1)으로 시작한다. 이어 빌레몬이 보여준 믿음과 사랑에 대한 감사를 전한다. 서신의 요점은 오네시모를 노예로서가 아니라 형제로 받아들일 것(1:16)을 부탁하는 내용이다. 그리고 빌레몬에게 오네시모가 바울 자신과 동역할 수 있도록 보내 달라고 요청한다. 그 이유는 오네시모가 바울과 함께 있는 것이 복음의 진보를 위해 유익하기 때문이다(1:9-11). 바울은 옥중에 있는 동안 계속 오네시모를 곁에 두고 싶었지만, 복음 사역을 위해 먼저 주인인 빌레몬의 허락을 받는 것이 옳다고 생각한다(1:14). 의무감이 아닌 자의적 결정이야말로 복음 사역의 출발이기 때문이다. 무엇보다 영적인 일이라고 잘못에 대한 회개가 없는 것은 옳지 않다. 그러기에 오네시모가 저지른 잘못에 대한 값은 바울이 보상하겠다고 약속한다(1:18). 빌레몬은 바울을 통해 복음을 듣게 되었다. 그리고 바울은 복음의 전진을 위해 빌레몬이 결단할 것을 소망한다(1:21).

기록 배경 및 기록 목적

'유익한 사람'이라는 뜻의 오네시모는 빌레몬의 종으로서 주인에게 해를 끼치고 도망

친 탈주 노예다(1:18-19). 로마 시대의 노예는 속주민이나 전쟁 포로들이 대부분이었고 경제적 이유로 인해 자발적으로 자신을 파는 노예도 존재했다. 노예는 주인의 재산으로 취급되어 농장의 일꾼, 가정 돌봄이, 검투사 등 다양한 일들을 했다. 그러기에 노예가 도망을 간다는 것은 주인에게는 노동력과 금전적 손실이 생기는 행위인 동시에 주인의 사회적 평판을 떨어뜨리고 명예를 훼손하는 행위이기도 했다. 오네시모는 로마의 지배를 받는 골로새 지역의 노예였다. 빌레몬과 오네시모, 즉 주인과 노예 사이에는 엄격한 사회적 구분이 존재했다. 하지만 바울은 본 서신을 통해 거대한 로마가 만든 사회적 시스템 안에서도 예수 그리스도로 말미암아 '노예를 형제로 받아들이는'(1:16) 영적 변혁이 일어나기를 소망한다. 그뿐만 아니라 그 형제와 그리스도의 사랑으로 '동역하는 단계'에 이르는 믿음(1:17)을 도전한다. 이 모든 일의 궁극적인 목적은 예수 그리스도의 복음의 전진(1:6)을 소망함이다. 복음이 나타날 수 있다면 바울은 기꺼이 오네시모가 끼친 손해까지도 배상하려 한다(1:18-19). 바울은 종국적으로는 골로새와 로마를 넘어 서바나까지 복음이 흘러가기를 소망한다(롬 15:22-23).

특징

빌레몬서는 초대 교회 당시 노예 제도에 대한 기독교의 태도를 보여준다. 퍼그슨(Everett Ferguson)의 연구에 따르면, 1세기 로마는 인구의 약 25%가 노예였던 것으로 파악된다. 당시 로마의 인구가 약 100만 명인 것을 고려한다면 대략 25만 명의 노예가 존재했다. 1세기 노예의 가장 큰 특징은 스스로 운명을 정할 수 없다는 자유의 박탈을 말할 수 있다. 그런데도 그리스도 안에서는 노예도 복음의 자유함을 입어 형제이자 자매로 살 수 있게 되었다(갈 3:28). 오네시모를 노예가 아닌 형제로 받아 달라는 요청(1:17)은 노예 제도에 대한 폐지나 혁명이 아니다. 제도를 뒤집어엎는 전복이 아니라 영혼의 변혁이다. 바울은 한 영혼을 노예가 아닌 형제로 대할 수 있는 사회 개혁을 기대하고 있는 것이다. 모든 불의와 사회적 문제에 대해 복음은 근본적으로 영혼의 변화를 통해 사회 변혁을 이루어 냄을 보여주는 특징이 있다.

또 다른 특징은 권위에 대한 바울의 재해석이다. 로마 사회가 가진 권위의 의미는 명령과 계급 체계이다. 하지만 바울은 사도로서 충분히 명령할 권위가 있었지만, 명령이 아닌 부탁(1:8-9)을 통해 복음의 연합 사역을 완성해 간다. 사도로서의 권위를 내려놓고 사랑을 부어 주는 관계, 즉 동역자로 세워질 때 하나님의 나라가 이루어지는 것이다.

내용에 따른 단락 구분

1. 빌레몬의 선행에 대한 감사 인사(1:1-7)
2. 오네시모를 위한 부탁(1:8-16)
3. 오네시모에 대한 변제 약속과 마지막 인사(1:17-25)

43
월 일

빌레몬의 선행에 대한 감사 인사

빌레몬서 1:1-7 · 새찬송 370장 | 통일 455장

• 말씀묵상 전에 성령님의 인도하심을 구하는 기도를 드리십시오.

> **본문요약 |** 예수 그리스도께서 주시는 은혜와 평강으로 인사를 한다. 바울은 빌레몬을 위해 기도하고 있었다. 그리고 성도와 믿음의 교제를 통해 교회를 세워 가는 빌레몬에게 감사를 전한다. 예수 그리스도의 생명을 흘려보내는 빌레몬의 섬김은 사랑과 믿음이라는 구체적 행동을 통해 일어나고 있다. 그러한 빌레몬의 섬김은 그리스도의 뜻이 이루어지는 통로가 된다.

1 그리스도 예수를 위하여 갇힌 자 된 바울과 및 형제 디모데는 우리의 사랑을 받는 자요 동역자인 빌레몬과
2 자매 압비아와 우리와 함께 병사 된 아킵보와 네 집에 있는 교회에 편지하노니
3 하나님 우리 아버지와 주 예수 그리스도로부터 은혜와 평강이 너희에게 있을지어다
4 내가 항상 내 하나님께 감사하고 기도할 때에 너를 말함은
5 주 예수와 및 모든 성도에 대한 네 사랑과 믿음이 있음을 들음이니
6 이로써 네 믿음의 교제가 우리 가운데 있는 선을 알게 하고 그리스도께 이르도록 역사하느니라
7 형제여 성도들의 마음이 너로 말미암아 평안함을 얻었으니 내가 너의 사랑으로 많은 기쁨과 위로를 받았노라

1. 오늘 하나님께서 나에게 주신 깨달음은 무엇입니까?

2. 말씀을 어떻게 내 삶에 구체적으로 적용해야 합니까?

절별 해설

1 그리스도 예수를 위하여 갇힌 자 된 바울과 바울은 그리스도 예수의 죄수가 되었다는 의미다. 감옥에 갇혀 있지만 바울 자신은 먼저 예수 그리스도에게 갇힌 사람, 즉 소유된 사람임을 표현한다.

우리의 사랑을 받는 자요 동역자인 빌레몬과 "사랑을 받는 자"란 말은 바울이 빌레몬에게 복음을 전하고 사랑을 전하여 준 행동을 설명한다. 동시에 본질적으로는 '빌레몬은 하나님이 사랑하시는 자'란 의미이다. 동역자라는 말은 함께 일하거나 상호 이익이 되는 관계를 의미한다. 그러나 본문에서는 "사랑을 받는 자"라는 말을 통하여 해석되어야 한다. 즉, 바울은 하나님의 사랑을 전하여 빌레몬과 동역자가 되었기에 동역자란 말은 '내가 사랑을 쏟아부어 생성된 관계'를 의미하기도 한다.

2 우리와 함께 병사 된 아킵보와 네 집에 있는 교회에 편지하노니 골로새서와 아킵보라는 이름이 겹치는 것을 보면(골 4:17), 빌레몬이 골로새 교회에서 신앙생활을 하고 있고, 그 교회는 집에서 모이는 가정 교회의 형태임을 알 수 있다.

4 내가 항상 내 하나님께 감사하고 "내 하나님"이라고 말하는 것은 하나님과의 인격적인 관계, 즉 사랑하는 관계임을 선포한다(참고. 신 6:5). 이는 하나님을 향한 관계적 선언인 동시에 하나님으로 말미암아 산다는 삶의 방식의 표현이다.

기도할 때에 너를 말함은 바울의 규칙적인 기도 습관을 보여 준다. 동시에 무엇을 하든지 예수의 이름을 힘입어 하려는(골 3:17) 마음의 습관이기도 하다. "너를 말함"은 '기억한다'라는 의미다. 하나님이 이스라엘 백성들을 기억하셔서 신실하게 그들을 인도하신 것처럼(출 2:24-25) 바울이 하나님의 인도하심을 구한다는 의미다.

5 주 예수와 및 모든 성도에 대한 네 사랑과 믿음이 있음을 들음이니 4절부터 시작한 감사는 곧 기도가 되었고 그 감사의 이유가 5절에 설명되고 있다. 바울의 감사는 그가 전해 듣고 있는 빌레몬의 사랑과 믿음 때문이다. 사랑으로 역사하는 믿음 즉 그의 신실함을 본 것이다.

6 이로써 네 믿음의 교제가 "믿음의 교제"는 단순한 나눔이 아니다. 예수의 생명을 흘려보냄이다. 평안과 기쁨을 나누는 관계(1:20-21)이며 동시에 '복음의 전진을 위한 참여'이다.

7 성도들의 마음이 너로 말미암아 평안함을 얻었으니 본절은 빌레몬의 물질적 봉사가 성도들에게 미친 효과를 보여준다. 빌레몬의 교제는 평안함, 즉 어떤 어려움이나 환경적 방해를 뛰어넘는 마음의 평정을 주었다(참고. 고전 16:17).

---

1 예수 그리스도의 복음을 전하다가 감옥에 갇힌 바울과 형제 디모데는, 우리의 사랑하는 친구이며 동역자인 빌레몬과

2 자매 압비아, 우리와 함께 군사가 된 아킵보, 그리고 그대의 집에서 모임을 갖는 교회에게 이 편지를 씁니다.

3 우리 아버지 하나님과 주 예수 그리스도의 은혜와 평안이 여러분에게 함께하기를 빕니다.

4 나는 기도할 때마다 그대를 생각하며 하나님께 늘 감사드립니다.

5 그것은 성도들에 대한 그대의 사랑과 주 예수님에 대한 그대의 믿음을 전해 들었기 때문입니다.

6 믿음을 통해 그리스도 안에서 우리가 누리는 모든 복을 그대가 알고 다른 사람에게도 전하기를 기도합니다.

7 나의 형제여, 성도들에게 베푼 그대의 사랑이 많은 사람에게 기쁨을 주었고, 또한 내게도 큰 기쁨과 위로가 되고 있습니다.

당신은 결코 작은 자가 아니다. 다른 사람의 인생이 당신의 손에 달려 있을 수 있다. 바울은 외친다. "빌레몬, 당신은 믿는 자입니다. 자, 이제 그 믿음이 사랑이 되게 하세요. 노예인 오네시모의 삶은 당신에 의해 결정될 것입니다. 그가 평생 노예로 살든지 아니면 복음의 사역자가 될지는 당신의 태도에 달려 있습니다." 믿는 한 사람이 또 다른 한 사람의 삶의 키를 가지고 있다니 얼마나 놀라운 일인가! 재정적 손실, 힘들게 된 관계, 쉽지 않은 문제들에 빠져 있다가 정작 우리가 얼마나 중요한 자리에 서 있는지 잊어버린 것은 아닌가? 당신은 당신의 생각보다 더 소중한 사람이다. 예수님은 자신의 생명을 다 던져 당신을 죽음의 권세에서 건져내셨다. 당신은 중요한 사람이기 때문이다. 스스로는 연약해 보일 수 있으나, 분명한 것은 주님은 당신을 통해 이루실 일이 있다는 것이다. 그러니 눈에 보이는 것이 전부라고 생각하지 말라. 눈에 보이지 않지만 하나님의 시각을 따라 인생의 문제를 결정하라. 주님은 당신을 통해 또 다른 영혼을 일으키기 시작하실 것이다.

> **무릎
> 기도** | 생명이신 하나님, 우리의 삶은 당신에게 달려 있습니다. 동시에 우리를 통해 다른 이의 생명이 주님께로 돌아오게 하소서.

ESV - Philemon 1

1 Paul, a prisoner for Christ Jesus, and Timothy our brother, To Philemon our beloved fellow worker

2 and Apphia our sister and Archippus our fellow soldier, and the church in your house:

3 Grace to you and peace from God our Father and the Lord Jesus Christ.

4 I thank my God always when I remember you in my prayers,

5 because I hear of your love and of the faith that you have toward the Lord Jesus and for all the saints,

6 and I pray that the sharing of your faith may become effective for the full knowledge of every good thing that is in us for the sake of Christ.*

7 For I have derived much joy and comfort from your love, my brother, because the hearts of the saints have been refreshed through you.

* 1:6 Or for Christ's service

1 prisoner 갇힌 자 fellow worker 동역자   5 saint 성도   6 become effective 효력이 발생하다 for the sake of …를 위해서   7 derive 얻다 comfort 위로

44

월   일

오네시모를 위한 부탁

빌레몬서 1:8-16 • 새찬송 338장 | 통일 364장

• 말씀묵상 전에 성령님의 인도하심을 구하는 기도를 드리십시오.

> **본문요약** ㅣ 오네시모는 바울이 감옥에 갇혀 있던 중에 온 마음을 다해 양육한 복음의 영적 아들이다. 그는 원래 탈주 노예였지만 바울의 복음의 동역자로 변화되었다. 바울은 이러한 오네시모를 주인인 빌레몬에게 돌려보내며 빌레몬의 승낙을 받아 오네시모와 계속 동역할 수 있기를 희망한다.

8 이러므로 내가 그리스도 안에서 아주 담대하게 네게 마땅한 일로 명할 수도 있으나

9 도리어 사랑으로써 간구하노라 나이가 많은 나 바울은 지금 또 예수 그리스도를 위하여 갇힌 자 되어

10 갇힌 중에서 낳은 아들 오네시모를 위하여 네게 간구하노라

11 그가 전에는 네게 무익하였으나 이제는 나와 네게 유익하므로

12 네게 그를 돌려보내노니 그는 내 [1]심복이라

13 그를 내게 머물러 있게 하여 내 복음을 위하여 갇힌 중에서 네 대신 나를 섬기게 하고자 하나

14 다만 네 승낙이 없이는 내가 아무것도 하기를 원하지 아니하노니 이는 너의 선한 일이 억지같이 되지 아니하고 자의로 되게 하려 함이라

15 아마 그가 잠시 떠나게 된 것은 너로 하여금 그를 영원히 두게 함이리니

16 이후로는 종과 같이 대하지 아니하고 종 이상으로 곧 사랑받는 형제로 둘 자라 내게 특별히 그러하거든 하물며 육신과 주 안에서 상관된 네게랴

1. 오늘 하나님께서 나에게 주신 깨달음은 무엇입니까?

2. 말씀을 어떻게 내 삶에 구체적으로 적용해야 합니까?

1) 헬, 심장

9 도리어 사랑으로써 간구하노라 나이가 많은 나 바울은 지금 또 예수 그리스도를 위하여 갇힌 자 되어 "사랑으로써 간구하노라"는 것은 빌레몬을 향한 바울의 사랑을 보여준다. 동시에 빌레몬이 가지고 있는 사랑(1:7)에 근거해서 바울이 부탁을 하고 있다는 말이기도 하다. 바울은 "그리스도를 위하여 갇힌 자" 즉, 그리스도를 전하다가 감옥에 갇힌 자이다. 동시에 그리스도의 삶의 방식을 따라가는 사람이라는 의미다.

10 갇힌 중에서 낳은 아들 오네시모를 위하여 네게 간구하노라 오네시모는 거칠고 거짓말을 일삼는 브르기아 출신이지만 바울의 전도를 통하여 회심한 후에 예수의 증인이 되었다. 바울은 오네시모의 '회심', 즉 믿음의 아들이 된 것을 그의 이름보다 먼저 언급한다. 더욱 중요한 사실을 먼저 말함으로써 손해를 끼친 지난날의 과오가 아닌 회심한 지금의 모습을 보게 한다. "오네시모를 위하여"라는 표현을 통해 이제는 그의 회심뿐만 아니라 그를 향한 믿음의 소망 즉, 우리의 한계 너머에서 일하시는 하나님을 바라보라고 권면한다.

11 그가 전에는 네게 무익하였으나 이제는 나와 네게 유익하므로 오네시모란 이름의 뜻은 유익하다는 말이다. 오네시모는 신자가 되기 전에는 그의 이름의 의미와는 정반대로 빌레몬에게 해를 끼치던 '무익한' 종이었다. '유익하다'는 것은 구체적으로 선한 일을 할 수 있는(14절) 자가 되었음을 나타낸다.

12 네게 그를 돌려보내노니 그는 내 심복이라 바울은 오네시모를 "심복" 즉 자신의 마음, 자신의 일부라고 설명한다. 바울 자신도 힘든 감옥 생활이었지만 그곳에서 자신의 마음(복음을 향한 열정)을 오네시모에게 옮기는 복음 사역을 쉬지 않았다. 이를 통해 오네시모는 곧 바울의 심정과 같은 마음을 가지게 되었다.

14 이는 너의 선한 일이 억지같이 되지 아니하고 자의로 되게 하려 함이라 주인으로 당연히 인정받아야 할 권리가 있다. 그 '권리'는 "선한 일"과 연결될 때 그리스도를 위한 일(1:6)로 변화된다. 빌레몬 자신의 노예를 사도의 동역자로 세우는 새로운 영적인 도전에 필요한 것은 자발적인 마음이다. 예수님을 생각함으로 빌레몬 '스스로 결단'할 때임을 의미한다.

15 너로 하여금 그를 영원히 두게 함이리니 오네시모가 빌레몬을 떠난 것은 하나님의 계획에 따라 노예와 주인이 아닌 복음 안에서 믿음의 형제로 바뀌는 기회가 되었다. 구약의 종들이 귀에 구멍을 뚫어 종신토록 주인을 섬겼다면(출 21:6), 오네시모는 영원히 예수님의 종으로 살아갈 사람이 되었다는 것이다.

8 그대에게 한 가지 부탁할 일이 있습니다. 그대가 주님을 사랑한다는 것을 믿고 있기 때문에 주님의 이름으로 그대에게 명령할 수도 있습니다.

9 그러나 그렇게 하지 않고, 그대를 아끼고 사랑하는 마음으로 부탁하려고 합니다. 나는 지금 나이가 많고, 예수 그리스도를 위해 갇혀 있는 상태입니다.

10 감옥에 갇혀 있는 동안, 나는 믿음의 아들 오네시모를 얻었습니다. 그를 위한 부탁이니 들어주기 바랍니다.

11 그가 이전에는 그대에게 아무 쓸모 없는 종이었지만, 이제는 그대나 나에게 큰 도움이 되는 사람이 되었습니다.

12 나는 이제 나의 분신과도 같은 그를 그대에게 돌려보냅니다.

13 내가 복음을 위해 감옥에 갇혀 있는 동안, 나는 그를 내 곁에 두고 싶었습니다. 왜냐하면 그가 나를 돕는 것이 바로 빌레몬 그대를 돕는 일도 되기 때문입니다.

14 그러나 먼저 그대의 허락을 받지 않고는 아무 일도 하고 싶지 않습니다. 이것은 내가 시켜서 선을 베푸는 것이 아니라, 그대 스스로 하길 바라는 마음 때문입니다.

15 오네시모가 잠시 동안, 그대의 곁을 떠났지만, 이 일은 어쩌면 그를 영원히 그대 곁에 두게 하기 위한 것이었는지도 모릅니다.

16 그러나 이제는 종이 아니라 그보다 훨씬 더 귀한, 사랑하는 형제로서 대해 주십시오. 나는 그를 소중히 여기지만 아마도 그대는 주님 안에서 그를 한 사람, 한 형제로 사랑하기 때문에 나보다 더 소중히 여길 것입니다.

16 이후로는 종과 같이 대하지 아니하고 종 이상으로 곧 사랑받는 형제로 둘 지라 노예가 아닌 형제라는 호칭을 통해 새로운 관계 설정을 한다. 노예가 존재하는 로마 사회 속에 있지만, 그리스도 안에서는 모든 사회적 제약을 뛰어넘어 새로운 시작(고후 5:17)이 가능하다.

저자의 **묵상**

누군가의 이름을 부를 때 그와의 관계를 선포해 보라. "그는 나의 '사랑하는' 아들 ○○○입니다." "그는 '축복하고 싶은' ○○○입니다." 명사는 어떤 대상의 존재·성격을 단정 짓지만, 형용사는 그 대상(명사)과의 구체적인 관계를 설정해 준다. 누구나 자신 안에 실패의 모습과 초라하게 만드는 한계점을 가지고 있다. 하지만 믿음의 위대함은 한계점 너머에서 일하시는 하나님을 보게 해 준다는 것이다. 당신이 가진 능력이 당신의 전부라면, 그 힘이 사라질 때 소망도 사라질 것이다. 그러나 믿는 자에게는 '내게 능력 주시는 분'(빌 4:13)이 존재한다. 또 다른 삶의 가능성이 실재하는 것이 믿는 자의 진짜 현실이다. 관계를 선포해야 할 이유가 여기에 있다. 하나님과의 관계를 말하기 시작할 때, 우리는 하나님과 새로운 가능성을 향하여 마음을 열게 된다. 한 사람과의 관계를 새로이 선포하면 전에 없었던 그를 향한 소중한 마음을 품게 해 준다. 누군가와 대화 중일 때 전화가 걸려 온다면 수화기 너머로 한마디 해 주라. "저는 지금 '소중한' 사람과 대화 중입니다."

> **무릎 기도** 하나님, 우리를 옮겨가서서 과거에 붙잡힌 자가 아니라 새로운 영적인 자리에 서게 하소서. 그리스도 안에서는 언제나 새로운 시작이 가능한 줄 믿습니다.

ESV - Philemon 1

8 Accordingly, though I am bold enough in Christ to command you to do what is required,

9 yet for love's sake I prefer to appeal to you—I, Paul, an old man and now a prisoner also for Christ Jesus—

10 I appeal to you for my child, Onesimus,* whose father I became in my imprisonment.

11 (Formerly he was useless to you, but now he is indeed useful to you and to me.)

12 I am sending him back to you, sending my very heart.

13 I would have been glad to keep him with me, in order that he might serve me on your behalf during my imprisonment for the gospel,

14 but I preferred to do nothing without your consent in order that your goodness might not be by compulsion but of your own accord.

15 For this perhaps is why he was parted from you for a while, that you might have him back forever,

16 no longer as a bondservant* but more than a bondservant, as a beloved brother—especially to me, but how much more to you, both in the flesh and in the Lord.

* 1:10 *Onesimus* means *useful* (see verse 11) or *beneficial* (see verse 20)
* 1:16 For the contextual rendering of the Greek word *doulos,* see Preface; twice in this verse

---

8 command 명령하다 9 appeal 간청하다 10 imprisonment 투옥 13 on one's behalf …를 대신하여 14 consent 승낙 compulsion 강제 of one's own accord 자발적으로 16 bondservant 종

45

오네시모에 대한 변제 약속과 마지막 인사

빌레몬서 1:17-25 • 새찬송 393장 | 통일 447장

• 말씀묵상 전에 성령님의 인도하심을 구하는 기도를 드리십시오.

> **본문요약** ┃ 빌레몬과 오네시모가 새로운 관계 설정이 가능하도록 하기 위해 바울은 오네시모가 저지른 모든 불의와 손실에 대해 자신이 대신 변상하겠다는 마음을 전한다. 바울은 빌레몬이 오네시모를 되돌려 보내줄 것을 소망하며 그로 말미암아 이루어질 기쁨도 기대한다. 복음 전파를 위해 나중에 골로새에서 거할 숙소의 준비와 기도의 부탁을 하며, 동역자들과 함께 작별 인사를 한다.

17 그러므로 네가 나를 동역자로 알진대 그를 영접하기를 내게 하듯 하고

18 그가 만일 네게 불의를 하였거나 네게 빚진 것이 있으면 그것을 내 앞으로 계산하라

19 나 바울이 친필로 쓰노니 내가 갚으려니와 네가 이외에 네 자신이 내게 빚진 것은 내가 말하지 아니하노라

20 오 형제여 나로 주 안에서 너로 말미암아 기쁨을 얻게 하고 내 마음이 그리스도 안에서 평안하게 하라

21 나는 네가 순종할 것을 확신하므로 네게 썼노니 네가 내가 말한 것보다 더 행할 줄을 아노라

22 오직 너는 나를 위하여 숙소를 마련하라 너희 기도로 내가 너희에게 나아갈 수 있기를 바라노라

23 그리스도 예수 안에서 나와 함께 갇힌 자 에바브라와

24 또한 나의 동역자 마가, 아리스다고, 데마, 누가가 문안하느니라

25 우리 주 예수 그리스도의 은혜가 너희 심령과 함께 있을지어다

1. 오늘 하나님께서 나에게 주신 깨달음은 무엇입니까?

2. 말씀을 어떻게 내 삶에 구체적으로 적용해야 합니까?

17 그를 영접하기를 내게 하듯 하고 바울이 오네시모와 복음의 마음(1:12)을 공유했기에 형제로서 서로 받아들이는 것이 하나님의 영광을 나타내는 길(롬 15:7)임을 말하고 있다. 그리스도께서 죄를 용서해 주시고 죄인을 받아 주신 복음이 빌레몬에게 온 것처럼, 이제는 빌레몬이 오네시모의 죄를 용서하고 받아들일 차례다.

18 그가 만일 네게 불의를 하였거나 네게 빚진 것이 있으면 그것을 내 앞으로 계산하라 "빚진 것"이라는 말은 주인에게 손해를 끼친 빌레몬의 행동과 불의를 말한다. '계산'이라는 표현을 통하여 오네시모가 빌레몬에게 물질적인 손실을 끼친 것이 드러난다. "빚진 것"이라는 단어가 '잃어버리게 만들었다'는 의미를 포함하고 있는 것을 생각할 때, 주인의 명예나 사회적 위상을 떨어뜨리게 만든 것도 포함된다.

"내 앞으로 계산하라"는 것은 '바울의 장부로 옮겨 적으라'는 의미다. 즉, 법적인 책임을 질 것을 말하는 표현으로서, 감옥에서 약간의 도움으로 살아가는 자신의 모든 재정을 털어서라도 갚겠다는 의지의 표현이다. 물질적인 손실은 감수할 만하다. 왜냐하면 복음의 기회를 잃어버린다면 전부를 잃어버리는 것이기 때문이다.

19 네 자신이 내게 빚진 것은 내가 말하지 아니하노라 빌레몬은 바울을 통해 복음을 받게 되었고 동역자가 되었다(1:1). 복음은 그 값을 측량할 수 없을 만큼 소중하고 값진 것이다. 빌레몬은 바울에게 생명의 빚을 지고 있다. 신령한 복을 나누어 받았으니, 육신의 생활에 필요한 것으로 복음을 전해 준 자들을 섬기는 것은 지혜로운 삶이다(롬 15:27).

20 내 마음이 그리스도 안에서 평안하게 하라 "평안하게 하라"는 것은 '생명을 얻게 하라'는 의미이다. 빌레몬의 결단은 바울이 수행하고 있는 복음 사역에 생명력을 불어넣을 것이다.

21 나는 네가 순종할 것을 확신하므로 네게 썼노니 빌레몬이 순종한다는 것은 곧 노예를 잃어버리는 일 즉, 물질적인 손해를 감내한다는 의미이다. 그런데도 바울이 확신하는 것은 빌레몬에게는 예수 그리스도에 대한 사랑이 있기 때문이다(1:5). 바울은 기도하는 사람인 빌레몬이(22절) 주님의 뜻을 이루는 일에 동참할 것임을 의심하지 않는다.
네가 내가 말한 것보다 더 행할 줄을 아노라 '더 행한다는 것'은 내가 할 만한 것을 하는 것 이상으로 복음의 더 큰 요구에 순종하는 것이다. 오네시모를 바울에게 되돌려 보내 주는 일도 순종이다. 그러나 더욱 중요한 것은 자신의 믿음과 신앙을 통하여 '하나님과 동행하는 삶'을 사는 것이다.

17 그가 나를 친구로 생각하거든 오네시모를 다시 받아 주고, 나를 맞이하듯, 그를 맞아 주기 바랍니다.

18 만일 오네시모가 그대에게 잘못한 일이 있거든 그 책임을 내게 대신 돌리십시오. 또 갚아야 할 것이 있다면 그것도 나에게 돌리십시오.

19 이 편지는 나 바울이 직접 쓰는 것입니다. 오네시모가 그대에게 빚진 것은 내가 다 갚을 것이며, 나 역시 그대가 내게 은혜로 빚진 것에 대해 아무 말도 하지 않겠습니다.

20 나의 사랑하는 형제여, 나를 위해 주님 안에서 이 부탁을 들어주기 바랍니다. 그리스도 안에서 나의 마음이 평안해지도록 도와주십시오.

21 그대는 내가 부탁한 것보다 훨씬 더 잘할 것이라고 생각하며 이 편지를 씁니다.

22 그리고 내가 가서 머물 곳도 준비해 주면 고맙겠습니다. 그대의 기도로 내가 그대에게 갈 수 있게 되길 바라고 있습니다.

23 에바브라도 예수 그리스도를 위해 나와 함께 감옥에 갇혀 있습니다. 그가 여러분에게 안부를 전합니다.

24 또한 마가, 아리스다고, 데마, 누가도 안부를 전합니다. 이들은 나의 동역자들입니다.

25 우리 주 예수 그리스도의 은혜가 여러분과 함께하기를 기도합니다.

신생아를 키우다 보면 기저귀를 가는 일이 참 번거롭다. 무엇보다 아이라 할지라도 때론 냄새가 고약할 때도 있고 똥이 묻은 엉덩이가 더러워 보일 수도 있다. 그러나 어떤 어머니도 기저귀가 더럽다고 아이를 버리는 일은 없다. 똥 냄새는 나지만 아이의 소중함과 예쁨에는 비교할 바가 아니기 때문이다. 복음은 우리에게 그런 것이다. 인간은 자신의 죄성에 대한 탄식으로 좌절할 때가 많다. 실패를 거듭할 때는 낙담이 되어 포기하고 싶기도 할 것이다. 그러나 우리에게는 하나님이 계신다. 우리를 의롭다고 해 주시고 어떤 상황에서도 자신의 계획을 이루어 가시는 하나님이 우리와 함께해 주신다. 살아가면서 돈을 좀 잃고 상황이 여의치 않아 실패한 것이 아프기는 하지만, 그것이 우리의 전부는 아니다. 우리의 전부는 하나님이시다. 세상이 다 당신을 미워해도 하나님은 당신을 사랑하신다. 그분은 절대로 당신을 포기하지 않으신다. 못 믿겠는가? 십자가를 바라보라. 그것이 증거이다. 예수 그리스도가 자신을 죽여서 살려낸 자가 당신이다. 똥 냄새 좀 난다고 하나님은 절대 당신을 버리지 않으신다.

> **무릎 기도** 십자가의 주님, 우리를 위하여 대신 죽으신 주님처럼 내 이웃을 주님 대하듯 사랑하는 자가 되게 하소서.

ESV - Philemon 1

17 So if you consider me your partner, receive him as you would receive me.

18 If he has wronged you at all, or owes you anything, charge that to my account.

19 I, Paul, write this with my own hand: I will repay it—to say nothing of your owing me even your own self.

20 Yes, brother, I want some benefit from you in the Lord. Refresh my heart in Christ.

21 Confident of your obedience, I write to you, knowing that you will do even more than I say.

22 At the same time, prepare a guest room for me, for I am hoping that through your prayers I will be graciously given to you.

23 Epaphras, my fellow prisoner in Christ Jesus, sends greetings to you,

24 and so do Mark, Aristarchus, Demas, and Luke, my fellow workers.

25 The grace of the Lord Jesus Christ be with your spirit.

17 consider 여기다　18 owe 빚지다　charge to a person's account …의 계산에 달다　19 repay 갚다　20 benefit 이익
21 confident of …을 확신하는　obedience 순종　22 prepare 준비하다　graciously 감사하게　24 fellow worker 동역자

권 별 주 삶 주삶 _{아가페} GBS

• 1주(1회-7회) _ 에베소서 2:11-22
  교회가 가야 할 길

• 2주(8회-14회) _ 에베소서 5:21-33
  참된 부부상

• 3주(15회-21회) _ 빌립보서 1:12-18
  그리스도가 전파될 때 기뻐합니다

• 4주(22회-28회) _ 빌립보서 3:5-14
  비교할 수 없는 예수

• 5주(29회-35회) _ 골로새서 1:15-20
  만물의 창조자, 교회의 머리 예수 그리스도

• 6주(36회-42회) _ 골로새서 3:1-10
  위의 것을 생각하라

• 7주(43회-45회) _ 빌레몬서 1:8-16
  그리스도인이 사람을 대하는 법

* GBS 해설서는 뒷면에 있습니다

주간 그룹성경공부 · GBS

교회가 가야 할 길

에베소서 2:11-22 | 새찬송 208장 · 통일 246장

주간 말씀묵상 나눔

지난 한 주간 말씀을 묵상한 것이나 삶에 적용한 것이 있으면 돌아가며 간단히 나누어 봅시다.

• 오늘의 성경공부 목표

교회는 예수 그리스도가 가르쳐 주신 평화의 복음으로 인하여 전혀 공존할 수 없는 사람들이 더불어 살 수 있는 길을 제시합니다. 그 길이 어떻게 가능한지를 함께 살펴봅시다.

11 그러므로 생각하라 너희는 그때에 육체로는 이방인이요 손으로 육체에 행한 할례를 받은 무리라 칭하는 자들로부터 할례를 받지 않은 무리라 칭함을 받는 자들이라

12 그때에 너희는 그리스도 밖에 있었고 이스라엘 나라 밖의 사람이라 약속의 언약들에 대하여는 외인이요 세상에서 소망이 없고 하나님도 없는 자이더니

13 이제는 전에 멀리 있던 너희가 그리스도 예수 안에서 그리스도의 피로 가까워졌느니라

14 그는 우리의 화평이신지라 둘로 하나를 만드사 원수 된 것 곧 중간에 막힌 담을 자기 육체로 허시고

15 법조문으로 된 계명의 율법을 폐하셨으니 이는 이 둘로 자기 안에서 한 새 사람을 지어 화평하게 하시고

16 또 십자가로 이 둘을 한 몸으로 하나님과 화목하게 하려 하심이라 원수 된 것을 십자가로 소멸하시고

17 또 오셔서 먼 데 있는 너희에게 평안을 전하시고 가까운 데 있는 자들에게 평안을 전하셨으니

18 이는 그로 말미암아 우리 둘이 한 성령 안에서 아버지께 나아감을 얻게 하려 하심이라

19 그러므로 이제부터 너희는 외인도 아니요 나그네도 아니요 오직 성도들과 동일한 시민이요 하나님의 권속이라

20 너희는 사도들과 선지자들의 터 위에 세우심을 입은 자라 그리스도 예수께서 친

히 모퉁잇돌이 되셨느니라
21 그의 안에서 건물마다 서로 연결하여 주
안에서 성전이 되어 가고

22 너희도 성령 안에서 하나님이 거하실 처
소가 되기 위하여 그리스도 예수 안에서
함께 지어져 가느니라

● 함께 읽어보기

오늘날 한국 교회가 매우 큰 위기에 처해 있다는 것을 부정하는 사람은 거의 없습니다. 그 원인 중 일부는
교회 내부의 수많은 분쟁과 갈등입니다. 오늘 본문에서 확인할 수 있듯이, 교회는 예수 그리스도가 주신
평화의 복음으로 인하여 탄생합니다. 갈등이 봉합되고 차이를 극복하며 새로운 화합과 하나 됨의 진전을
보여야 하는 곳이 교회였습니다. 따라서 오늘날 교회가 얼마나 본래의 목적을 잃어버렸는지 새삼 깨닫게
됩니다. 그러므로 다시금 교회가 가야 할 길을 제대로 살필 수 있길 바랍니다.

도입 질문

1 당신의 인생에서 만나는 수많은 사람들 중에 여전히 밉고, 가까이하기가 힘든 사람이 있
습니까? 그렇게 된 이유도 함께 나누어 봅시다.

함께 나누기

2 유대인들은 이방인들을 향해 무엇이라고 손가락질 했습니까? 동시에 유대인들 자신이
자랑삼아 이야기하던 것은 무엇입니까? 11절

3 '그리스도 밖에 있었고 이스라엘 나라 밖의 사람이라 약속의 언약들에 대하여는 외인이요
세상에서 소망이 없고 하나님도 없는 자'(12절)였던 이방인들도 예외없이 (   ) 안에
서 그리스도의 (   )로 인해 하나님과 가까워질 수 있게 됩니다. 13절에서 알맞은 단
어를 찾아 빈칸을 채워 봅시다.

4 유대인과 이방인을 갈라놓던 율법을 없애고, 이 두 그룹을 하나가 되게 하여 새 사람이 되게 하신 분은 누구입니까? 그분은 어떻게 그들 사이를 가로막았던 미움의 벽을 허무셨습니까? 15-16절

5 중재자이신 예수 그리스도께 나아가는 과정에서 상대를 향한 미움과 갈등이 점차 바뀌는 것을 경험한 적이 있다면 나누어 봅시다.

6 유대인과 이방인이 '그리스도를 통해 한 성령 안에'(18절) 있게 될 때 성경은 그들을 더 이상 낯선 나그네나 손님으로 부르지 않습니다. 그들은 이제 '이제부터 너희는 외인도 아니요 나그네도 아니요 오직 (   )이요 (   )이라'고 가르칩니다. 19절을 참조하여 빈칸에 알맞은 단어를 넣어 봅시다.

7 20-22절을 보면, 성도의 성숙과 성장과 관련된 표현들, 가령 '주 안에서 성전이 되어 가고'(21절), '그리스도 예수 안에서 함께 지어져 가느니라'(22절) 등이 등장합니다. 이 표현들의 시제를 고려하면 성도의 성장은 언제까지 진행되어야 합니까?

8 당신은 그리스도인이 된 이후, 영적 성장과 성숙을 위한 다양한 훈련을 끊임없이 받고 있습니까? 혹 훈련을 쉬고 싶었던 적이 있는지와 그것을 극복할 수 있는 지혜를 공유해 봅시다.

9 오늘 성경공부를 통해 나누고 싶거나 깨달은 것이 있으면 이야기해 봅시다.

주간 그룹성경공부·GBS

참된 부부상

에베소서 5:21-33 | 새찬송 559장 · 통일 305장

주간 말씀묵상 나눔

지난 한 주간 말씀을 묵상한 것이나 삶에 적용한 것이 있으면 돌아가며 간단히 나누어 봅시다.

• 오늘의 성경공부 목표

오늘 본문은 아내가 남편에게, 남편이 아내에게 어떤 마음가짐을 갖고 어떤 섬김을 실천해야 하는지를 가르치고 있습니다. 주님께 순종하듯 남편의 권위에 순종하라는 것과 그리스도가 교회를 사랑하듯 아내를 사랑하라는 것이 어떤 의미를 갖는지를 함께 배워 봅시다.

21 그리스도를 경외함으로 피차 복종하라
22 아내들이여 자기 남편에게 복종하기를 주께 하듯 하라
23 이는 남편이 아내의 머리 됨이 그리스도께서 교회의 머리 됨과 같음이니 그가 바로 몸의 구주시니라
24 그러므로 교회가 그리스도에게 하듯 아내들도 범사에 자기 남편에게 복종할지니라
25 남편들아 아내 사랑하기를 그리스도께서 교회를 사랑하시고 그 교회를 위하여 자신을 주심같이 하라
26 이는 곧 물로 씻어 말씀으로 깨끗하게 하사 거룩하게 하시고
27 자기 앞에 영광스러운 교회로 세우사 티나 주름 잡힌 것이나 이런 것들이 없이 거룩하고 흠이 없게 하려 하심이라
28 이와 같이 남편들도 자기 아내 사랑하기를 자기 자신과 같이 할지니 자기 아내를 사랑하는 자는 자기를 사랑하는 것이라
29 누구든지 언제나 자기 육체를 미워하지 않고 오직 양육하여 보호하기를 그리스도께서 교회에게 함과 같이 하나니
30 우리는 그 몸의 지체임이라
31 그러므로 사람이 부모를 떠나 그의 아내와 합하여 그 둘이 한 육체가 될지니
32 이 비밀이 크도다 나는 그리스도와 교회에 대하여 말하노라
33 그러나 너희도 각각 자기의 아내 사랑하기를 자신같이 하고 아내도 자기 남편을 존경하라

한국의 이혼 비율이 경제협력개발기구(OECD) 아시아 회원국 중에 1위에 해당한다는 언론 보도를 접했습니다. 결혼을 계속 미루거나, 심지어 결혼을 고려하지 않는 젊은이들이 많아지고 있다는 소식도 심심치 않게 들려옵니다. 사안마다 매우 비중 있게 다루어야 하는 사회적 문제임은 틀림없지만, 이 시대가 결혼에 대하여 갖는 태도에 적지 않은 안타까움을 느낍니다. 그러나 이런 상황을 극복할 수 있는 대안이 오늘 본문에 있다는 것이 소망을 갖게 합니다. 성경이 부부를 향해 던지는 가르침이 참된 부부상을 회복하는 정답임을 확인하길 바랍니다.

도입 질문

1 당신은 언제 남편(혹은 아내)의 사랑을 느낍니까?

함께 나누기

2 아내들이 남편에게 복종하려 할 때 고려해야 할 기준은 무엇입니까? 22절

3 다음 23-24절의 빈칸을 채워 봅시다. "이는 남편이 아내의 머리 됨이 그리스도께서 교회의 머리 됨과 같음이니 그가 바로 몸의 구주시니라 그러므로 교회가 그리스도에게 하듯 아내들도 (   ) 자기 남편에게 (   ) 할지니라 "

4 아내는 남편에게 1)진심으로 사랑한다는 표현과, 2)당신의 권위에 온전히 순종한다는 표현을 해 봅시다. 둘 중 어느 것에 남편이 더 반응하는지를 살펴봅시다. 남편은 아내에게 1)당신의 권위에 온전히 순종한다는 고백과, 2)이 세상 무엇보다 당신을 사랑한다는 고백을 해 봅시다. 둘 중 어느 표현에 아내가 더 반응하는지 살펴봅시다.

5 남편들은 그리스도가 교회를 사랑하듯이 아내를 사랑해야 합니다. 이때 그리스도께서 교회를 얼마나 사랑하셨는지 알려 주는 표현은 무엇입니까? 25절

6 바울은 25절에서 '그리스도가 교회를 사랑하듯' 남편들이 아내를 사랑해야 한다고 말했습니다. 그리고 28절에는 아내를 사랑하는 또 다른 기준이 제시됩니다. "이와 같이 남편들도 자기 아내 사랑하기를 (   ) 자기 아내를 사랑하는 자는 자기를 사랑하는 것이라." 빈칸을 채워 봅시다.

7 결국 바울이 부부 간의 역할을 말할 때 가장 핵심적으로 비교 및 적용하는 관계가 무엇인지 32절에서 그대로 찾아봅시다.

8 '너희도 각각 자기의 아내 사랑하기를 자신같이 하고 아내도 자기 남편을 존경하라'(33절)에서 우리는 남편에게는 헌신적 사랑을, 아내에게는 권위를 향한 순종을 재차 당부하는 바울을 봅니다. 당신이 오늘 이후 바울의 권면을 좇아, 남편(혹은 아내)에게 할 수 있는 일을 생각해 봅시다.

9 오늘 성경공부를 통해 나누고 싶거나 깨달은 것이 있으면 이야기해 봅시다.

주간 그룹성경공부 · GBS

3주차
(15회~21회)

그리스도가 전파될 때 기뻐합니다

빌립보서 1:12-18 │ 새찬송 320장 · 통일 350장

주간 말씀묵상 나눔

지난 한 주간 말씀을 묵상한 것이나 삶에 적용한 것이 있으면 돌아가며 간단히 나누어
봅시다.

• 오늘의 성경공부 목표

바울의 기쁨의 근원이 무엇인지 살펴보고 그리스도인이 무엇으로 인해 기뻐할 수 있는지 배워 봅시다.

---

12 형제들아 내가 당한 일이 도리어 복음
전파에 진전이 된 줄을 너희가 알기를
원하노라
13 이러므로 나의 매임이 그리스도 안에서
모든 시위대 안과 그 밖의 모든 사람에
게 나타났으니
14 형제 중 다수가 나의 매임으로 말미암아
주 안에서 신뢰함으로 겁 없이 하나님의
말씀을 더욱 담대히 전하게 되었느니라
15 어떤 이들은 투기와 분쟁으로, 어떤 이
들은 착한 뜻으로 그리스도를 전파하

나니
16 이들은 내가 복음을 변증하기 위하여 세
우심을 받은 줄 알고 사랑으로 하나
17 그들은 나의 매임에 괴로움을 더하게 할
줄로 생각하여 순수하지 못하게 다툼으
로 그리스도를 전파하느니라
18 그러면 무엇이냐 겉치레로 하나 참으로
하나 무슨 방도로 하든지 전파되는 것은
그리스도니 이로써 나는 기뻐하고 또한
기뻐하리라

우리의 삶에는 때로는 고난이 있고 또 기쁨도 있습니다. 그러나 고난이 늘 고난으로만 끝나는 것도 아니고 기쁨도 기쁨으로만 끝나는 것이 아닙니다. 바울이 쓴 편지들의 상당수는 감옥에서 쓴 것이었습니다. 그리고 빌립보서도 마찬가지입니다. 빌립보서를 읽어 가다 보면 총 네 장뿐인 편지에 가득한 단어들이 '기쁨'이라는 것을 알 수 있습니다. 그런데 이 편지를 좀 더 자세히 읽어 보면 바울을 둘러싼 환경들은 온갖 암울한 일들뿐이라는 것을 발견하게 됩니다. 바울이 어떻게 고난에 둘러싸여 있는 상황에서 기뻐할 수 있는지 우리는 의아해할 수밖에 없게 됩니다. 그런데 '기쁨'이라는 단어와 함께 많이 나타나는 단어가 '예수 그리스도'임을 보며 바울이 기뻐할 수 있었던 이유를 보게 됩니다. 바울이 기뻐하는 이유를 살펴볼 때 우리도 어떻게 살아가면서 기뻐할 수 있는지 알게 됩니다.

도입 질문

1 내 삶에서 크게 기뻐했던 일들을 떠올려 보면서 내가 왜 그때 기뻐했는지 깊이 살펴보고 나눠 봅시다.

함께 나누기

2 바울이 말하는 '내가 당한 일'은 무엇입니까? 12–13절

3 바울이 당한 일은 결국 어떤 결과를 가져왔습니까? 12절

4 복음의 전파에 진전이 된 첫 번째 사건은 무엇입니까? 13절

5 복음의 전파에 진전이 된 두 번째 사건은 무엇입니까? 14절

6 내가 지금까지 겪었던 고난이 오히려 좋은 결과를 가져왔던 적이 있다면 나눠 봅시다.

7 바울이 기뻐한 이유는 무엇이었습니까? 18절

8 하나님으로 인해서 기뻐한 적이 있다면 생각해 보고 나눠 봅시다.

9 오늘 성경공부를 통해 나누고 싶거나 깨달은 것이 있으면 이야기해 봅시다.

주간 그룹성경공부 • GBS

비교할 수 없는 예수

빌립보서 3:5-14 | 새찬송 430장 • 통일 456장

주간 말씀묵상 나눔

지난 한 주간 말씀을 묵상한 것이나 삶에 적용한 것이 있으면 돌아가며 간단히 나누어 봅시다.

• 오늘의 성경공부 목표

그리스도 안에서 변화된 삶이란 무엇인가에 대해 생각해 보도록 합시다.

5 나는 팔 일 만에 할례를 받고 이스라엘 족속이요 베냐민 지파요 히브리인 중의 히브리인이요 율법으로는 바리새인이요

6 열심으로는 교회를 박해하고 율법의 의로는 흠이 없는 자라

7 그러나 무엇이든지 내게 유익하던 것을 내가 그리스도를 위하여 다 해로 여길뿐더러

8 또한 모든 것을 해로 여김은 내 주 그리스도 예수를 아는 지식이 가장 고상하기 때문이라 내가 그를 위하여 모든 것을 잃어버리고 배설물로 여김은 그리스도를 얻고

9 그 안에서 발견되려 함이니 내가 가진 의는 율법에서 난 것이 아니요 오직 그리스도를 믿음으로 말미암은 것이니 곧 믿음으로 하나님께로부터 난 의라

10 내가 그리스도와 그 부활의 권능과 그 고난에 참여함을 알고자 하여 그의 죽으심을 본받아

11 어떻게 해서든지 죽은 자 가운데서 부활에 이르려 하노니

12 내가 이미 얻었다 함도 아니요 온전히 이루었다 함도 아니라 오직 내가 그리스도 예수께 잡힌 바 된 그것을 잡으려고 달려가노라

13 형제들아 나는 아직 내가 잡은 줄로 여기지 아니하고 오직 한 일 즉 뒤에 있는 것은 잊어버리고 앞에 있는 것을 잡으려고

14 푯대를 향하여 그리스도 예수 안에서 하나님이 위에서 부르신 부름의 상을 위하여 달려가노라

바울은 자랑할 것이 많은 사람이었습니다. 정통 유대인의 집안에서 태어났고, 넉넉한 가문에서 태어난 덕에 많은 배움의 기회를 가질 수 있었습니다. 그뿐 아닙니다. 바울 자신도 정말 열심히 살았습니다. 하나님과 율법, 조상들에게 물려받은 유대 전통에 대한 바울의 열심은 누구보다 컸고, 그 열심 때문에 교회를 핍박했으며 스데반을 돌로 쳐 죽이기까지 했습니다. 그런데 바울은 예수 그리스도를 만난 후 180도 변했습니다. 오늘 본문에서 바울은 이전에 자신의 자랑했던 모든 것들을 그리스도를 위해 해로 여긴다고 말합니다. 심지어 그 모든 자랑거리를 "배설물"에 비유하기도 합니다. 예수 그리스도가 바울에게 어떤 존재였기에 바울이 이토록 급격하게 변했던 것일까요?

도입 질문

1 예수를 구주로 영접한 후에 나에게 일어난 가장 큰 변화는 무엇입니까?

함께 나누기

2 유대인으로서 바울의 출신 배경은 어떠합니까? 5절

3 바울이 회심 이전에 교회를 박해한 이유는 무엇입니까? 6절

4 바울이 이전에 자신에게 유익하던 것들을 다 해로 여기게 된 이유는 무엇입니까? 7–8a절

5 바울은 무엇을 위하여 자신의 모든 것을 버리고 배설물로 여겼다고 말합니까? 8b–9절

6 바울이 "그리스도와 그 부활의 권능과 그 고난에 참여함을 알고자" 했던 이유는 무엇입니까? 10–11절

7 바울은 자신이 "푯대"를 향하여 달려간다고 말합니다. 바울이 말하는 푯대는 무엇입니까? 14절

8 신앙생활을 하면서 우리는 종종 "예수를 구주로 영접한 후 삶이 변화되었다"라는 간증을 하기도 하고, 혹은 듣기도 합니다. 예수 안에서 변화된 삶의 모습은 어떠해야 할까요? 오늘 함께 살펴본 바울의 신앙고백을 참고하여 각자의 생각을 나누어 봅시다.

9 오늘 성경공부를 통해 나누고 싶거나 깨달은 것이 있으면 이야기해 봅시다.

주간 그룹성경공부·GBS

만물의 창조자, 교회의 머리 예수 그리스도

골로새서 1:15-20 | 새찬송 251장 · 통일 137장

주간 말씀묵상 나눔

지난 한 주간 말씀을 묵상한 것이나 삶에 적용한 것이 있으면 돌아가며 간단히 나누어 봅시다.

•오늘의 성경공부 목표

예수 그리스도는 어떤 분이신지 본문을 통해 배우도록 합시다.

15 그는 보이지 아니하는 하나님의 형상이시요 모든 피조물보다 먼저 나신 이시니
16 만물이 그에게서 창조되되 하늘과 땅에서 보이는 것들과 보이지 않는 것들과 혹은 왕권들이나 주권들이나 통치자들이나 권세들이나 만물이 다 그로 말미암고 그를 위하여 창조되었고
17 또한 그가 만물보다 먼저 계시고 만물이 그 안에 함께 섰느니라
18 그는 몸인 교회의 머리시라 그가 근본이시요 죽은 자들 가운데서 먼저 나신 이시니 이는 친히 만물의 으뜸이 되려 하심이요
19 아버지께서는 모든 충만으로 예수 안에 거하게 하시고
20 그의 십자가의 피로 화평을 이루사 만물 곧 땅에 있는 것들이나 하늘에 있는 것들이 그로 말미암아 자기와 화목하게 되기를 기뻐하심이라

오늘 본문은 초기 교회들의 찬송시, 혹은 그리스도에 대한 신앙고백을 바울이 인용한 것이라고 생각됩니다. "그는 ~", "먼저 나신 이시니"라는 구절은 15절과 18절에서 서로 대구를 이루면서 두 번 반복되는데, 이것은 찬송시의 특징을 보여줍니다. 본문은 세 부분으로 나누어집니다. 첫 번째 파트는 만물의 창조자로서 예수 그리스도를 찬양합니다(1:15-16). 두 번째 파트는 첫 번째 파트를 요약하고 다음 부분을 준비합니다(1:17-18a; ~ 머리시라). 세 번째 파트는 교회의 머리 되신 예수 그리스도를 찬양합니다(18b-20; 그가 ~). 이런 구조를 염두에 두고 마치 찬송을 부르듯이 본문 말씀을 함께 낭송해 보실 것을 권해 드립니다. 각자에게 파트를 나누어 주고 낭송해도 좋습니다.

도입 질문

1 예수 그리스도는 어떤 분이십니까? 자유롭게 생각과 의견을 나누어 봅시다.

함께 나누기

2 바울은 그리스도를 어떻게 소개합니까? 두 가지를 찾아 답해 봅시다. 15절

3 바울은 그리스도를 통해 만물이 창조되었다고 진술합니다. 구체적으로 어떤 것들인지 나열해 봅시다. 16절

4 바울은 만물이 그리스도 안에서 어떤 모습을 하고 있다고 말합니까? 17절

5 바울은 그리스도를 어떻게 소개합니까? 세 가지를 찾아 답해 봅시다. 18절

6 "죽은 자들 가운데서 먼저 나신 이시니"라는 표현은 무엇을 생각나게 합니까? 18절

7 바울은 그리스도께서 "십자가의 피로 화평을 이루셨다"고 말합니다. 구체적으로 무엇을 말하는 것입니까? 20절

8 "그리스도는 창조주이시며, 교회의 머리이십니다!"라는 신앙고백이 여러분 자신과 여러분이 속해 있는 공동체 가운데 있습니까? 그 고백에 합당한 삶을 살고 있습니까?

9 오늘 성경공부를 통해 나누고 싶거나 깨달은 것이 있으면 이야기해 봅시다.

주간 그룹성경공부•GBS

위의 것을 생각하라

골로새서 3:1-10 | 새찬송 366장 · 통일 485장

주간 말씀묵상 나눔

지난 한 주간 말씀을 묵상한 것이나 삶에 적용한 것이 있으면 돌아가며 간단히 나누어 봅시다.

•오늘의 성경공부 목표

위의 것을 생각하는 삶은 무엇인지 살펴보고, 나의 삶을 돌아봅시다.

1 그러므로 너희가 그리스도와 함께 다시 살리심을 받았으면 위의 것을 찾으라 거기는 그리스도께서 하나님 우편에 앉아 계시느니라
2 위의 것을 생각하고 땅의 것을 생각하지 말라
3 이는 너희가 죽었고 너희 생명이 그리스도와 함께 하나님 안에 감추어졌음이라
4 우리 생명이신 그리스도께서 나타나실 그때에 너희도 그와 함께 영광 중에 나타나리라
5 그러므로 땅에 있는 지체를 죽이라 곧 음란과 부정과 사욕과 악한 정욕과 탐심

이니 탐심은 우상숭배니라
6 이것들로 말미암아 하나님의 진노가 임하느니라
7 너희도 전에 그 가운데 살 때에는 그 가운데서 행하였으나
8 이제는 너희가 이 모든 것을 벗어 버리라 곧 분함과 노여움과 악의와 비방과 너희 입의 부끄러운 말이라
9 너희가 서로 거짓말을 하지 말라 옛 사람과 그 행위를 벗어 버리고
10 새 사람을 입었으니 이는 자기를 창조하신 이의 형상을 따라 지식에까지 새롭게 하심을 입은 자니라

"나 지금은 비록 땅을 벗하며 살지라도 내 영혼 저 하늘을 디디며 사네." 민호기 목사님이 작사한 "하늘 소망"이라는 곡의 일부입니다. 짧은 한 줄의 가사지만, 위의 것을 생각하며 사는 삶을 마치 그림을 그리 듯이 묘사합니다. 이 곡의 후렴 부분은 이렇습니다. "주님 그 나라에 이를 때까지 순례의 걸음 멈추지 않으며, 어떤 시련이 와도 나 두렵지 않네. 주와 함께 걷는 이 길에."

'위의 것'은 예수 그리스도 안에 감추어진 지혜와 지식을 말합니다(골 2:2; 3:3). 여기서 언급된 지혜 와 지식은 형이상학적[추상적] 개념들이 아닙니다. 예수 그리스도를 통해 드러난 하나님의 뜻을 깨닫고 행동하게 하는 실제적인 지혜이고 지식입니다. 그런 의미에서 "위의 것을 생각하라"는 말은 현실의 삶 가운데 하나님의 뜻을 실현시키라는 바울의 권면입니다. 결국 위의 것을 생각하는 삶이란 함께 읽은 찬 양 가사가 말해 주듯이, "하늘을" 소망하며, "땅을" 벗하며, 주님과 함께 걷는 순례자의 삶인 것입니다.

도입 질문

1 목표를 세우고 그것을 성취하기 위해 온 마음을 쏟아본 적이 있습니까? 서로의 경험을 나누어 봅시다.

함께 나누기

2 바울은 왜 "위의 것을 찾으라"고 권면합니까? 1a절

3 위에는 누가 있습니까? 1b절

4 바울은 너희가 죽었고 너희 생명이 누구와 함께 누구 안에 감추어졌다고 말합니까? 3절

5 어느 때에 우리의 감추어진 생명이 나타나게 됩니까? 4절

6 바울은 "땅에 있는 지체를 죽이라"고 권면합니다. '땅에 있는 지체'는 구체적으로 무엇을 가리킵니까? 5절

7 바울은 두 종류의 사람, 즉 옛 사람(8-9절)과 새 사람(10절)을 대조시킵니다. 각각 어떤 특징들을 가지고 있습니까?

8 오늘 본문에서 바울의 가르침은 분명합니다. "여러분! 그리스도와 함께 죽고 다시 살아났다면, 그에 합당한 생각을 하고 그에 합당한 삶을 사십시오! 위의 것을 찾고 생각하십시오! 옛 사람을 벗고 새 사람을 입으십시오!" 여러분, 바울의 음성이 들립니까?

9 오늘 성경공부를 통해 나누고 싶거나 깨달은 것이 있으면 이야기해 봅시다.

주간 그룹성경공부 • GBS

그리스도인이 사람을 대하는 법

빌레몬서 1:8-16 | 새찬송 221장 • 통일 525장

주간 말씀묵상 나눔

지난 한 주간 말씀을 묵상한 것이나 삶에 적용한 것이 있으면 돌아가며 간단히 나누어 봅시다.

• 오늘의 성경공부 목표

예수님께 용서를 받고 거듭난 사람이 다른 이들을 어떻게 바라보고 받아들이며 섬겨야 하는지 배워 봅시다.

8 이러므로 내가 그리스도 안에서 아주 담대하게 네게 마땅한 일로 명할 수도 있으나

9 도리어 사랑으로써 간구하노라 나이가 많은 나 바울은 지금 또 예수 그리스도를 위하여 갇힌 자 되어

10 갇힌 중에서 낳은 아들 오네시모를 위하여 네게 간구하노라

11 그가 전에는 네게 무익하였으나 이제는 나와 네게 유익하므로

12 네게 그를 돌려보내노니 그는 내 심복이라

13 그를 내게 머물러 있게 하여 내 복음을 위하여 갇힌 중에서 네 대신 나를 섬기게 하고자 하나

14 다만 네 승낙이 없이는 내가 아무것도 하기를 원하지 아니하노니 이는 너의 선한 일이 억지같이 되지 아니하고 자의로 되게 하려 함이라

15 아마 그가 잠시 떠나게 된 것은 너로 하여금 그를 영원히 두게 함이리니

16 이후로는 종과 같이 대하지 아니하고 종 이상으로 곧 사랑받는 형제로 둘 자라 내게 특별히 그러하거든 하물며 육신과 주 안에서 상관된 네게랴

예전에 '추노'라는 드라마가 흥행했던 적이 있습니다. 추노꾼들은 도망간 노예를 추격하여 잡아들이는 자들입니다. 당시 계급 사회의 상류층이었던 양반들이 도망간 노예를 얼마나 잔인하게 벌하고 죽였는지를 잘 보여주는 드라마였습니다. 자비는 찾아볼 수 없고 응징만이 존재하던 시대였습니다. 바울이 살던 시대의 로마도 철저한 계급 사회였기 때문에 하층민의 범죄에 대해 단호했습니다. 그런 시대에 빌레몬서는 하나님의 사람이 다른 이들을 어떻게 대해야 하는지를 잘 보여주고 있습니다. 바울은 신분이나 과거의 죄가 아닌 오네시모를 향한 하나님의 마음을 생각하며 그를 대합니다. 자신도 그러한 은혜를 경험했기 때문입니다. 예수님이 그를 참으시고 용서하시고 인내하셨기에 바울도 그러한 사랑의 태도를 가지고 사람들을 대하는 것입니다.

도입 질문

1 내가 누군가에게 잘못한 적이 있거나 반대로 다른 사람이 나에게 잘못을 한 적이 있다면 그때 어땠는지, 그리고 어떻게 해결했는지 이야기해 봅시다.

함께 나누기

2 바울은 빌레몬에게 명령하는 대신 어떻게 합니까? 9, 10절

3 바울은 지금 어떤 상태에 있습니까? 9, 10절

4 바울은 오네시모를 어떻게 부르고 있습니까? 10절

5 우리는 다른 이들에게 어느 정도까지 호의를 베풀고 섬길 수 있습니까?

6 바울이 빌레몬의 승낙을 받으려는 이유가 무엇입니까? 14절

7 바울은 오네시모를 어떠한 사람으로 대하고 있습니다? 16절

8 우리는 우리에게 잘못한 사람들을 어떻게 대해야 마땅합니까?

9 오늘 성경공부를 통해 나누고 싶거나 깨달은 것이 있으면 이야기해 봅시다.

권별주삶 아가페 주삶 GBS 해설서

- 1주(1회-7회) _ 에베소서 2:11-22
  교회가 가야 할 길

- 2주(8회-14회) _ 에베소서 5:21-33
  참된 부부상

- 3주(15회-21회) _ 빌립보서 1:12-18
  그리스도가 전파될 때 기뻐합니다

- 4주(22회-28회) _ 빌립보서 3:5-14
  비교할 수 없는 예수

- 5주(29회-35회) _ 골로새서 1:15-20
  만물의 창조자, 교회의 머리 예수 그리스도

- 6주(36회-42회) _ 골로새서 3:1-10
  위의 것을 생각하라

- 7주(43회-45회) _ 빌레몬서 1:8-16
  그리스도인이 사람을 대하는 법

주간 GBS해설서 **1주 해설**

1 가이드》 본문에서 등장하는 유대인과 이방인, 그 둘 사이를 가로막고 있는 가장 실제적인 문제는 미움이었습니다. 그들이 품었던 서로를 향한 미움은 어느 한날, 하늘에서 뚝 떨어진 것이 아닙니다. 역사, 신학, 감정 등 여러 사연들이 원인을 제공하였습니다. 우리도 크게 다르지 않습니다. 진지하고 진솔하게 고민을 나누기를 바랍니다.

2 답》 할례를 받지 않은 무리, 할례를 받은 무리

해설》 할례는 유대인 공동체가 행하던 신앙적·공동체적 행위에 해당합니다. 물론 할례 행위는 전통적으로 유대인 공동체를 강력하게 유지하는 수단이었습니다. 그러나 바울이 이미 '그들이 말하는 할례는 단지 몸의 한 부분에 행하는 의식에 지나지 않는 것(11절/쉬운성경)'이라고 정리를 했음에도 불구하고 그 당시 유대인들의 인식은 거의 개선되지 않았던 것으로 보입니다.

3 답》 그리스도 예수, 피

해설》 이방인의 최초 상태가 유대인보다 불리해 보이는 것이 사실입니다. 그들은 이스라엘 자손도 아니었고, 복의 기업에서도 제외되어 있었고, 소망 없이 하나님을 모른 채 살던 존재라고 본문이 밝히기 때문입니다. 그러나 예수 그리스도의 보혈로 인해 주어진 공평한 기회와 이후에 약속된 축복 등이 뒤늦은 출발을 충분히 위로합니다.

4 답》 예수님(or 그리스도), 십자가에 달려 죽으심으로

해설》 본문에서 말하는 유대인과 이방인의 하나 됨은 소위 세상에서 말하는 상생의 수준이 아닙니다. 자신들의 이전 정체성을 버리고, 그리스도인 그룹으로 환골탈태하는 영적 통폐합의 과정입니다. 이 놀라운 일은 오직 십자가에서 죽으신 그리스도를 통해서만 가능합니다.

5 가이드》 많은 신앙의 선조들이 사람에 대한 갈등으로 홍역을 치르는 사람에게 금식과 기도를 추천합니다. 먼저 예수 그리스도 앞으로 나아가 묵상과 기도를 통해 그 사람에 대한 사랑과 관심을 회복시켜 주시길 간구하길 바랍니다.

6 답》 성도들과 동일한 시민, 하나님의 권속

해설》 유대인과 이방인이 그리스도를 통해 한 성령 안에 있게 된다는 것은 양측의 주장을 인정하고 상생하게 되었다는 의미가 아닙니다. 그리스도를 통한 완전한 변화를 뜻합니다. 이에 대하여 오늘 본문은 유대인과 이방인을 성도들과 동일한 시민, 하나님의 권속이라는 새로운 명칭으로 명명한 것입니다.

7 답》 성도의 성장은 평생토록 노력해야 하는 것

해설》 해당 본문은 교회에 대한 이해를 돕는 구절입니다. 성도들이 곧 교회라는 선언이며, 이는 실제 건축물을 교회라고 말하는 관습에 늘 경종을 울립니다. 또한 교회의 성장과 성숙은 건축을 통해 증명되는 것이 아니며, 성도들의 끊임없는 성숙과 영적 성장을 통해 드러난다는 것을 알 수 있습니다.

8 가이드》 교회에는 다양한 상황에 있는 성도들이 모입니다. 많은 영적 훈련을 거친 이부터, 이제 막 시작하는 초신자들도 있습니다. 종종 다양한 이유들로 지속적인 훈련을 미루게 되는 분들도 만나게 됩니다. 그러나 당신이 섬기는 교회의 성장과 성숙이 당신의 성장 및 성숙과 결코 별개가 아니라는 사실을 유념하셔서 훈련을 향한 끈을 놓지 마시길 바랍니다.

*서로 기도 제목을 나누면서 뒤에 있는 기도 노트를 활용하십시오(p.188-191).

1 가이드》 남성은 여성이 자신의 권위를 인정하고 순종하는 모습에 감동하고, 여성은 남성이 헌신적으로 자신을 사랑하는 모습에 감동하는 경향을 보입니다. 이 차이를 잘 고려한다면 부부간의 사랑을 확인하는 일이 보다 수월해질 수 있습니다.

2 답》 '주께 하듯' 남편에게 복종해야 함

해설》 주께 하듯 남편에게 복종해야 하는 근거는 23절 이하에서 소개됩니다. 바울은 남편이 아내의 머리인 것을, 그리스도께서 교회의 머리인 것과 동등 비교합니다. 머리 되신 그리스도를 향한 교회에 요구되는 것이 '복종'(24절)임을 감안할 때, 머리 된 남편을 향한 아내의 역할 역시 이와 다르지 않다는 것을 확인합니다.

3 답》 범사에, 복종

해설》 본문에서 바울은 아내가 남편에게 복종하는 것은 당연하다고 가르치고 있습니다. 그런데 거기서 멈추지 않고 '범사에 복종하라', 소위 광범위한 범위까지 언급합니다. 이런 바울의 어조가 아내들에게 진지한 고민을 하게 하는 것도 사실입니다. 그러나 남편에 대한 복종에는 늘 그리스도를 향한 복종이 겹쳐 있다는 것을 기억해야 합니다. 이는 군인들이 직속상관에게 우직한 충성을 통해 조국을 향한 충성을 표현하는 것과도 유사합니다.

4 가이드》 부부가 서로 신뢰와 사랑을 지켜 가기 위해서 아주 놀랍고 비밀스런 방식이 있는 것은 아닙니다. 남성과 여성이 각각 반응하는 표현의 차이만 알고 있어도 상대를 훨씬 수월하게 이해할 수 있으며, 자신의 마음을 제대로 전달할 수 있습니다.

5 답》 그 교회를 위하여 자신을 주심 같이

해설》 우리는 이번 질문에서 두 가지를 알아야 합니다. 먼저, 교회를 향한 그리스도의 사랑입니다. 그리스도께서는 자신의 생명을 내어 주심으로 교회를 향한 자신의 사랑을 증명하셨습니다. 둘째, 아내를 향한 남편의 사랑은 자신의 인생(생명)을 던질 수 있는 수준이어야 합니다. 간혹 아내와 남편을 향한 바울의 이 가르침을 남성 우월적인 시선으로 읽는 경우가 있습니다. 그러나 그렇지 않습니다. 바울의 이 가르침 앞에 아내를 둔 남편들은 매우 진지해질 필요가 있습니다.

6 답》 자기 자신과 같이 할지니

해설》 예수께서는 자기 몸에 대한 사랑을, 자신의 몸인 교회를 향한 희생과 헌신으로 승화시키셨습니다. 바울은 남편들에게도 동일한 것을 요구합니다. '사람이라면 누구나 자기 육체를 사랑하지만'(29절)이라는 구절은 남편이라면 자기 몸에 대한 애정을 아내에 대한 사랑으로 대신할 수 있어야 함을 가르치고 있습니다.

7 답》 그리스도와 교회의 관계

해설》 바울은 성경에서 말하는 부부에 대한 가르침이 '바로 그리스도와 교회와의 관계를 두고 말하는 것'(32절)임을 서술하며, 그 비밀이 놀랍고 크다고 고백합니다. 최근 그리스도인 부부들이 자신들의 관계를 점검하는 기준은 무엇일까요? 부부간의 역할은 항상 그리스도와 교회와의 관계에 대한 깊은 묵상으로부터 시작함을 기억합시다.

8 가이드》 '결혼의 한 육체 됨'(31절)이라는 것은 상대를 위해 다른 한 사람의 인격이 상실됨을 의미하지 않습니다. 각자가 자신을 돌보듯 배우자를 돌보며, 배우자의 필요를 예견하는 법을 배우면 좋겠습니다. 누가 먼저냐는 식의 자세는 바람직하지 않습니다. 가령 아내를 위해 모든 것을 기꺼이 희생하는 남편을 향해 복종하기를 꺼려하는 아내는 없습니다. 남편의 권위를 인정하며 기꺼이 조력하는 아내를 향해 인생을 던지기를 주저하는 남편도 없습니다. 지금 시작해 봅시다.

1 가이드》 많은 사람은 행복을 위해서 살아갑니다. 그 안에 기쁨이 있기 때문입니다. 우리가 무엇에 기뻐하는지 한 번 살펴보는 것은 내 인생의 가치가 무엇에 있는지를 보여주기도 합니다. 그리고 때로는 어떤 기쁨은 오래 지속되기도 하고 어떤 것들은 금방 끝나기도 합니다. 각자의 기쁨의 내면을 깊이 살펴보도록 합시다.

2 답》 '매임', 즉 감옥에 갇혀 있는 상태

해설》 빌립보서는 옥중 서신, 즉 바울이 감옥에서 쓴 서신서입니다. 바울은 지금 매여 있다고 표현하는데 로마의 감옥에 갇혀서 편지를 쓰고 있습니다.

3 답》 복음의 전파에 진전이 됨

해설》 일반적으로는 감옥에 갇히게 되면 모든 일이 정지될 수밖에 없습니다. 바울이 평생토록 해 왔던 그리고 앞으로도 해야 할 일은 복음을 전파하는 일이었습니다. 언뜻 생각하면 감옥에 갇힘으로 인해서 이 모든 일이 정지되어야 맞을 것 같은데 바울은 오히려 더 진전되었다고 말하면서 그 내용을 자세히 적고 있습니다.

4 답》 바울의 매임이 사람들에게 나타남

해설》 첫 번째 복음 전파의 진전은 외부의 사람들에게 복음이 더 전파된 것입니다. 먼저는 바울의 갇힌 것이 그리스도 안에서 나타난 것인데 그 말은 바울이 갇힌 이유가 범죄로 인한 것이 아니고 예수 그리스도를 전파하다가 갇혔다는 것을 사람들이 알게 되었다는 것입니다. 또한 모든 시위대에 소문이 나고 또 그 외에도 많은 사람이 알게 되었다는 것입니다.

5 답》 형제 중 다수가 하나님의 말씀을 더욱 담대히 전하게 됨

해설》 두 번째 복음 전파의 진전은 내부에서도 나타났습니다. 즉, 교회 안에서 형제들이 두려움 없이 더 담대하게 하나님의 말씀을 전하게 되었다는 것입니다. 바울은 자신의 안위와 복음이 더는 전파되지 못하는 것을 걱정하고 있는 편지의 수신자들에게 자세한 상황들을 알리면서 걱정을 덜어 주고 있습니다.

6 가이드》 고난은 우리를 잠깐 근심하게 만듭니다. 그러나 믿음은 고난을 다르게 해석하도록 도와줍니다. 그래서 고난 가운데에서도 크게 기뻐할 수 있는 것입니다(벧전 1:6). 바울도 감옥에 갇힘으로 시들 것 같던 복음 전파의 일이 오히려 하나님의 섭리로 말미암아 불이 바람을 만난 것처럼 번지게 되는 것을 보았습니다. 그처럼 우리도 고난을 끝까지 눈여겨본다면 그 안에 하나님의 섭리가 있다는 것을 발견하게 될 것입니다.

7 답》 그리스도가 전파됨

해설》 바울의 상황이 객관적으로 암울했던 이유 중 하나는 감옥에 갇힌 것이었고 또 다른 하나는 바울을 시기하는 무리가 바울이 갇히게 된 것을 기회로 삼아 교회 내에서 자신들의 입지를 확보하려고 했다는 것이었습니다. 그러나 놀랍게도 그것이 바울을 무기력하게 만드는 것이 아니라 더 기쁘게 만들었다는 것입니다. 왜냐하면 바울은 자신을 위해서 산 것이 아니라 복음을 위해서 살았기 때문입니다.

8 가이드》 우리는 여러 가지로 인해서 기뻐할 수 있습니다. 우리에게 주어진 모든 환경은 하나님이 주신 것이기 때문에 먹을 것과 입는 것으로도 감사하며 기뻐할 수 있습니다. 하지만 사람으로 인해서 기뻐하는 삶은 오래 지속되지 못합니다. 그러나 바울처럼 하나님으로 인한 기쁨으로 맞춰진 삶을 살아가는 사람에게는 그 어떤 고난과 아픔도 좌절이 되지 못합니다. 오히려 기쁨이 됩니다. 그것이 바울이 모든 암울한 속에서도 기뻐하고 기뻐할 수 있었던 이유입니다.

*서로 기도 제목을 나누면서 뒤에 있는 기도 노트를 활용하십시오(p. 188-191).

1 가이드》 예수를 인격적으로 만난 후 나의 말, 생각, 성품, 행동 등에 어떤 변화들이 있었는가를 생각해 보고 각자의 경험을 나누어 보는 시간을 갖도록 합시다.

2 답》 (태어난 지) 팔 일 만에 할례를 받고, 이스라엘 족속 베냐민 지파 출신이며, 히브리인 중의 히브리인이며, 율법으로는 바리새인

> **해설》** "히브리인 중의 히브리인"이라는 표현은 바울의 양친 모두가 히브리인이었다는 것을 의미할 것입니다. 바울의 부모는 이방 지역(다소)에 살고 있었지만, 율법이 정한대로 태어난 후 팔 일째 되는 날에 바울에게 할례를 주었고, 심지어 바울을 예루살렘으로 유학을 보내어 랍비 가말리엘 문하에서 당대 최고의 율법 교육을 받게 합니다(행 22:3). 바울은 유대인들의 기준에서 보았을 때, 흠잡을 데 없이 훌륭한 집안에서 태어나고 자랐던 것입니다.

3 답》 (율법과 유대 전통에 대한) 열심 때문에

> **해설》** "열심"으로 번역된 헬라어 '젤로스'는 '질투'라는 의미를 담고 있습니다. 하나님을 위한 "열심"은 유대인들 사이에서는 매우 칭송받는 덕목이었습니다. 이스라엘 백성이 미디안 여인과 음행했을 때 비느하스가 하나님의 질투를 가지고 음행하던 두 남녀를 창으로 찔러 죽였던 사건이 있었습니다. 바울은 아마도 비느하스 이야기(민 25장)를 들으며 자랐고, 하나님을 위한 열심(질투)을 마음속에 키워 왔을 것입니다. 그러나 안타깝게도 하나님을 위한 바울의 "열심"은 오히려 하나님의 교회를 핍박하는 결과를 초래했습니다.

4 답》 주 그리스도 예수를 아는 지식이 가장 고상하다는 것을 깨달았기 때문에

> **해설》** "고상하기 때문이라"라는 표현에서 사용된 헬라어 '휘페레콘'에는 '비교할 수 없을 만큼 뛰어나다'는 의미가 담겨 있습니다. 바울이 "내게 유익하던 것을 내가 그리스도를 위하여 해로 여길 뿐더러"(7절)라고 말할 수 있었던 이유는, 예수 그리스도의 탁월성에 비추어 보았을 때 이전에 자신이 소중히 여겼던 모든 것들은 상대적으로 무가치하다는 것을 깨달았기 때문일 것입니다.

5 답》 그리스도를 얻고 그 안에서 발견되기 위해서

> **해설》** "그 안에서 발견되려 함이니"라는 구절은 "내가 예수 그리스도 안에서 심판의 때에 하나님께 의로운 자로 발견되기 위함이니"라는 의미를 내포한다고 볼 수 있습니다. 바울은 심판의 때에 오직 그리스도를 믿는 믿음으로만 하나님께 의롭다 여김을 받을 수 있다는 사실을 염두에 두었을 것으로 짐작할 수 있습니다. 그 이유는 9절에서 바울이 그리스도의 믿음으로 말미암은 의에 관해 설명하고 있기 때문입니다.

6 답》 예수 그리스도의 죽으심을 본받아 죽고, (부활하심을 본받아) 죽은 자 가운데서 부활하기 위해서

> **해설》** "알고자 하여"라는 구절은 단순히 지식적인 앎이 아니라, 예수 그리스도와의 연합을 통해 그분의 죽음과 부활에 참여하는 차원에서의 앎을 의미합니다(참고. 고후 4:10–11). 그리스도인들이 예수의 죽음과 부활을 똑같이 경험할 수는 없습니다. 그러나 예수를 위해 기꺼이 고난을 감내하는 그리스도인들은 고난 가운데서 성도를 일으키시는 부활의 능력을 경험하게 될 것이며, 마지막 날에 영원한 부활에 참여하게 될 것입니다.

7 답》 그리스도 예수 안에서 하나님이 위에서 부르신 부름의 상

> **해설》** "하나님이 위에서 부르신 부름의 상"이란 마지막 심판의 때에 그리스도 안에서 발견된 후(그리스도를 믿음으로 의롭다 여김을 받은 후_9절), 바울이 영원히 누리게 될 구원의 영광을 가리킵니다. 믿음의 경주를 하다가 실패와 고난을 만나 잠시 주저앉아 있는 순간에도 그리스도인의 시선은 예수 그리스도와 구원의 소망이라는 "푯대"를 바라보아야 합니다. 그래야 다시 일어섰을 때 길을 잃지 않고 계속 달릴 수 있기 때문입니다.

8 가이드》 바울은 예수를 구주로 영접한 후 이전에 자신이 유익하다 여겼던 모든 것들을 기꺼이 포기했고, 해로 여겼습니다. 예수 그리스도 한 분만 자랑하는 삶을 살아가기 위해서 다른 자랑거리들은 방해가 된다고 여겼기 때문입니다. 예수 안에서 "새로운 피조물"이 되었다고 입으로는 고백하면서(고후 5:17), 신앙에 방해가 되는 이전의 가치관과 습관을 여전히 붙잡고 있다면 진정한 의미에서의 변화된 삶은 아닐 것입니다.

1 가이드》 "예수 그리스도는 어떤 분이신가?"라는 질문에 대해서는 다양한 대답이 있을 수 있습니다. 개인적으로 경험한 예수님에 대해 이야기해 볼 수도 있고, 배워서 알고 있는 지식을 함께 나누어 볼 수도 있을 것입니다.

2 답》 보이지 아니하는 하나님의 형상, 모든 피조물보다 먼저 나신 이

해설》 "보이지 아니하는 하나님의 형상"이라는 표현은, 보이지 않는 하나님께서 예수 그리스도를 통해 자신이 누구인지 드러내셨음을 의미합니다. "모든 피조물보다 먼저 나신 이"라는 표현은 두 가지 의미를 갖습니다. 첫째, 그리스도가 창조 전에 먼저 계셨다(그리스도의 선재성). 둘째, 그리스도는 모든 만물 위에 계신다(그리스도의 탁월성).

3 답》 하늘과 땅에서 보이는 것들과 보이지 않는 것들, 왕권들·주권들·통치자들·권세들

해설》 만물이 그리스도에게서 창조되었다는 진술은 바울이 당시 골로새 교회에 침투했던 거짓 교사들의 가르침을 염두에 두고 있음을 보여줍니다(2:4,8,16,18). 골로새서는 그들이 누구인지 정확하게 기술하지 않습니다. 그러나 바울의 진술로 미루어 볼 때, 그들은 하나님의 형상이자 교회의 머리이신 그리스도의 신성을 약화시키거나 인정하지 않으려 했을 것입니다.

4 답》 만물이 그 안에 함께 섰느니라

해설》 15–17a절이 하나님의 창조 사역에 함께하셨던 그리스도를 묘사하고 있다면, 17b는 그리스도께서 현재 창조 세계에서 어떤 역할을 하고 계신지에 대한 언급입니다. 그리스도는 만물을 통치하시고, 만물은 그 안에서 서로 연합하고 화목을 이룹니다.

5 답》 교회의 머리, 근본이시요 죽은 자들 가운데서 먼저 나신 이

해설》 바울은 그리스도께서 '몸인 교회의 머리'라고 말합니다. 이것은 단순한 비유라기보다는 그리스도와 구원받은 백성들의 실제적이고도 유기적인 연합을 의미합니다. '근본'이라는 단어는 '시작'을 나타내며, 그리스도 안에서 시작된 새 창조를 가리킵니다.

6 답》 그리스도의 부활

해설》 그리스도의 부활은 두 가지 큰 의미를 갖습니다. 첫째, 아담의 범죄 이래로 모든 인류는 죄와 사망의 저주 아래 있었습니다. 죽은 자들 가운데서 먼저 나신 이가 되신 것은 그가 죄와 사망의 저주를 이기셨다는 것을 의미합니다. 둘째, 그리스도께서는 육신의 부활을 통해 그를 따르는 모든 자들도 마지막 날에 동일하게 육신의 부활에 참여하게 될 것이라는 종말론적 소망을 주셨습니다(고전 15:20).

7 답》 만물 곧 땅에 있는 것들이나 하늘에 있는 것들이 하나님과 화목하게 됨

해설》 그리스도의 십자가 사건은 일차적으로 죄인 된 우리 각 사람의 구원을 이루셨지만, 보다 넓은 의미에서는 하늘과 땅에 있는 모든 만물의 우주적 구원을 이루신 것이기도 합니다. 바울은 로마서에서 이렇게 말합니다. "피조물도 썩어짐의 종노릇한 데서 해방되어…"(롬 8:21). 인류를 포함한 모든 피조물이 하나님과 화목하게 되는 것, 그것이 바로 십자가 사건의 궁극적 결말입니다.

8 가이드》 창조주이신 그리스도를 따르는 믿음은 그분의 주권 아래 나를 복종시키는 믿음입니다. 교회의 머리 되신 그리스도를 따르는 믿음은 몸의 각 지체들 간의 건강한 연합을 통해 드러납니다. 마치 살아 움직이는 몸처럼, 머리 되신 그리스도의 인도하심 아래서 함께 연결되어 있는 생명력 있는 공동체가 되도록 힘써야 할 것입니다.

*서로 기도 제목을 나누면서 뒤에 있는 기도 노트를 활용하십시오(p. 188–191).

1 가이드》 마라톤 선수들은 42.195km라는 긴 거리를 달립니다. 그들이 엄격하게 자신을 통제하며 몇 시간을 쉬지 않고 달릴 수 있는 이유는 결승선 통과를 목표로 하기 때문입니다. 힘들다는 이유로 도중에 달리기를 멈춘다면 결승선을 통과하는 영광도 없을 것입니다. 장래에 대한 소망이 현재 나의 삶의 이유가 되는 경우는 우리 주변에 많습니다.

2 답》 우리가 그리스도와 함께 다시 살리심을 받았기 때문

> **해설》** 그리스도와 함께 죽고 다시 살리심을 받았다는 것은, 그리스도 안에서 새로운 삶이 시작되었다는 것을 의미합니다. 바울은 그리스도 안에 새로운 삶을 위한 '지혜와 지식의 모든 보화'가 감추어져 있다고 말합니다 (2:2-3).

3 답》 그리스도께서 하나님 우편에 앉아 계심

> **해설》** 그리스도께서 하나님 우편에 앉아 계시는 곳, 그곳이 바로 그리스도인들이 궁극적으로 바라보아야 할 곳입니다. 그러나 그곳은 현재 나의 삶의 터전인 이 땅과 상관없이 멀리 떨어져 있는 곳은 아닙니다. 바울은 이 땅[세상]을 살고 있는 우리의 정체성은 그리스도가 계신 그곳에 있다는 것을 말하고 싶었을 것입니다. "우리의 시민권은 하늘에 있는지라"(빌 3:20).

4 답》 그리스도와 함께 하나님 안에 감추어졌음

> **해설》** "너희가 죽었고"라는 구절은 "세상의 초등학문에서 그리스도와 함께 죽었거든"(2:20)이라는 구절을 상기시켜 줍니다. 초등학문을 좇았던 이전의 나는 그리스도와 함께 죽었고, 그리스도와 함께 다시 살리심을 받았으며, 그리스도가 다시 오실 때 감추어졌던 생명, 즉 부활의 영광에 참여하게 될 것입니다. "감추어졌다"라는 표현은 부활의 생명이 마지막 날까지 하나님 안에서 안전하게 보전될 것에 대한 확신을 암시합니다.

5 답》 그리스도께서 나타나실 그때 (그리스도께서 다시 오시는 날)

> **해설》** 그리스도의 강림의 때를 가리킵니다. "보라 내가 너희에게 비밀을 말하노니… 마지막 나팔에 순식간에 홀연히 다 변화되리니"(고전 15:51), "하늘에 속한 이의 형상을 입으리라"(고전 15:49).

6 답》 음란, 부정, 사욕, 악한 정욕, 탐심(우상 숭배)

> **해설》** "그러므로"(5절)라는 접속사는, 위의 것을 생각하라는 바울의 권면(1-4절)이, 뒤따르는 그의 권면(5-10절)과 논리적으로 밀접하게 관련이 있음을 보여줍니다. 결국 음란, 부정, 사욕, 악한 정욕, 탐심(우상 숭배)은 위의 것을 찾는 삶과는 양립할 수 없는 땅의 지체인 것입니다. '땅에 있는 지체'는 땅에 속한 일들을 추구하는 세속적인 육체의 욕망으로, 하나님 이외의 것들을 더 소중히 여기는 마음가짐(3:5, 쉬운성경)을 말합니다.

7 답》 옛 사람 – 분함, 노여움, 악의, 비방, 부끄러운 말, 거짓말
새 사람 – 창조하신 이의 형상을 따라 지식에까지 새롭게 함을 입음

> **해설》** 바울은 에베소서 4장에서 옛 사람과 새 사람에 대한 좀 더 구체적인 설명을 합니다. "너희는 유혹의 욕심을 따라 썩어져 가는 구습을 따르는 옛 사람을 벗어 버리고 오직 너희의 심령이 새롭게 되어 하나님을 따라 의와 진리의 거룩함으로 지으심을 받은 새 사람을 입으라"(엡 4:22-24).

8 가이드》 '그리스도인'이라는 말에 합당한 생각, 합당한 삶은 말처럼 쉬운 것이 아닙니다. 하지만 그리스도인들은 쉽지 않은 그 길을 가야 할 충분한 이유가 있습니다. 우리에게 새 삶을 주시려고 독생자를 십자가에 내어 주셨던 하나님의 사랑을 입은 사람들이기 때문입니다. 우리에게 예수 그리스도의 죽음은 곧 나의 죽음이며, 그의 부활은 곧 나의 부활입니다. 그분이 원하시는 삶은 곧 우리가 원하는 삶입니다.

1 가이드》 다른 사람과의 관계에서 상처를 주거나 받은 경우가 있다면 솔직하게 나눠 봅시다. 또한 그 상황에서 잘 했다고 생각하거나 후회가 남는 것이 있다면 이야기해 봅시다.

2 답》 간구함

해설》 바울과 오네시모는 각별한 사이였습니다. 또한 오네시모는 바울에게 빚이 있었습니다(1:19). 그렇기에 바울이 어떤 요구를 하더라도 오네시모는 받아들여야 했습니다. 하지만 바울은 더 지혜로운 방법을 사용합니다. 오네시모가 스스로 선택할 수 있도록 한 것입니다.

3 답》 감옥에 갇힘

해설》 바울은 자유롭게 돌아다닐 수 있는 상황이 아니었습니다. 그럼에도 불구하고 그는 오네시모를 만나게 되고 그에게 복음을 전하는 일을 그치지 않았습니다. 실제로 바울은 감옥에서도 교회들에 편지를 계속 써 왔고 그중의 하나가 이 빌레몬서입니다.

4 답》 갇힌 중에서 낳은 아들

해설》 사도 바울은 누구에게 복음을 전하든 의무적으로 전하지 않았습니다. 상대를 제자로 그리고 자녀로 삼으며 복음을 전하고 또 사랑으로 돌보았습니다. 디모데도 바울이 그렇게 낳은 아들이었습니다. 놀라운 사실은 감옥에서도 누군가에게 복음을 전하고 돌보았다는 것입니다.

5 가이드》 예수님과 바울은 이웃을 어느 정도까지 사랑해야 하는지 구체적으로 언급했습니다. 예수님은 네 이웃을 '네 몸과 같이' 사랑하라고 하셨습니다. 바울은 우연히 만난 오네시모에게 사랑을 베풀고 그를 '아들'이라고 부릅니다. 가족의 사랑 중에서 가장 큰 사랑은 자식에 대한 부모의 사랑입니다. 우리는 이와 같이 이웃을 사랑해야 합니다.

6 답》 빌레몬이 자의로 하도록 하려고

해설》 신앙생활을 하고 성경을 읽을수록 깨닫게 되는 것은 하나님은 다른 신들과 다르시다는 것입니다. 하나님은 힘으로 사람들을 굴복시키지 않으시고 오랫동안 참으시며 인격적으로 대하십니다. 하나님의 사랑을 경험한 사람도 그런 인내를 보여줍니다. 바울도 빌레몬에게 강요하지 않고 스스로 생각하며 선택할 수 있도록 합니다.

7 답》 사랑받는 형제

해설》 처음으로 오네시모의 원래 신분을 언급합니다. 그는 노예였고 심지어는 주인 빌레몬의 돈을 훔쳐 달아났습니다. 그럼에도 바울은 오네시모를 받아 주고 복음을 전하고 섬겼습니다. 나아가 바울은 그를 노예처럼 대하지 않고 '사랑받는 형제'라고 부르며 빌레몬도 그렇게 대해 주기를 기대하고 있습니다.

8 가이드》 성경을 읽다 보면 하나님이 세상의 신들과 다른 분임을 알게 되는데 오래 참으신다는 점이 특히 그렇습니다. 한 사람을 벌하기 위해서 수많은 기회를 주고 기다리고 때로는 속아 주십니다. 하나님께서는 우리를 대하실 때도 그러셨습니다. 따라서 우리도 사람을 쉽게 포기하지 않고 복음을 전하며 섬겨야 하는 것입니다.

*서로 기도 제목을 나누면서 뒤에 있는 기도 노트를 활용하십시오(p.188-191).

기도 노트

Prayer Note

● 하나님께서 기도에 응답하셨으면 'Yes', 거절하셨으면 'No', 보류 중이시면 'Wait'에 체크해 보세요.
  시간이 흐른 뒤 하나님의 세심한 인도하심을 느낄 수 있습니다.

날짜 Date	기도 대상 Who	기도 제목 Title	응답 여부		
			Yes	No	Wait

Prayer Note

날짜 Date	기도 대상 Who	기도 제목 Title	응답 여부		
			Yes	No	Wait

Prayer Note

날짜 Date	기도 대상 Who	기도 제목 Title	응답 여부		
			Yes	No	Wait

Prayer Note

날짜 Date	기도 대상 Who	기도 제목 Title	응답 여부		
			Yes	No	Wait

권별주삶

에베소서
빌립보서
골로새서
빌레몬서

초판 1쇄 발행   2023년 3월 31일

지은이   조호형, 오대환, 권호, 전하석

펴낸이   곽성종
기획편집   홍주미, 이가람
디자인   이병용, 정육남

펴낸곳   ㈜아가페출판사
등록   제21-754호(1995년 4월 12일)
주소   (08806) 서울시 관악구 남부순환로 2082-33 성광빌딩 6층
전화   584-4835(본사)
팩스   586-3078(본사)
홈페이지   www.agape25.com
판권   ⓒ (주)아가페출판사

ISBN   978-89-537-1947-7 (04230)
ISBN   978-89-537-1934-7 (세트)

아가페 필사&쓰기 전용펜

필사&쓰기성경®에 왜 전용펜을 사용해야 할까요?

1. 잉크의 뭉침이 없는 깨끗한 필기감
2. 쓸수록 종이가 부푸는 현상 방지
3. 종이끼리 붙지 않아 오랫동안 보관 가능
4. 물기로 인한 글자 훼손 방지

* 신약성경의 예수님 말씀은 빨간색 펜을 사용하세요.

일반용

중용량

일반 필사&쓰기성경 전용펜 A5 (검정/빨강)	값 900원
일반 필사&쓰기성경 전용펜 A5 (검정/빨강–1박스/12자루)	값 10,800원

필사&쓰기 전용펜 (고급) (블랙/투명)	값 1,600원
필사&쓰기 전용펜 (고급) (블랙/투명–1박스/12자루)	값 19,200원

대용량

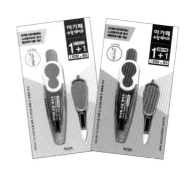

삼각 필사 전용펜 (검정)	값 2,000원
삼각 필사 전용펜 (검정–1박스/10자루)	값 20,000원

아가페 수정 테이프 (본품+리필) (블루/핑크)	값 3,000원

※ 쓰기성경을 쓰다가 잘못 쓴 글씨는 수정 테이프를 사용하시면 좋습니다.

온마음 쓰기성경®

장, 절이 인쇄되어 있는 혁신적인 쓰기성경!

편집 저작물 등록
★★★
저작권 등록이 되어 있는
편집저작물입니다.

1. 신 · 구약 성경을 자유롭게 선택, 이동하며 쓸 수 있는 장점이 있습니다.
2. 언제든지 자유롭게 다시 시작할 수 있어서 연속성이 있습니다.
3. 가능한 만큼만 쓰시다 보면 어느새 말씀들로 채워집니다.

※교회 단체 구매도 가능합니다.

바인더형	프리미엄 온마음 쓰기성경		정가 82,000원
실속형	구약		정가 42,000원
	신약		정가 19,000원

4권 세트	세트 정가 (구약+신약) : ~~80,000원~~▶		75,000원
	낱권 정가	구약 ❶, ❷, ❸권	각 권 20,000원
		신약	

4권 세트

낱권 시리즈

밑글씨가 있어 성경책 대조 없이 간편하게 쓸 수 있는 쓰기성경!

편집 저작물 등록
★★★
저작권 등록이 되어 있는
편집저작물입니다.

4권 세트			
〈개역개정〉 세트 정가 : ~~96,000원~~ ➜ 90,000원		**〈새번역〉** 세트 정가 : ~~100,000원~~ ➜ 95,000원	
구약 ❶, ❷, ❸권	각 권 24,000원	구약 ❶, ❷, ❸권	각 권 25,000원
신약		신약	

낱권시리즈	구약	❶ 창세기 – 레위기	정가 12,000원
		❷ 민수기 – 룻기	정가 13,000원
		❸ 사무엘상·하	정가 10,000원
		❹ 열왕기상·하	정가 10,000원
		❺ 역대상·하	정가 10,000원
		❻ 에스라 – 욥기	정가 10,000원
		❼ 시편·잠언·전도서·아가	정가 12,000원
		❽ 이사야 – 예레미야애가	정가 12,000원
		❾ 에스겔 – 말라기	정가 12,000원
	신약	❶ 사복음서 : 마태복음 – 요한복음	정가 12,000원
		❷ 사도행전 – 고린도후서	정가 10,000원
		❸ 갈라디아서 – 요한계시록	정가 10,000원

www.agape25.com 02)584-4669 (주)아가페출판사

성경 본문의 가독성이 뛰어나고 1:1로 맞추어 필사할 수 있는 쓰기성경!

편집 저작물 등록
★★★
저작권 등록이 되어 있는
편집저작물입니다.

4권 세트	〈개역개정〉 세트 정가 : ~~100,000원~~ ➤ 95,000원		
	낱권 정가	구약 ❶, ❷, ❸권	각 권 25,000원
		신약	

개역개정 낱권 시리즈	모세오경	창 세 기	정가 8,000원	예언서	이사야	정가 9,000원
		출애굽기	정가 7,000원		예레미야 · 예레미야애가	정가 10,000원
		레 위 기	정가 7,000원		에스겔 · 다니엘	정가 10,000원
		민 수 기	정가 7,000원		호세아~말라기	정가 8,000원
		신 명 기	정가 7,000원		세트 (할인가)	정가 33,000원
		세트 (할인가)	정가 32,000원	사복음서	마태복음	정가 8,500원
	역사서	여호수아 · 사사기 · 룻기	정가 9,000원		마가복음	정가 8,000원
		사무엘상 · 하	정가 9,500원		누가복음	정가 8,500원
		열왕기상 · 하	정가 9,500원		요한복음	정가 8,500원
		역대상 · 하	정가 10,000원		세트 (할인가)	정가 28,500원
		에스라 · 느헤미야 · 에스더	정가 7,000원	사도행전 ~ 요한계시록	사도행전	정가 8,500원
		세트 (할인가)	정가 40,000원		로마서 · 고린도전후서	정가 9,000원
	시가서	욥 기	정가 8,000원		갈라디아서~히브리서	정가 9,000원
		시 편	정가 12,000원		야고보서~요한계시록	정가 8,500원
		잠언 · 전도서 · 아가	정가 8,000원		세트 (할인가)	정가 30,000원
		세트 (할인가)	정가 25,000원			